Religionsfreiheit als Menschenrecht

Die Sonderberichterstatter der Vereinten Nationen
zu religiöser Intoleranz

von

Thomas Lemke

Tectum Verlag
Marburg 2001

Die Deutsche Bibliothek - CIP-Einheitsaufnahme

Lemke, Thomas:
Religionsfreiheit als Menschenrecht.
Die Sonderberichterstatter der Vereinten Nationen zu religiöser Intoleranz.
/ von Thomas Lemke
- Marburg : Tectum Verlag, 2001
ISBN 3-8288-8282-X

© Tectum Verlag

Tectum Verlag
Marburg 2001

Inhaltsverzeichnis

„Ach, was wollten *wir* anfangen, sagte das Mädchen,
wenn der liebe Gott nicht wäre."

GEORG CHRISTOPH LICHTENBERG

(L 252)

I. ANLIEGEN UND DURCHFÜHRUNG DER UNTERSUCHUNG

„The freedom of religion is one of the oldest and most controversial of the claims that are now recognized as forming parts of the corpus of human rights."[1] Religionen waren und sind auf der ganzen Erde, zunehmend auch grenzüberschreitend[2], verbreitet. Für gläubige Menschen stellt Religion einen wesentlichen und sogar entscheidenden Bestandteil ihres Lebens dar. Zugleich ist religiöse Diskriminierung eine der ältesten Formen von Diskriminierung[3], und Verletzungen der Religionsfreiheit dauern weltweit an. Schließlich übt Religion Einfluß auf die politische Wirklichkeit[4] – und sei es nur in der Negation des Alten durch das Neue.[5] Religionen haben ebenso Anteil an der Entstehung und Austragung von Konflikten und Kriegen, wie sie zu Verständigung und Frieden überall in der Welt beitragen.[6] Damit verlangen Religionsfreiheit und religiöse Verständigung in besonderer Weise nach einer Befassung durch internationale Politik und Völkerrecht.[7]

So hat die Generalversammlung der Vereinten Nationen am 25. November 1981 eine Deklaration „über die Beseitigung aller Formen von Intoleranz und Diskriminierung aufgrund der Religion oder der Überzeugung"[8] verabschiedet. Eingerahmt in die Entfaltung des Menschenrechtsschutzes durch die Vereinten Nationen gemäß dem Auftrag der Charta wird somit die grundlegende Bedeutung des Menschenrechts der Religions- bzw. Überzeugungsfreiheit betont. Dies

---

[1] Evans 1997, 1.

[2] Vgl. Kimminich 1990, 54.

[3] Vgl. Nowak 1989, 53.

[4] Vgl. Böckenförde 1985, 18, Kimminich 1990, 46, Kriele 1994, 26f. Klassisch Voegelin 1991.

[5] Vgl. Bärsch 1998, 11f.

[6] Vgl. Lerner 1996, 81, verschiedene Beiträge in Johnston/Sampson 1994.

[7] Vgl. Dickson 1995, 329.

[8] A/RES/36/55 vom 25.11.1981. Der in der vorliegenden Untersuchung wiedergegebene Text folgt der deutschen Übersetzung in Watzal 1999, 126ff.

geschieht in Anknüpfung an die Universale (bzw. Allgemeine) Erklärung der Menschenrechte[9] sowie die Internationalen Menschenrechtspakte. Eine Mißachtung der Menschenrechte und insbesondere jenes Rechts führten und führen zu Krieg und Leid, wie es die Generalversammlung feststellt. Umgekehrt ist die Generalversammlung überzeugt, daß Religions- bzw. Überzeugungsfreiheit auch zum Weltfrieden, zu sozialer Gerechtigkeit und Völkerfreundschaft beitragen sollte.[10] So soll die Freiheit der Religion oder Überzeugung[11] als grundlegender Bestandteil der Weltanschauung für jeden, der sich dazu bekennt, „ohne jede Einschränkung geachtet und garantiert werden". Zusammengefaßt soll dem Ziel des Schutzes der Religionsfreiheit als Menschenrecht religiöse Verständigung dienen, die zur allseitigen Akzeptanz dieses Menschenrechts erforderlich ist. Beides dient dem Frieden. Die Feststellung der entsprechenden Implementierung, also der Um- und Durchsetzung, sowie diesbezügliche Empfehlungen obliegen den von der Menschenrechtskommission der Vereinten Nationen bzw. ihrer Unterkommission zur Verhütung von Diskriminierung und für Minderheitenschutz[12] eingesetzten Sonderberichterstattern zur Implementierung der Deklaration über die Beseitigung aller Formen von Intoleranz und Diskriminierung aufgrund der Religion oder Überzeugung[13]. Diese Sonderberichterstatter stellen die einzige Einrichtung der Vereinten Nationen dar, die sich speziell und weltweit mit dem Menschenrecht der Religionsfreiheit beschäftigt.

---

[9] Die zunehmend auch im Deutschen verwendete Bezeichnung universal statt des bisher gebräuchlichen allgemein entspricht zum einen authentischer der englischen Originalfassung und stellt zum anderen Anspruch und Geltung der Dokumente eher heraus, vgl. Kimminich 1990, 97.

[10] Vgl. Nowak 1989, 328, der sich einseitig nur auf den Gewaltaspekt beschränkt.

[11] Im folgenden vereinfacht Religionsfreiheit. Eine Untersuchung der verschieden gebrauchten Begrifflichkeiten mit den damit verbundenen inhaltlichen Aspekten ist ein Bestandteil der vorliegenden Untersuchung.

[12] Seit 27.7.1999 Unterkommission für die Förderung und den Schutz der Menschenrechte. In der vorliegenden Untersuchung wird in der Regel aus praktischen Gründen die vereinfachte Bezeichnung Unterkommission verwandt.

[13] Diesen Titel führen die erstmals 1986 von der Menschenrechtskommission ernannten Sonderberichterstatter. Die Kurzform lautet Sonderberichterstatter zu religiöser Intoleranz. Diese Kurzform verdeckt die breitere offizielle und faktische Aufgabe der Sonderberichterstatter. In der vorliegenden Arbeit wird sie in der Regel aus praktischen Gründen dennoch verwandt. Auf die Problematik der Kohärenz zwischen Titel, Mandat und Aufgabenerfüllung wird in der folgenden Untersuchung eingegangen. Diese beinhaltet darüberhinaus auch die Sonderberichterstatter der Unterkommission seit der Deklaration von 1981.

Die vorliegende Arbeit will die Bemühungen der Vereinten Nationen um Schutz der Religionsfreiheit als Menschenrecht sowie um religiöse Verständigung anhand der Feststellungen und Empfehlungen der Sonderberichterstatter in ihren Berichten im Anschluß an die Deklaration von 1981 untersuchen. Aus ihnen sollen Schlußfolgerungen im Hinblick auf die besondere Bedeutung von Religionsfreiheit und religiöser Verständigung nach dem Ost-West-Konflikt gezogen werden. Dazu geht die Untersuchung in folgenden Schritten vor:

Zunächst ist (in Abschnitt II.) zu klären, wie Religionsfreiheit als Menschenrecht in relevanten Dokumenten der Vereinten Nationen bestimmt und inwiefern ihr ein Beitrag zur Wahrung des Friedens beigemessen wird. Zum Verständnis des Hintergrundes erfolgen zu Beginn je kurze Skizzen der Bedeutung von Religionsfreiheit als Menschenrecht im Unterschied zu religiöser Toleranz und ihrer Besonderheit aufgrund ihrer Begründung sowie der Menschenrechtspolitik der Vereinten Nationen gemäß dem Auftrag der Charta. Nach einem kurzen Blick auf die Entwicklungen der Religionsfreiheit im Völkerrecht bis zur Gründung der Vereinten Nationen erscheinen als relevante zu untersuchende Dokumente die Universale Erklärung der Menschenrechte von 1948, der Internationale Pakt über bürgerliche und politische Rechte bzw. sogenannte Zivilpakt von 1966 bzw. 1976 als dem Jahr seines Inkrafttretens für die Unterzeichnerstaaten sowie die Deklaration von 1981. Die in ihnen enthaltenen Bestimmungen sind aufeinander bezogen und werden deshalb nach den wesentlichen Teilaspekten für die Religionsfreiheit in ihrem Inhalt und Umfang dargelegt.[14] Schließlich ist auf diesbezügliche besondere Unklarheiten und Probleme – die entsprechend der Menschenrechtspolitik der Vereinten Nationen vor allem aus unterschiedlichen Interpretationen und Vorstellungen der Staaten herrühren – einzugehen.

Daraufhin ist im Hauptteil (in Abschnitt III.) zu untersuchen, zu welchen Feststellungen und Empfehlungen die Sonderberichterstatter hinsichtlich der Implementierung der Bestimmungen der Deklaration von 1981 bzw. der Religi-

---

[14] Hierbei soll es nicht um eigene Interpretationsversuche gehen. In jedem Fall werden die anerkannten juristischen Auslegungsmethoden und -prinzipien beachtet, jedoch anhand des angegebenen deutschen Textes, hierzu Ress 1994, 30ff., der freilich unter Beachtung des Wiener Übereinkommens über das Recht der Verträge (WVK) vom 23.5.1969, in amtlicher deutscher Übersetzung abgedruckt in BGBl. 1985 II, 927, völkerrechtlich nicht verbindlich ist. Allerdings wird hierfür eine grundsätzliche Vermutung der Bedeutungsgleichheit zugrundegelegt bzw. in Ausnahmen auf Unterschiede hingewiesen, vgl. Nowak 1989, XXIff. Diese Vorgehensweise rechtfertigt sich aus der Aufgabenstellung der vorliegenden Arbeit.

onsfreiheit als Menschenrecht und als Beitrag zum Frieden bzw. zur Beseitigung religiöser Intoleranz kommen. Dazu erfolgt zunächst eine Darstellung der Strategie der Menschenrechtspolitik der Vereinten Nationen in diesem Bereich unter besonderer Berücksichtigung der Einbettung in die Mechanismen der Menschenrechtskommission, welche das zentrale menschenrechtspolitische Organ der Vereinten Nationen darstellt. Daraufhin werden Mandat sowie Selbstverständnis, Aktivitäten und Arbeitsweisen der Sonderberichterstatter untersucht. Die Feststellungen der Sonderberichterstatter ergehen zum Recht der Religionsfreiheit, zu der Implementierung förderlichen, aber mehr noch hinderlichen Vorkommnissen sowie zu deren Verursachern und Ursachen. Sodann sind die Empfehlungen der Sonderberichterstatter hinsichtlich ihrer unterschiedlichen Fokussierung auf internationale und nationale, rechtliche, politische und gesellschaftliche Implementierungsformen darzustellen. Die Sonderberichterstatter gelangen schließlich zu Eigenbewertungen ihrer Einrichtung und der Vorkommnisse im Laufe der Zeit. Zuletzt ist die Einrichtung der Sonderberichterstatter anhand der Berichterstattung hinsichtlich des Mandats im Rahmen der Menschenrechtspolitik der Vereinten Nationen kritisch zu würdigen.

Aus den Erkenntnissen der Sonderberichterstatter sind abschließend (in Abschnitt IV.) Schlußfolgerungen im Hinblick auf die besondere Bedeutung von Religionsfreiheit und religiöser Verständigung für eine auf dem Völkerrecht gegründete Weltfriedensordnung nach dem Ost-West-Konflikt zu ziehen. Dies geschieht angesichts der Kontrastierung der vieldiskutierten Annahme eines sogenannten Zusammenpralls oder gar Kampfes der Kulturen als dem vermeintlichen Grundmuster von Kohärenz und Konflikt in der internationalen Politik mit den Erkenntnissen der Sonderberichterstatter. Deren Empfehlungen sprechen diesbezüglich wesentliche Aspekte für die Gestaltung politischer und sozialer Ordnung an.

Die Ergebnisse der vorliegenden Untersuchung sind zuletzt (in Abschnitt V.) ausblickend zusammenzufassen.

Die Auswertung der Berichte der Sonderberichterstatter erfolgt als inhaltliche Untersuchung im Sinne der Aufgabenstellung der vorliegenden Arbeit. Aufgrund des den Sonderberichterstattern erteilten Mandats wird ihren Berichten somit eine grundsätzliche Tatsachenkompetenz zuerkannt. Freilich ist dabei zu fragen, inwiefern sich in ihnen Grenzen des Mandats widerspiegeln. Da sich aufgrund des jeweils unterschiedlichen formalen Aufbaus und Inhalts der einzelnen Berichte ein gleichermaßen vorgegebener Analyseleitfaden nicht ergibt, erscheint es in Anknüpfung an die Deklaration von 1981 und die vorhergehenden relevanten Dokumente sowie an das den Sonderberichterstattern erteilte Mandat sinnvoll, zwischen einerseits Aussagen zum Recht der Religionsfreiheit, zu Feststellungen über Vorkommnisse und Verursacher bzw. Ursachen sowie andererseits diesbezüglichen Empfehlungen zur Abhilfe zu unterscheiden. Dabei sind in der Abfolge der Berichte Veränderungen in der Gewichtung unterschiedlicher Aspekte festzustellen. Die vorliegende Untersuchung unternimmt dementsprechend die Verbindung von einer systematischen und einer chronologischen Betrachtungsweise. Daraus wiederum ergeben sich Anknüpfungspunkte für Schlußfolgerungen hinsichtlich der besonderen Bedeutung von Religionsfreiheit und religiöser Verständigung nach dem Ost-West-Konflikt.

Die vorliegende Arbeit hat damit nicht zum Ziel, das Geflecht und die Beratungstätigkeiten der verschiedenen Organe der Vereinten Nationen hinsichtlich der Religionsfreiheit zu durchleuchten. Diesbezügliche Anmerkungen können aufgrund der erforderlichen Stringenz der Aufgabenbearbeitung nur am Rande, wo zur Erläuterung des Zusammenhangs sinnvoll, erfolgen. Ebenso kann auf weitere internationale und regionale Menschenrechtsinstrumente und -organe, wie insbesondere den Ausschuß für Menschenrechte[15] des Zivilpakts[16], sowie schließlich auch auf Nichtregierungsorganisationen, nur am Rande bzw. wenn sie sich in den Berichten der Sonderberichterstatter selbst spiegeln, hingewiesen werden. Anstelle einer vergleichenden institutionen- oder einer prozeßorientierten Untersuchung verspricht eine, wie dargelegt, inhaltliche Herangehensweise aufschlußreichere Ergebnisse im Hinblick auf die erläuterte Fragestellung.

Die Veröffentlichungen zu den Themenbereichen Menschenrechte und Vereinte Nationen sind überaus zahlreich und vielfältig. Auch zum Verhältnis von Religion und Politik steht zunehmend seit den letzten Jahren[17] vieles zur Verfügung, ebenso zu den Themen von Religion und Religionsfreiheit in verschiede-

---

[15] Vgl. Partsch 1994, 789ff.

[16] Vgl. Klein 1998, 121ff.

[17] Vgl. Witte 1996, xxxiiff., der dies auf eine „depreciation of religious rights over the past three decades" zurückführt, die sowohl aus gesellschaftlichen Entwicklungen wie aus Defiziten der Religionen und ihrer Führer selbst herrühre, zustimmend Wood 1996, 455, zu den geistesgeschichtlichen Gründen eines „secularizing reductivism" Luttwak 1994, 8ff. Rubin 1994, 20ff., verweist auf die direkten Folgen für die internationale Politik durch die unzutreffende Einschätzung einer vermeintlich fehlenden politischen Wirkung von Religion.

nen Religionen, Kulturen, Ländern und Rechtssystemen[18], darunter auch regionalen Menschenrechtssystemen[19]. Dagegen scheint das Thema Religionsfreiheit in den Vereinten Nationen erst in den letzten Jahren verstärkte Beachtung zu finden.[20] Somit rechtfertigt sich zur Bearbeitung der Aufgabenstellung – Untersuchung der Bemühungen der Vereinten Nationen um Schutz der Religionsfreiheit als Menschenrecht sowie um religiöse Verständigung seit der Deklaration von 1981 – auch aus den Bedingtheiten der Literaturlage eine Konzentration auf die Berichte der Sonderberichterstatter. Insofern stellt die vorliegende Untersuchung zugleich die erstmalige systematische Auswertung und kritische Würdigung der Berichte der Sonderberichterstatter zu religiöser Intoleranz seit 1981 dar.[21]

---

[18] Klassisch Bates 1947.

[19] Verschiedene Beiträge in Vyver/Witte 1996.

[20] Vgl. Lerner 1996, 79ff., mit Hinweisen auf den vergleichsweise geringen Stellenwert von Religion und Religionsfreiheit im Gegensatz zu anderen Menschenrechten in der aktuellen Literatur. Daraus zieht Scheinin 1992, 263, den sehr fragwürdigen Schluß: „The unproblematic character of the traditional nucleus of the human right in question is apparently the reason that there has been little research regarding this right and human rights complaints to supervisory international organs have relatively seldom touched on this right." Freilich bietet sich das Thema zugleich auch hervorragend für einen Mißbrauch durch gewisse interessierte Kräfte an, die andere Zwecke als die der Religionsfreiheit als Menschenrecht verfolgen. Diese Tatsache verweist wiederum auf die Komplexität des Anliegens, insbesondere auf die Schwierigkeit der Gratwanderung zwischen der Regelung von Religion zu deren Schutz einerseits und der Gefahr diesbezüglich unzulässiger Beschränkung andererseits. So erweist sich eine im Internet vertretene ‚International Coalition for Religious Freedom' erst bei näherer Betrachtung als zur umstrittenen sogenannten Mun-Vereinigungskirche gehörig, http://www.religiousfreedom.com, 16.12.1999, unkritische Erwähnung bei Gabriel 1999, 405.

[21] Auf insgesamt oberflächige, chronologisch orientierte, kurze Zusammenfassungen der Berichte der Sonderberichterstatter beschränken sich Dickson 1995, 327ff., Tahzib 1996, 194ff., Evans 1997, 245ff.

II. RELIGIONSFREIHEIT ALS ANERKANNTES MENSCHENRECHT IN DEN VEREINTEN NATIONEN

1. Von religiöser Toleranz zur Religionsfreiheit als Menschenrecht besonderer Art

Schon immer hatten Menschen ihre Religion zu schützen gesucht. Das menschliche Verständnis von deren Recht und Freiheit wandelte sich jedoch durch die Zeiten und Gemeinschaften.[22] Das moderne Verständnis von Religionsfreiheit als einem Menschenrecht konnte sich erst im modernen demokratischen Verfassungsstaat verwirklichen.[23]

Das abendländische mittelalterliche Rechtsverständnis hatte Rechte als ständische Rechte im Rahmen der Herrschaftsordnungen, der jeder Einzelne jeweils angehörte, begriffen.[24] Herrschaft und Recht wurden vor allem auch religiös begründet. Auch die aus der zerbrochenen Reichs- und Kircheneinheit entstandenen neuzeitlichen Staaten waren zunächst in Glaubensdingen noch gebunden.[25] Das wiederholte Scheitern kräfteraubender Versuche um Wiederherstellung der Einheit des als jeweils wahr erkannten Glaubens in Religionskriegen führte jedoch zur schrittweise ausgeweiteten Gewährung von einzelnen und dann generellen staatlichen Toleranzen an Andersgläubige.[26] Die Vorstellung einer natürlichen Religion als allen Religionen gemeinsamer Wesenskern im 17. Jh. sowie die Aufklärung im 18. Jh. schufen eine allgemeine Religions- und Rechtsidee. Die Vorstellung von Freiheit wurde nicht mehr christlich als Befreiung von der Sünde zu Gott hin, sondern als individuelle Wahlfreiheit verstanden und somit von der theologischen Wahrheitsfrage gelöst.[27]

---

[22] Vgl. Heckel 1988, 820f. Zur vormodernen Geschichte der Religionsfreiheit Evans 1997, 6ff.

[23] Verfassung meint hier die normative und faktische Geltung der rechtlichen Verfaßtheit eines Staates.

[24] Vgl. Maier 1997, 12ff.

[25] Vgl. Starck 1995, 364ff.

[26] Vgl. Kimminich 1990, 33, der in der Konfessionsanerkennung und dem reichsrechtlich institutionalisierten Zwang zum Kompromiß in Kirchenfragen die wichtigste Bestimmung des Westfälischen Friedens von 1648 sieht.

[27] Vgl. Heckel 1988, 822f.

Für jeden einzelnen Menschen wurde eine allgemeine Freiheit proklamiert. Danach kamen ihm Menschenrechte unmittelbar aus seiner eigenen Natur bzw. Würde[28] als angeborene, natürliche, vorstaatliche und unveräußerliche Rechte zu.[29] Die neue allgemeine Freiheit des Menschen wurde allumfassend (universal) und personal-individuell verstanden. Der Staat hatte vor ihr zurückzuweichen und sie zugleich zu garantieren und zu schützen. Insofern behaupteten die Menschenrechte gegenüber dem Staat einen Abwehr- wie Erfüllungsanspruch.[30] Mit dem Verschwinden ständisch-feudal begründeter Herrschaft und Rechte in der Moderne wurden Menschenrechte sowie das mit ihnen entstandene und zugleich ihnen dienende Rechts- und Gewaltenteilungsprinzip[31] in den Verfassungen niedergelegt und so zur Legitimationsgrundlage und zum Maßstab von Politik und Recht. Die verfassungsrechtliche Ausgestaltung begann mit den klassischen Erklärungen der Menschenrechte, der Virginia Bill of Rights von 1776[32] und der Déclaration des droits de l'homme et du citoyen von 1789.[33] Verfassungsstaat und Menschenrechte waren und sind somit untrennbar miteinander verbunden.[34] Gerade zur Garantie der Religionsfreiheit als Menschenrecht hatte der Staat seine Verbindung mit einer Religion und deren Wahrheitsanspruch – nur von dem aus eine jederzeit widerrufbare (religiöse) Toleranzgewährung

---

[28] Zum Begriff der Menschenwürde Spaemann 1987, 295ff., nach dem jene, die als unverlierbares Minimum an Würde, 304, nicht „verwirklicht", sondern „nur als immer schon wirklich geachtet werden" kann, 308, auf den „absoluten Selbstzweck" des Menschen „als potentiell sittliches Wesen" hinweist, 303f.

[29] Vgl. Dicke 1998, 240.

[30] Vgl. Kimminich 1990, 48ff., der auf die dem Bemühen um Verwirklichung der Menschenrechte innewohnende grundsätzliche Spannung hinweist: Einerseits solle mit den Menschenrechten der Allmachtsanspruch des absolutistischen Staates abgewehrt werden, andererseits sei dies nur mit Hilfe des Staates und dessen Rechtsordnung zu bewerkstelligen. Die Spannung hafte noch heute dem internationalen Menschenrechtsschutz an.

[31] Vgl. Kriele 1987, 243ff., der insofern feststellt: „Das Menschenrecht (...) setzt die Bindung der Staatsgewalt durch Gewaltenteilung voraus", diese als Herrschaft des Rechts verstanden.

[32] Vgl. Starck 1995, 370f., Gertler 1996, 119ff. Eine Sammlung von Dokumenten zur Religionsfreiheit in Nordamerika bieten Patrick/Long 1999.

[33] Vgl. Dicke 1998, 240.

[34] Vgl. Kimminich 1990, 48ff., Kriele 1994, 121ff., Starck 1995, 379. Gebhardt 1998, 2f., stellt fest: „Auf der Idee der dem Menschen qua Menschsein zukommenden unveräußerlichen natürlichen Rechte beruhte nicht nur die Konstitutionalisierung von Individualrechten, sondern auch die Konstitutionalisierung der Herrschaft schlechthin in der Form einer durch die schriftliche Verfassung normierten Ordnung der sich selbst regierenden und selbstverantwortlichen Bürgerschaft."

möglich gewesen war[35] – aufgeben müssen. Entscheidend war somit die Stellung von politischer und rechtlicher Ordnung zur religiösen Wahrheitsfrage: Entweder verstanden sich jene als Instrument des wahren Glaubens und sicherten diesen allein bzw. gewähren anderen höchstens Toleranz – oder sie klammerten die Wahrheitsfrage prinzipiell aus ihrer Kompetenz aus und überließen sie jedermann zur eigenen Entscheidung.[36] Insofern war und ist der Religionsfreiheit als Menschenrecht garantierende moderne Verfassungsstaat „religiös blind".[37] Toleranz war nurmehr Bürgertugend gegen Andersgläubige. Die verfassungsrechtliche Niederlegung der Religionsfreiheit als Menschenrecht – als „radikale, nicht mehr inhaltlich (christlich) bestimmte und nicht mehr korporativ-kirchlich gebundene (...) Freiheit des Einzelmenschen, deren einzige Quelle die säkular verstandene Vernunft" war[38] – nahm ihren Ausgang in den Revolutionen Nordamerikas und Frankreichs.[39]

Die Religionsfreiheit stellt ein besonderes Menschenrecht dar aufgrund des nur mittelbar greifbaren und zugleich dennoch so große Bedeutung entfaltenden Phänomens der Religion selbst: bedingt aus der Besonderheit ihrer Glaubensbegründung, die eben nur dem Gläubigen durch dessen Glaubenserfahrung vermittelt ist sowie dem damit verbundenen Wahrheitsanspruch, der nicht oder nur begrenzt mit Verstandesmitteln zu rechtfertigen und vermitteln ist und doch zugleich Konsequenzen für die Lebensführung des Gläubigen hat. So ist die Existenz von Religion bzw. Religionen offensichtlich, doch sind diese weder in ihren Grenzen noch Inhalten – geschweige denn in ihrem Wesen – rein mit Ver-

---

[35] Vgl. Starck 1995, 373.

[36] Vgl. Heckel 1988, 820f.

[37] Starck 1995, 374.

[38] Maier 1972, 64.

[39] Hierbei erhob sich bezeichnenderweise wiederum der Streit um Toleranzgewährung oder Menschenrechtsgarantie. Starck 1995, 374, zitiert Mirabeau in der französischen Konstituante: „Ich komme nicht, Toleranz zu predigen. In meinen Augen (ist die Glaubensfreiheit) ein so heiliges Recht, daß das Wort Toleranz, das dies auszudrücken sucht, mir gewissermaßen selbst tyrannisch erscheint, da die Autorität, die die Macht hat zu tolerieren, einen Anschlag auf die Freiheit des Denkens ausübt, gerade dadurch, daß sie duldet und daß sie ebenso nicht dulden könnte." Ähnlich sprach in Nordamerika James Madison. Gertler 1996, 122, zitiert Thomas Paine, für den Toleranz „nicht das Gegenteil von Intoleranz, sondern ihr Nachbild (ist). Beide sind Despotismus. Das eine nimmt sich das Recht, die Freiheit des Gewissens zu verbieten, das andere, sie zu gewähren." Vgl. Kriele 1987, 242ff., für den der Unterschied zwischen religiöser Toleranz und Religionsfreiheit zum „Sprengstoff für die Welt der absoluten Monarchien und zum Ausgangspunkt der Verfassungsentwicklung des 19. und 20. Jahrhunderts" wurde.

standesmitteln klar zu bestimmen.[40] Schon die Berechtigung des Begriffs der Religion ist umstritten.[41] Religiöser Glaube bedeutet zum einen eine höchst persönliche und für den Gläubigen höchst besondere Erfahrung.[42] Diese äußert sich zum anderen jedoch durch die Aufforderung zu einem bestimmten Verhalten gegenüber der Umwelt bzw. im Handeln[43] und konstituiert eine Gemeinschaft der Gläubigen[44] aufgrund eines erkannten Wahrheitsanspruchs, der anders als durch die Glaubenserfahrung selbst nicht begründet werden kann und zugleich doch auf alle Lebensbereiche wirkt. Religion stellt sich somit als zu schützendes Gut, dessen Regelung mit Verstandesmitteln jedoch aufgrund der inhaltlichen Nichtfaßbarkeit zunächst als scheinbares Paradoxon dar.[45] Religiöse Inhalte als solche entziehen sich einer Reglementierung. Andererseits kann eine religiöse Wahrheit ebenso als solche keine Kompromisse vertragen.[46]

Aufgrund dieser Tatsachen gestaltet sich der Austausch zwischen verschiedenen Religionen grundsätzlich schwierig. Im schlimmsten Fall erfolgen gewaltsame Versuche der Durchsetzung religiös erkannter Wahrheiten.[47] Daher muß der Schutz der Religionsfreiheit als Menschenrecht immer auch zugleich mit der Gestaltung eines möglichst konfliktfreien Verhältnisses verschiedener Religionen und ihrer Anhänger verbunden werden. Zum Schutz- tritt somit ein Begrenzungs-, sowie zum individuellen ein kollektiver Aspekt hinzu.[48] Die negativen Abwehrmomente gegenüber religiöser Fremdbestimmung sind damit immer „in abgründiger Ambivalenz verquickt" mit den positiven Momenten der religiösen Betätigung.[49] Zwar hatte die Religionsfreiheit nicht, wie Georg Jellinek gemeint hatte, den historischen Ausgangspunkt der verfassungsmäßig gewährten Grund-

---

[40] Vgl. Splett 1988, 792f.

[41] Vgl. Bürkle 1988, 807, zur Idee von Religion Splett 1988, 793f., Rothholz 1997, 43f.

[42] Vgl. Kimminich 1990, 78.

[43] Vgl. Splett 1988, 796, Dickson 1995, 327.

[44] Vgl. Bürkle 1988, 804ff.

[45] Vgl. Kimminich 1990, 11.

[46] Gerade eine etwaige Religion, die alle Wahrheitsansprüche verneinte, richtete sich gegen andere Religionen mit ebensolchen, denen gegenüber sie wiederum einen Wahrheitsanspruch verkörperte.

[47] Vgl. Nowak 1989, 328. Allerdings ist in der vorliegenden Arbeit noch zu fragen, ob mit Nowak „die Problematik der Religionsfreiheit" tatsächlich in einem „inneren Widerspruch vieler Religionen und Weltanschauungen" – in ihrem Wahrheitsanspruch, der Religionsfreiheit eben ausschließe –, begründet ist.

[48] Vgl. Kimminich 1990, 12, Dickson 1995, 329.

[49] Heckel 1988, 820f.

rechte gebildet.[50] Doch liegt – im Vergleich zu anderen Menschenrechten und von diesen geschützten Lebensfunktionen – speziell ihr die Besonderheit der menschlichen Existenz in der Offenheit zur Transzendenz und im Unterschied zu anderen Lebewesen zugrunde. In diesem Sinne kann von Religionsfreiheit als einem zentralen und fundamentalen Menschenrecht gesprochen werden. Deshalb ist Religionsfreiheit mehr als nur ein spezieller Anwendungsfall der allgemeinen Freiheitsrechte.[51] Folglich kann sich Religionsfreiheit auch nicht in einem Verbot religiöser Diskriminierung erschöpfen. Ein solches könnte zudem für sich allein keine wirksame Schutzwirkung entfalten, wenn das zu schützende Gut eben für jedermann abgeschafft würde.[52] Der moderne Verfassungsstaat überläßt den Gläubigen selbst die Ausfüllung des säkularen Rechtsinstitutes der Religionsfreiheit. Neben dem individuellen ist dabei freilich auch der kollektive Aspekt bzw. das Recht auf korporative Religionsfreiheit bedeutsam. Eine „freundliche Trennung von Kirche und Staat" garantiert Religionsfreiheit ohne inhaltlich-religiöse Reglementierung und schützt zugleich den ordre public, gegen den sich die Religionsfreiheit nicht richten darf.[53] Vor diesem Hintergrund und aufgrund der persönlichen Bedeutung der Glaubenserfahrung für den Gläubigen und der Unmöglichkeit der inhaltlichen Bestimmung von Religion darf und kann der Inhalt bzw. der Besitz einer Religion als solcher nicht eingeschränkt werden – sondern vielmehr nur Formen der Ausübung aus bestimmten Gründen wie etwa aus Rücksicht auf die Rechte anderer.[54] Ebenso muß die Religionsfreiheit schließlich unabhängig von der Zahl der Gläubigen gelten.[55]

2. Die Vereinten Nationen und die Menschenrechte

Weltweit erstmals konstituiert die Charta der Vereinten Nationen (VN) ein generelles Gewaltverbot und damit eine Friedenspflicht für die Staaten sowie in deren Kontext das Ziel der Achtung und Förderung der Menschenrechte als legiti-

---

[50] Vgl. Kimminich, 1990, 81f. Kriele 1994, 134ff., begreift selbst den Schutz vor willkürlicher Verhaftung als „Ur-Grundrecht".
[51] Vgl. Kimminich 1990, 75, dagegen Nowak 1989, 347.
[52] Vgl. Kimminich 1990, 83.
[53] Starck 1995, 372ff. Darunter fällt nach Starck auch ein abgemilderter Laizismus wie in Frankreich.
[54] Vgl. Kimminich 1990, 85ff., nach dem dadurch zum Ausdruck kommt, daß „Menschenrechte ihrem Wesen nach der Disposition des Gesetzgebers entzogen sind."
[55] Vgl. Kimminich 1990, 79.

mes Anliegen der internationalen Gemeinschaft. „Der Menschenrechtsschutz in der Praxis der Vereinten Nationen markiert einen der dynamischsten Entwicklungsprozesse des modernen Völkerrechts"[56] – und in der internationalen Politik.

Das klassische Völkerrecht, zusammen mit den neuzeitlichen Staaten entstanden[57], hatte auf deren gleichberechtigter Souveränität[58] gegründet und war somit genaugenommen ein Staatenrecht gewesen.[59] Die Aufnahme nichtchristlicher und außereuropäischer Mächte und die Einigung über Kriegsrechtsinstrumente aufgrund der zunehmenden Vernichtungswirkung der Kriegsführung hatten seit dem 19. Jh. zur Ausweitung des Wirkungsbereichs des Völkerrechts beigetragen. Der Erste Weltkrieg führte dann zum bis heute im Umbruch befindlichen modernen Völkerrecht, das die Staatensouveränität über die Eingrenzung des aus ihr ausfließenden Rechts zum Kriege schrittweise auflöste: vom partiellen Kriegsverbot in der Völkerbundsatzung, die die Entscheidung zum Krieg ausdrücklich zur Angelegenheit der organisierten Völkergemeinschaft erklärte[60], zum generellen Kriegsverbot im sogenannten Kriegsächtungspakt oder Briand-Kellog-Pakt von 1928/29 und schließlich zum generellen Gewaltverbot in der VN-Charta. Mit den VN und ihrer Ausweitung auf fast alle Staaten der Erde kam es schließlich zum universalen Völkerrecht.[61] Die VN wurden angesichts

---

[56] Riedel 1998, 25.

[57] Vgl. Kimminich 1997, 63ff.

[58] Vgl. Bleckmann 1994, 77ff.

[59] Zur Entstehung des mißverständlichen und eigentlich falschen Begriffs Völkerrecht Kimminich 1997, 53f.

[60] Vgl. Kimminich 1997, 74ff., nachdem so „der Grundpfeiler des klassischen Völkerrechts, nämlich die Souveränität" zum Einsturz gebracht worden ist. Andererseits warnt Kimminich 1997, 95ff., „den Begriff und die Institution der Souveränität als überholt anzusehen". Besser sei von einer „fortschreitenden Zurückdrängung der Souveränität oder von einem Wandel ihres Begriffsinhalts zu sprechen". Ein Wandel des Staatsbegriffs zeichne sich ab. Die Schwierigkeit der sprachlichen Klärung zeigt die Problematik der Unmittelbarkeit der Entwicklung. Zum Wandel der Staatensouveränität Bleckmann 1994, 84ff.

[61] Vgl. Kimminich 1997, 80ff., zum universalen Völkerrecht Kimminich 1990, 17ff. Formelle Völkerrechtsquellen ergeben sich aus Art. 38 des Statuts des Internationalen Gerichtshofes (IGH) vom 26. Juni 1945, abgedruckt im amtlichen deutschen Text in BGBl. 1973 II, 505, welches nach Art. 92 der VN-Charta Bestandteil derselben ist. Zur Anwendung kommen vor allem Völkervertragsrecht und Völkergewohnheitsrecht. Letzteres setzt eine Staatenpraxis voraus, die von der Überzeugung einer rechtlichen Verpflichtung zu entsprechendem Verhalten getragen wird, diesbezüglich inkorrekt Kokott 1999, 176f. Schröder 1995, 100, führt die Unsicherheit über Umfang und Inhalt des Völkerrechts auf Kodifizierungslücken zurück. Materielle Rechtsquellen sind zu bestimmten Vertragsinhalten führende staatliche Politik, vgl. Wittkämper/Obszerninks 1998, 475.

des offensichtlichen Scheiterns des Völkerbundes im Zweiten Weltkrieg zur friedlichen Neugestaltung der Nachkriegsordnung gegründet.[62] Der VN-Charakter ist doppelartig[63]: Einerseits sind sie eine Organisation und „letztlich ein Instrument der Mitgliedstaaten"[64], deren klassische, souveräne Gleichheit als Völkerrechtssubjekte Artikel (Art.) 2 I[65] und VII[66] der VN-Charta, als ein multilateraler völkerrechtlicher Vertrag, bestätigt.[67] Andererseits gewannen die VN in Erfüllung ihrer in Art. 1 der Charta niedergelegten Friedensziele[68], angesichts der weiteren Prinzipienbestimmungen des Art. 2[69] sowie durch machtpolitische Verschiebungen im Staatenbereich[70] zunehmend ein Eigengewicht als Völkerrechtssubjekt[71] und politischer Akteur. Mit der Normierung der allgemeinen Friedenspflicht der Staaten[72] besitzen die VN das völkerrechtliche Gewaltmonopol. Mit und durch die VN erfuhr die internationale Politik eine neuartige grundlegende und zunehmende Fundierung und Orientierung auf das Völker-

---

[62] Vgl. Grewe 1994, 2ff.

[63] Zur diesbezüglichen Besonderheit der Interpretation der VN-Charta und Rechtsqualität der VN Ress 1994, 25ff. So qualifiziert der IGH heute Chartas von internationationalen Organisationen als „constitutions", die VN-Charta hat somit den Status einer „constitution for the world community", zitiert nach Ress 1994, 27.

[64] Unser 1997, 20ff.

[65] Vgl. Bleckmann 1994, 77ff.

[66] Vgl. Ermacora 1994, 139ff.

[67] Vgl. Kokott 1999, 177. So sind etwa die meisten der VN-Hauptorgane Vertretungskörperschaften der Mitgliedstaaten, ihre Vertreter sowohl Staatenrepräsentanten wie Mitglieder der jeweiligen VN-Organe, vgl. Seidl-Hohenveldern 1995, 1068.

[68] Das sind die Wahrung des „Weltfriedens und der internationalen Sicherheit", Völkerfreundschaft und Lösung internationaler wirtschaftlicher, sozialer, kultureller und humanitärer Probleme und die Förderung der Achtung vor den Menschenrechten. Vgl. Wolfrum 1994a, 50, der im Ziel der Friedens- und Sicherheitswahrung das essentielle Ziel sieht, zu dem die anderen beitragen.

[69] Diese verpflichten die Staaten zur Mitwirkung zur Erreichung der Ziele, vgl. Randelzhofer 1994, 72ff.

[70] Vgl. Grewe 1994, 12f.

[71] Vgl. Randelzhofer 1994, 73ff.

[72] Nach Kimminich 1990, 54, ist sie das „Kernstück der neuen Völkerrechtsordnung". Nach Unser 1997, 27ff., darf das Friedensziel der VN unbestritten nicht isoliert betrachtet werden. Die Charta enthält nach Randelzhofer 1995, 997ff., „elements of both the so-called negative (‚absence of war') and the positive concept of peace (‚shaping of a better and more just order')", ähnlich auch hinsichtlich der „international security". Wolfrum 1994a, 50ff., stellt fest: „The Preamble and Art. 1(1), (2), and (3), indicate that peace is more than the absent of war. These provisions refer to an evolutionary development in the state of international relations which is meant to lead to the diminuition of those issues likely to cause war." Diesbezüglich zu Art. 55 Wolfrum 1994b, 760.

recht, dessen Ausbau zu den VN-Zielen nach der Präambel und Art. 1 sowie explizit Art. 13 der Charta zählt[73]: „Mit Recht wird die gegenwärtige Epoche des Völkerrechts auch als ‚UNO-Ära' bezeichnet."[74] Somit sind die VN jedenfalls nicht (mehr) nur eine Organisation der Staaten.[75] Eine genauere Bestimmung ihres Doppelcharakters war schon nach der Charta unmöglich.[76] Die VN sind und bleiben somit ebenso wie Völkerrecht und Staatensouveränität andauerndem Wandel unterworfen.[77] Diese grundlegende Spannung bildet sich unmittelbar auch auf die VN-Menschenrechtspolitik ab.[78] Da die Anerkennung und Durchsetzung von Menschenrechten staatliche Souveränität immer einzuschränken droht, stellt Menschenrechtspolitik gerade in den VN aufgrund des oft doch bestimmenden Einflusses der Staaten ein besonders umstrittenes Politikfeld dar.[79]

So ist es kaum verwunderlich, daß in die VN-Charta kein umfassender Menschenrechtskatalog inkorporiert werden konnte.[80] Doch werden nach der Be-

---

[73] Vgl. Fleischhauer 1994, 265f., 268ff., Schröder 1995, 102ff.

[74] Kimminich 1997, 164.

[75] Vgl. Dicke 1999, 2.

[76] Nach Randelzhofer 1995, 994ff., sind Art. 1 wie Art. 2 nach dem Willen der Gründerstaaten aufeinander bezogen, ohne zur Klarheit beizutragen: „A clear distinction between purposes and principles is difficult (...). The following rough distinction can be made: the purposes (...) represent the grounds for the Organization's existence, while the principles define how to implement these puposes". Weder theoretisch noch praktisch bestehe hier eine Übereinkunft. Die unpräzise Formulierung habe Kompromißcharakter. Ähnlich stehen nach Wolfrum 1994, 45, Art. 1 und 2 zur Präambel. Symptomatisch doppelsinnig sind Selbstbeschreibung und Rechtsformulierung etwa in Art. 1 IV., wenn sich „die Vereinten Nationen" zum Ziel setzen, „ein Mittelpunkt zu sein, in dem die Bemühungen der Nationen zur Verwirklichung dieser gemeinsamen Ziele aufeinander abgestimmt werden" sollen! Damit und nach der Präambel bezeichnet der Terminus Vereinte Nationen nach Wolfrum 1994, 46, die (vereinigten) Gründerstaaten als solche wie als Organisation bzw. Rechtsinstrument.

[77] Insofern gleicht ein Charta-Kommentar einem „shooting on a moving target", Simma 1994, vii. Zur Theorie internationaler Organisationen Rittberger 1995, 760ff.

[78] Vgl. Wolfrum 1994, 46.

[79] Eine (nicht vollständige) Auflistung der Fälle auch in Menschenrechtsfragen, in denen VN-Organe direkt oder indirekt das Nichteinmischungsgebot in innere Angelegenheiten der Staaten nach Art. 2 VII der Charta akzeptiert haben, findet sich bei Ermacora 1994, 144. Partsch 1996, 21, zieht es aus den Gründen der bestimmenden Rolle der Staaten vor, „von einer Menschenrechtspolitik in den Vereinten Nationen zu sprechen".

[80] Vgl. Riedel 1998, 25. Nach Dickson 1995, 332, Wolfrum 1994, 46f., Partsch 1994, 777f., war der Vorschlag der USA in Jalta, die Menschenrechte in der Satzung der neu zu gründenden internationalen Weltorganisation angemessen zu berücksichtigen, am Widerstand der Sowjetunion und Großbritanniens gescheitert, ähnlich bei der eigentlichen Vorbereitung der VN-Gründung.

kräftigung des Glaubens an „die Grundrechte des Menschen, an Würde und Wert der menschlichen Persönlichkeit" in der Präambel[81] in Art. 1 III der Charta mit dem Ziel der Förderung und Festigung der „Achtung vor den Menschenrechten und Grundfreiheiten für alle ohne Unterschied der Rasse, des Geschlechts, der Sprache oder der Religion" im Rahmen einer internationalen Zusammenarbeit vier unmittelbar anwendbare Diskriminierungsverbote[82] benannt. Diese werden an weiteren Stellen der Charta, so in den Art. 13 und 55, wieder aufgenommen, hier unter Anführung des Universalitätsprinzips bei der Achtung der Menschenrechte[83]. Daraus ergibt sich ein „allgemeines Programm der UN-Menschenrechtsarbeit".[84] Die VN-Mitglieder sind nach den Art. 2 und Art. 56[85] der Charta zur Mitarbeit zur Erfüllung der in Art. 55[86] genannten Ziele verpflichtet. Die Menschenrechte wurden somit aus der bisherigen domaine réservé der Staaten herausgenommen.[87] Diese unterlagen folglich nicht mehr nur dem

---

[81] Nach Wolfrum 1994, 47, besitzt sie nur deklaratorischen Charakter. Nach Kimminich 1990, 93, ist sie lediglich Hilfsmittel zur Interpretation des operativen Teils.

[82] Vgl. Kimminich 1990, 82f. Partsch 1994, 778ff., unterscheidet Rights, die positive wie negative (Abwehr-) Elemente beinhalten, von Freedoms, „(which) do not encompass demands for positive actions". Auch Partsch schreibt der Nichtdiskriminierungsklausel zwingenden Rechtscharakter als ius cogens zu, diese existiere freilich unabhängig von der generellen Verpflichtung zur Achtung von Menschenrechten. Ob Art. 55, der von den VN spricht, rechtliche Staatenverpflichtung schafft, sei umstritten, wie auch nicht aus ihm allein, sondern aus Art. 56 zu interpretieren. Partsch 1995a, 1003, stellt fest: „With regard to the respect of human rights, the UN Charter only declares a programme for further action. It is not only left open which of these rights shall be protected but also how they can be defined and what the limitations are to be. The prohibition of certain distinctions is more than that. It already constitutes a legal norm directly applicable without further implementation."

[83] Vgl. Partsch 1994, 780f.

[84] Dicke 1998, 241.

[85] Art. 56 stellt nach Wolfrum 1994c, 793ff., eine Wiederholung und zum Teil Spezifizierung des Art. 2 II dar. Allerdings ergebe sich daraus keine Verpflichtung zur nationalen Implementierung der Ziele des Art. 55, da dieser – mit Ausnahme der vier Diskriminierungsverbote – nur Ziele und nicht Verpflichtungen beschreibe.

[86] Vgl. Wolfrum 1994b, 759ff. Zum Komromißcharakter des Art. 1 III entsprechenden Art. 55 c) Partsch 1994, 776ff. Nach Wolfrum 1994c, 795, hat die GV seit 1952 wiederholt die Inkonsistenz von Diskriminierungen aus den in Art. 55(c) genannten Gründen mit den Pflichten der Mitgliedsstaaten aus Art. 56 festgestellt. Für die Staatenmehrheit stelle die Abschaffung der Diskriminierung „a valid legal obligation" dar.

[87] Vgl. Kokott 1999, 176. Ermacora 1994, 152f., unterscheidet: „In the field of human rights the direct protection – apart from the (...) exceptions deriving from treaty law – essentially belongs to the domestic jurisdiction of a state. The rest of the questions concerning human rights – above all the setting of standards, advisory services, and the comprehensive information about the situation of human rights – essentially to the jurisdic-

innerstaatlichen Legitimationszwang, sondern nun auch der politisch-moralischen wie auch rechtlichen Kritik und Kontrolle durch ihre internationalen Verpflichtungen bzw. die VN oder andere Staaten.[88]

Die Ausgestaltung des Menschenrechtsprogramms aus Art. 55(c) der Charta
mit weiteren Definitionen und der Schaffung verfahrensrechtlicher Grundlagen
erfolgte durch Beschlüsse bzw. Resolutionen (Res.) oder Deklarationen der
Generalversammlung (GV)[89] und anderer Organe infolge einer „evolutionary
dynamic interpretation"[90] der Charta und unter wiederholender Berufung auf die
in ihr genannten Ziele[91] sowie in internationalen Übereinkommen bzw. Konventionen als zumeist von den VN initiierten multilateralen völkerrechtlichen
Staatenverträgen. Grundlegende Bedeutung besitzt dabei die Universale bzw.
Allgemeine oder Internationale Menschenrechtscharta bzw. International Bill of
Rights. Diese umfaßt die Universale Erklärung der Menschenrechte (UEM) vom
10.12.1948[92] sowie die beiden 1966 verabschiedeten und 1976 in Kraft getrete-

---

tion of the UN. A third category of questions is constituted by joint matters: (Alfred)
Verdross speaks of ,concurrent jurisdiction'." Doch sei kein VN-Organ für diesbezügliche Abwägungs- und Entscheidungsprobleme gewappnet.

[88] Vgl. Riedel 1999, 12. Nach Kimminich 1990, 13, ist es jedoch „notwendig, von allem
Anfang an die Illusion zu zerstören, daß sich das Völkerrecht – wie noch vor wenigen
Jahrzehnten gehofft worden war – durch die Bestrebungen unserer Zeit aus einem Recht
der souveränen Staaten zu einem Recht der gesamten Menschheit verwandelt hat." Entsprechend berufen sich nach Tomuschat 1995a, 619, grundsätzlich internationaler Kontrolle unwillige Staaten auf Art. 2 der Charta.

[89] Vgl. Hailbronner/Klein 1994, 231 ff.

[90] Ress 1994, 28 f., 35 ff. , nach dem sich dabei eine Mixtur von Interpretation und Adaption
ergibt.

[91] Vgl. Wolfrum 1994a, 54 ff., zu Art. 55 Wolfrum 1994b, 760.

[92] Zur Entstehung der UEM Partsch 1994, 782 f. Zwar forderten die sozialistischen Staaten
ein Gesamtdokument über bürgerliche, politische, wirtschaftliche, soziale und kulturelle
Rechte, die westlichen dagegen eine Beschränkung auf die klassischen liberalen Abwehr-
reichte, die dann jedoch unmittelbar anwendbar sein sollten – was wiederum dem sozialistischen Rechts- und Menschenrechtsverständnis widersprach, welches die Durchsetzung
allein dem Staat überlassen sehen wollte, vgl. Nowak 1989, XVIII f. Zur Erarbeitung der
UEM verabredete die MRK nach Riedel 1999, 13, ein abgestuftes Vorgehen: „Zunächst
sollte in Form einer Erklärung eine Auflistung international zu schützender Menschenrechte erarbeitet werden. Danach sollten durch Vertrag konkrete völkerrechtliche Staatenverpflichtungen geschaffen werden, um schließlich geeignete Verfahren der Umsetzung und Durchsetzung der Menschenrechte zu entwickeln". Damit ergab sich ein grundsätzliches Muster für die weitere Menschenrechtspolitik der VN und darin der MRK: auf
Grundlage der VN-Charta und der UEM eine nähere Zielformulierung und schließlich
die Festlegung der Art der Staatenverpflichtungen und ihrer Durchsetzung.

nen Internationalen Menschenrechtspakte, also den Zivilpakt[93] und den sogenannten Sozialpakt über wirtschaftliche, soziale und kulturelle Rechte mit zusätzlichen Fakultativprotokollen. Vor allem die Pakte formten den von der UEM
proklamierten Mindeststandard näher aus und verrechtlichten diesen.[94] Die Universale Menschenrechtscharta wurde ergänzt durch zahlreiche weitere Spezialübereinkommen[95], die „entweder der Bekämpfung besonders massiver Syn-
drome von Menschenrechtsverletzungen (...) oder aber dem besonderen Schutz
von Diskriminierungen ausgesetzten Gruppen dienten".[96] Sie alle standen im
Zusammenhang der mit den VN beginnenden systematischen internationalen
Verrechtlichung von Menschenrechten in einem „mächtigen und beeindrucken-
den Positivierungsschub", mit dem sich die Menschenrechte „von einer idealisti-
schen Abstraktion reiner Rechtsnormen zu einem engmaschigen Netzwerk posi-
tiv geltenden Rechts" entwickelten.[97] Die VN-Menschenrechtspolitik wird somit
„artikuliert von den unter der Ägide der UN zustandegekommenen Normen des
völkerrechtlichen Menschenrechtsschutzes einerseits und den mit Menschen-

---

[93] Dieser ist nach Ansicht Nowaks 1989, XI, der „bedeutendste völkerrechtliche Vertrag im
Bereich des UNO-Menschenrechtsschutzes".

[94] Die Proklamationen der UEM standen unter dem direkten Eindruck der Negation der
Würde des Menschen durch den Nationalsozialismus, vgl. Morsink 1993, 257ff. Die
UEM enthält einen detaillierten Katalog bürgerlicher, politischer und sozialer Rechte,
den nach Dickson 1995, 332, manche gern bereits in der Charta gesehen hätten. Als Preis
für ihre einstimmige Annahme konnte sie jedoch nach Riedel 1999, 11, nicht als völkervertragsrechtliches Instrument, sondern nur in Form einer Deklaration der GV „als das
von allen Völkern und Nationen zu erreichende gemeinsame Ideal", wie es in der Präambel heißt, beschlossen werden. Gleichwohl – oder gerade deswegen – begann mit ihr eine
stürmische Entfaltung des universalen Menschenrechtsschutzes. Der UEM stimmten 48
der damals 56 Mitgliedsstaaten zu, während sich acht von ihnen – die Sowjetunion mit
ihren Satelliten, Saudi-Arabien und Südafrika – aus unterschiedlichen Gründen enthiel-
ten. Nach Smith/McIntosh 1998, 3, war es „the original hope of the drafters that the Universal Declaration would quickly be followed by a more detailed tabulation of rights and
freedoms in a legally binding format". Zur Entstehung der Internationalen Menschenrechtspakte Partsch 1994, 785f. Nach Riedel 1999, 17f., hatte eine ursprünglich als Einheit geplante Universal Bill of Rights aufgrund ideologischer Vorbehalte der sozialistischen Staaten in zwei Vertragsentwürfe geteilt werden müssen.

[95] Vgl. Nowak 1989, XV. Auf letztere kann hier nur verwiesen werden, vgl. Riedel 1999,
22. Zu den für die Religionsfreiheit interessanten Aspekten außerhalb der durch die Menschenrechtspakte geschützten „völkerrechtlichen ,Normalsituation'" in der sogenannten
Flüchtlingskonvention wie auch in den kriegsrechtlichen Instrumenten Kimminich 1990,
118ff., Kaufmann 1989, 269ff.

[96] Dicke 1998, 240.

[97] Brunkhorst/Köhler/Lutz-Bachmann 1999, 7.

rechtsfragen befaßten Organen der Organisation andererseits"[98], vor allem der GV[99], dem Wirtschafts- und Sozialrat (WSR)[100], insbesondere der von diesem eingesetzten Menschenrechtskommission (MRK)[101] sowie seit 1994 auch dem Hochkommissar für Menschenrechte[102]. Hinzu kommen mit den VN eng verbundene Menschenrechtsausschüsse der völkervertraglichen Übereinkommen.[103] Ähnlich wie die innerstaatliche Durchsetzung von Menschenrechten, aber aufgrund des VN-Doppelcharakters in besonderer Weise, muß der Menschenrechtsschutz in den VN mit und gegen die Staatensouveränität betrieben werden. Im Zuge einer immer ausgedehnteren Interpretation relevanter VN-Dokumente und -beschlüsse, wie insbesondere der Charta, ergaben sich über völkervertragsrechtliche Anerkennungen der Staaten hinaus weitere Möglichkeiten von Menschenrechtsschutzmechanismen.[104] Beschlüsse von VN-Organen[105] allein sind zwar für Staaten nicht grundsätzlich direkt bindend, doch tragen sie indirekt zur Fortentwicklung des Völkerrechts und zur Kodifizierung und zum Schutz der Menschenrechte bei. Mit der Vorbereitung eines völkerrechtlichen Vertrags und dem GV-Beschluß zur Auflage desselben zur Ratifizierung durch die Staaten nehmen die VN Einfluß auf Inhalt und Richtung der Entwicklung des Völkerrechts, während die Staaten, deren Vertragsratifikationen erst bindendes Völkervertragsrecht schaffen, bei der Entwurfsvorbereitung auf die Mitarbeit in den VN angewiesen sind.[106] Ist ein Konsens für eine Vertragsentwurfsverabschiedung zunächst nicht absehbar, wird zunächst oft nur eine Entschließung, d.h. Res., bzw. eine feierliche Erklärung, d.h. Deklaration als Res. besonderen In-

---

[98]   Dicke 1999, 1. Wolfrum 1994b, 763, zählt als Maßnahmen der VN in Erfüllung des Auftrags aus Art. 55 auf: „creating new institutions; recommending actions to be undertaken by states or international institutions; drafting new principles and programmes; and taking direct action".

[99]   Vgl. Tomuschat 1995, 548 ff.

[100] Vgl. Lagoni 1995, 461 ff.

[101] Vgl. Riedel 1995, 116 ff.

[102] Vgl. Ayala-Lasso 1998, 293 ff.

[103] Vgl. Jaenicke 1994, 205 ff.

[104] Vgl. Tomuschat 1995a, 619.

[105] „Basically it holds true for the United Nations (...) that decisions which limit the sovereignty of the state concerned require a higher majority than decisions which have only a recommendatory function. In this respect the rules on decision-making serve as a means for the protection of the individual interests of the states concerned", so Wolfrum 1995, 1400 ff., für die GV Hailbronner/Klein 1994, 236 ff.

[106] Vgl. Schröder 1995, 100 ff.

halts[107], zur Abstimmung gestellt, die dann später in einen Vertrag einmünden kann.[108] Rechtliche und politische Implementierungsformen fordern dabei ihre gegenseitige Ergänzung.[109]

3. Religionsfreiheit als Menschenrecht in relevanten Dokumenten der Vereinten Nationen

„Fragen der Religion und der R.(eligionsfreiheit) sind mit dem Völkerrecht seit frühester Zeit verbunden."[110] Der völkerrechtliche Schutz der Religionsfreiheit wie der Menschenrechte erwuchs aus dem Fremdenrecht und Minderheitenschutz.[111] Als erstes völkerrechtliches Minderheitenschutzinstrument und Anfang einer Sicherung der Religionsfreiheit im klassischen Völkerrecht erschien der Westfälische Frieden von 1648.[112] Die großen Friedensschlüsse und Kongresse[113] sahen zunehmend häufiger Schutzbestimmungen für religiöse Minderheiten vor. Nach dem Ersten Weltkrieg setzte sich US-Präsident Woodrow Wilson erfolglos für eine staatenverpflichtende Bestimmung über den Schutz freier und gleichberechtigter Religionsausübung im Völkerbundsvertrag ein.[114] Stattdessen wurde das Problem einer Regelung durch Minderheiten- bzw. Friedensverträge mit den besiegten Staaten überlassen.[115] Allerdings begann sich die

---

[107] Zu den Begrifflichkeiten Lagoni 1995a, 1081f.

[108] Freilich zeigte sich nach Riedel 1999, 12f., daß aufgrund vielfältiger politischer Gründe dieses Grundmuster lediglich die oft durchbrochene Regel darstellte.

[109] Vgl. Partsch 1994, 781. Kimminich 1997, 337, stellt „klar, daß Instrumentarien der Rechtsdurchsetzung erst dann eingesetzt werden können, wenn bindende Rechtsverpflichtungen bestehen, und daß solche Rechtsverpflichtungen erst dann begründet werden können, wenn die einzelnen Menschenrechte klar definiert sind".

[110] Frowein 1988, 830. Kimminich 1990, 64, stellt dazu fest: „Bezieht man die Ursprünge der Völkerrechtsdogmatik in die historische Betrachtung mit ein, so ist durchaus die(se) Feststellung gerechtfertigt."

[111] Vgl. Kimminich 1990, 108ff., Partsch 1994, 777.

[112] Vgl. Frowein 1988, 830, Kimminich 1990, 66f.

[113] Vgl. Kimminich 1990, 65ff.

[114] Nach Dickson 1995, 330, war sich Roosevelt der „religious persecution and intolerance as fertile sources of war" bewußt.

[115] Vgl. Kimminich 1990, 70f. Nach Capotorti 1995, 892ff., ging es dabei nicht um eine universelle Staatenverpflichtung bzw. auch nur allgemeine religiöse Toleranz, sondern um den Schutz auch religiöser Minderheiten – nicht zuletzt, um die Stabilität der nach dem Krieg neuentstandenen Staaten sichern zu helfen. Nach Dickson 1995, 331, lag der Blickwinkel deshalb auf Unrechtsausübung gegen die Gruppe, nicht gegen Individuen. Nach Kimminich 1990, 71ff., konnte der Völkerbund insgesamt „keinen wesentlichen

Völkerrechtslehre verstärkt mit der Religionsfreiheit als Menschenrecht – nicht mehr allein im Rahmen des Minderheitenschutzes – zu beschäftigen.[116]

Erst mit den VN aber wurde Religionsfreiheit als Menschenrecht weltweit anerkannt. Für die Bestimmung der Religionsfreiheit als Menschenrecht in den Vereinten Nationen erschienen nach der Charta als relevante Dokumente die UEM, der Zivilpakt sowie schließlich die Deklaration von 1981. Letzere war das vorläufige Ergebnis jahrzehntelanger verwickelter Bemühungen der und innerhalb der VN, ein völkervertragsrechtliches Spezialübereinkommen zur Religionsfreiheit zu schaffen. Ein solches wurde auch nach dem Zustandekommen der Internationalen Pakte gefordert, da deren Normierungen als nicht ausreichend empfunden wurden. Dennoch kam eine solche Spezialkonvention bis heute nie zu Stande. Die Geschichte ihres Scheiterns als die Geschichte der Entstehung der Deklaration verweist in besonderer Weise auf die Schwierigkeiten der VN-Menschenrechtspolitik mit und gegen die Staaten.[117] Nach über zwanzig Jahren

---

Beitrag zur Herausbildung eines allgemeinen Menschenrechts der Religionsfreiheit leisten."

[116] So bestimmte das Institut de Droit International, die Weltvereinigung der Völkerrechtler, 1929 im Entwurf zu einer internationalen Menschenrechtserklärung in dessen Art. 2: „Jeder Staat ist verpflichtet, das gleiche Recht eines jeden einzelnen auf freie Ausübung, sei sie öffentlich oder privat, eines jeden Glaubens, jeder Religion oder Weltanschauung anzuerkennen, sofern deren Praktiken nicht mit der öffentlichen Ordnung und den guten Sitten unvereinbar sind." Zwar wurde hier noch nicht unterschieden zwischen dem Recht des Besitzes und dem Recht der Ausübung einer Religion. „Aber für die damalige Zeit hätte die globale Proklamierung eines Menschenrechts auf Religionsfreiheit einen gewaltigen Fortschritt bedeutet. Der Völkerbund war viel zu schwach, um die Anregung (...) aufzugreifen und in die Tat umzusetzen. Erst die nach dem Zweiten Weltkrieg entstandene neue Weltorganisation, die Organisation der VN, war dazu im Stande", Kimminich 1990, 74. Zum Völkerbund Weber 1995, 848ff. Noch vor der Verabschiedung der UEM beschäftigte sich Bates 1947, 850ff., mit den damaligen Vorschlägen.

[117] Vgl. Nowak 1989, 328f., Kimminich 1990, 132ff., Dickson 1995, 334ff., Evans 1997, 227ff. An dieser Stelle können nur einige wichtige Aspekte genannt werden: So erschien den aus der Kolonialherrschaft entlassenen neuen VN-Mitglieder das Problem rassischer Diskriminierung und ein entsprechendes Übereinkommen von 1966 am vordringlichsten zu sein, vgl. Partsch 1995a, 1003ff., kritisch Dickson 1995, 338ff., der trotz einer oftmaligen Gemengelage religiöser und rassischer Diskriminierung gesonderte Instrumente für sinnvoll hält. Zum politischen Kontext Grewe 1994, 16f. Nach Partsch 1982a, 84, sind gesonderte Instrumente „justified for reasons of substance apart from political considerations. Religion as such is based on positive values, race is not (...). Religious strictness is a counterbalance to religious intolerance. Racism is merely based on prejudice, on a bias and is not based on a value which has to be brought into balance with racial tolerance." Unverständlich bleibt, warum Partsch 1995a, 1005, eine Besonderheit rassischer Diskriminierung sehen will, da vermeintlich nur hier auch andere Menschenrechte verletzt würden. Zur anhaltenden Erfolglosigkeit der Bemühungen trugen nach Kimminich 1990,

der Beratungen konnte die Deklaration erst am 25.11.1981 von der GV ohne
förmliche Abstimmung „in einem nicht gerade emphatischen Konsensus" verabschiedet werden, nachdem sich lediglich sozialistische Länder zuvor bei der
sonst einstimmigen Annahme in der MRK enthalten hatten.[118]

Für die vorliegende Untersuchung erscheint es hinsichtlich der Bestimmung
von Inhalt und Umfang der Religionsfreiheit in den relevanten Dokumenten der
VN sinnvoll, zunächst die UEM in Verbindung mit dem Zivilpakt – beginnend
mit der wörtlichen Textwiedergabe der jeweiligen Spezialartikel[119] – und sodann
erst in zusammengefaßter Form die Art. der Deklaration von 1981 zu betrachten.[120] Letztere wird dann ausführlicher hinsichtlich der zu reflektierenden Unklarheiten und Probleme – die entsprechend der VN-Menschenrechtspolitik vor
allem aus unterschiedlichen Interpretationen und Vorstellungen der Staaten herrühren – dargestellt.

a) Inhalt und Umfang

Die UEM und der Zivilpakt besitzen in ihren jeweiligen Art. 18 Spezialartikel
zur Religionsfreiheit. Darüberhinaus erscheinen – in direkter Aufnahme der
Charta-Bestimmungen – religiöse Diskriminierungsverbote in beiden Art. 2 sowie der Bezug zu anderen Menschenrechten in den Präambeln und weiteren Art.

Die UEM proklamiert in ihrem Art. 18:

„Jedermann hat das Recht auf Gedanken-, Gewissens- und Religionsfreiheit; dieses Recht
umfaßt die Freiheit, seine Religion oder seine Weltanschauung zu wechseln, sowie die
Freiheit, seine Religion oder seine Weltanschauung allein oder in Gemeinschaft mit anderen, öffentlich oder privat, durch Unterricht, Ausübung, Gottesdienst und Beachtung religiöser Bräuche zu bekunden."[121]

135f., Partsch 1994, 785, Dickson 1995, 342f., weiterhin die schwerfällige Organisation
der VN, die Instrumentalisierung der VN und ihrer Vorhaben für politische Zwecke der
Staaten sowie Streit um Relevanz und Inhalte der geplanten Dokumente bei. Vgl. Kaufmann 1989, 154ff., 189ff.

[118] Partsch 1982, 82f., der dennoch mißverständlich von „einstimmiger" Annahme spricht.

[119] Vgl. Partsch 1981, 209, nach dem die meisten der Zivilpakt-Art., wie auch Art. 18, in
einem frühen Stadium formuliert wurden. Ein Vergleich mit korrespondierenden UEM-
Art. „shows their essential affinity and suggests that understanding the Covenant articles
requires attention to the development of their counterparts" in der UEM.

[120] Vgl. Kaufmann 1989, 134, 181f.

[121] Der hier wiedergegebene und in der vorliegenden Untersuchung verwendete Text der
UEM folgt der deutschen Übersetzung des Sprachendienstes des Auswärtigem Amtes,
abgedruckt in Watzal 1999, 52ff. Zum Travaux Préparatoires überblickshaft Scheinin

Daran anknüpfend und erweiternd bestimmt der Zivilpakt in seinem Art. 18:

„(I) Jedermann hat das Recht auf Gedanken-, Gewissens- und Religionsfreiheit. Dieses Recht umfaßt die Freiheit, eine Religion oder eine Weltanschauung eigener Wahl zu haben oder anzunehmen, und die Freiheit, seine Religion oder Weltanschauung allein oder in Gemeinschaft mit anderen, öffentlich oder privat durch Gottesdienst, Beachtung religiöser Bräuche, Ausübung und Unterricht zu bekunden.

(II) Niemand darf einem Zwang ausgesetzt werden, der seine Freiheit, eine Religion oder eine Weltanschauung seiner Wahl zu haben oder anzunehmen, beeinträchtigen würde.

(III) Die Freiheit, seine Religion oder Weltanschauung zu bekunden, darf nur den gesetzlich vorgesehenen Einschränkungen unterworfen werden, die zum Schutz der öffentlichen Sicherheit, Ordnung, Gesundheit, Sittlichkeit oder der Grundrechte und -freiheiten anderer erforderlich sind.

(IV) Die Vertragsstaaten verpflichten sich, die Freiheit der Eltern und gegebenenfalls des Vormunds oder Pflegers zu achten, die religiöse und sittliche Erziehung ihrer Kinder in Übereinstimmung mit ihren eigenen Überzeugungen sicherzustellen."[122]

Art. 18 des Zivilpakts ist damit in weitgehender Übereinstimmung beider Abs. I in seinen Abs. II bis IV gegenüber Art. 18 der UEM um Bestimmungen erweitert, die in der UEM noch in anderen Art. enthalten sind. Die für die vorliegende Untersuchung grundlegende Bedeutung der UEM-Bestimmung liegt in der erstmaligen universalen rechtlichen Anerkennung der Religionsfreiheit als Menschenrecht.[123] Darüberhinaus führt der Zivilpakt die Bestimmungen der UEM noch weiter aus. Der Zivilpakt nimmt wie schon die UEM eine grundlegende Bestimmung vor, indem zwischen dem Recht auf Besitz einer Religion und dem Recht auf Bekundung bzw. Ausübung unterschieden wird.[124] Nach Art. 29 und 30 der UEM bzw. Art. 18 III des Zivilpakts darf nicht das Menschenrecht der Religionsfreiheit als solches, sondern nur dessen Bekundung unter bestimmten Bedingungen beschränkt werden.[125] Außerdem findet sich hier sowie in Art. 5

1992, 264. In der vorliegenden Untersuchung wird „bekunden" gleichbedeutend mit „ausüben" verwendet, nicht überzeugend demgegenüber Nowak 1989, 337f.

[122] Der hier wiedergegebene und in der folgenden Untersuchung verwendete Text des Zivilpakts folgt der amtlichen deutschen Übersetzung, abgedruckt in BGBL. 1973 II, 1553. Lediglich bei der Absatznumerierung wurden statt arabischer lateinische Zahlen verwendet. Zum travaux préparatoires des Art. 18 des Zivilpakts Bossuyt 1987, 355ff.

[123] Vgl. Kimminich 1990, 93ff.

[124] Vgl. Nowak 1989, 337, der diesbezüglich von passiver und aktiver Religionsfreiheit spricht.

[125] Vgl. Kimminich 1990, 96. Nowak 1989, 343, spricht diesbezüglich von der „aktiven öffentlichen Religions- und Weltanschauungsfreiheit".

des Zivilpakts der Ansatz einer Wesensgehaltsgarantie für die proklamierten bzw. anerkannten Rechte. Zugleich fällt Art. 18 unter die von Art. 4 benannten Art., die auch im Falle eines öffentlichen Notstandes nicht außer Kraft gesetzt werden dürfen.[126]

Die Bekundung der Religion oder Weltanschauung kann nach beiden Art. 18 gleichlautend „allein oder in Gemeinschaft mit anderen, öffentlich oder privat"[127] geschehen. Art. 18 der UEM hat mit der Unterscheidung von vier Manifestationen der Bekundung „bahnbrechend" in den Zivilpakt hinein gewirkt: „durch Unterricht, Ausübung, Gottesdienst und Beachtung religiöser Bräuche".[128] Der Einschluß der Bekundung in Gemeinschaft wurde zum Zeitpunkt der Abfassung der UEM als sensationell empfunden: „Die Idee der Gruppenrechte, die im Rahmen des Minderheitenschutzes des Völkerbunds eine Rolle gespielt hatte, war in den Jahren nach dem Zweiten Weltkrieg fast ganz in Vergessenheit geraten. Art. 18 der (...) (UEM) ist das erste Anzeichen für die Wiederbelebung des Interesses an Gruppenrechten, die heute allgemein zu beobachten ist."[129] Zudem bestimmt Art. 27 des Zivilpakts als – von den Diskriminierungsverboten abgesehen – neben Art. 18 zweite wichtige Bestimmung hinsichtlich der Religionsfreiheit[130], daß Minderheiten das Recht nicht vorenthalten werden darf, „ihre eigene Religion zu bekennen und auszuüben".[131] Art. 27 des

---

[126] Vgl. Nowak 1989, 78ff., 327.

[127] Vgl. Kimminich 1990, 99, der von „Konturen des Menschenrechts der Religionsfreiheit" spricht und hierin lediglich eine „an sich überflüssige" Verdeutlichung sieht, die aber „dennoch zu begrüßen" sei. Demgegenüber verweist Nowak 1989, 330f., auf die Aspekte des Schutzes der individuellen geistigen Existenz wie aber auch besonders auf den Aspekt der Kommunikation geistiger Inhalte.

[128] Unklarheiten enstanden durch die noch von Kimminich 1990 verwendete ältere deutsche Übersetzung von „observance" im englischen Original als „Vollziehung von Riten", die enger erscheint als „Beachtung religiöser Bräuche", vgl. Kimminich 1990, 93ff., mit Kritik an Krishnaswami.

[129] Das Menschenrecht der Versammlungs- und Vereinigungsfreiheit hängt nach Kimminich 1990, 99f. damit zwar zusammen, ist aber schon aufgrund der offensichtlich relativ größeren Gefährdung religiöser Organisationen nicht mit ihm identisch.

[130] Vgl. Kimminich 1990, 107ff.

[131] Zum engen wie komplizierten Verhältnis beider Art. zueinander Kimminich 1990, 108ff., nach dem Art. 27 ausdrücklich vom Recht der einzelnen spreche, „ihre eigene Religion zu bekennen und auszuüben", bringe also „tatsächlich das zum Ausdruck (...), was den Kern der Religionsfreiheit ausmacht". Religionsfreiheit, Menschenrecht und Minderheitenschutz bildeten ein dichtes Geflecht von rechtshistorischen und -dogmatischen Beziehungen und seien dennoch zu trennen. Die völkerrechtliche Theorie und Praxis hätten die Sonderprobleme religiöser Minderheiten vernachlässigt und „wenig sinnvoll" in der „Floskel ‚ethnische, religiöse und sprachliche Minderheiten'" zusammengefaßt. Erst in

Zivilpakts steht in Spezialität zu Art. 18, weshalb dieser jenem vorangeht, ohne ihn völlig zu verdrängen.[132]

Das Menschenrecht der Religionsfreiheit steht mit anderen Menschenrechten im Zusammenhang. Zum einen betrifft dies den allgemeinen Hintergrund der VN-Antidiskriminierungspolitik.[133] Freilich kann sich Religionsfreiheit als Menschenrecht nicht in einem (religiösen) Diskriminierungsverbot erschöpfen. Jenes steht zu diesem in Spezialität und geht deshalb bei der Anwendung voraus.[134] Zum anderen bedingt deshalb vor allem die gemeinsame Wurzel der Menschenrechte, ihre Begründung, den Zusammenhang. Hierzu äußern sich die UEM und der Zivilpakt vor allem in ihren Präambeln[135] in Anknüpfung an die Charta. Die Präambeln sowie Art. 1 der UEM proklamieren die Würde und freie und gleiche Rechte des Menschen.[136] Diese seien Grundlage der Freiheit, Gerechtigkeit und

---

den achtziger Jahren sei dem Minderheitenrecht verstärkte Aufmerksamkeit wie „Phönix aus der Asche" zugekommen. Hierzu auch Sohn 1981, 280ff. Zum travaux préparatoires des Art. 27 des Zivilpakts Bossuyt 1987, 493ff.

[132] Zur umstrittenen Frage, ob Art. 27 Gruppen- oder Einzelrechte garantiere, Kimminich 1990, 112ff., nach dem sowohl individual- als auch kollektivrechtliche Elemente enthalten seien, dagegen Capotorti 1995, 898f. Nowak 1989, 528ff., bezieht sich vor allem auf Capotortis „individualistische Formulierung", erkennt aber ebenso ein „kollektives Element". Nach Sohn 1981, 285, sind jedenfalls die durch Art. 27 geschützten Rechte auch hinsichtlich der Einschränkungsbedingungen „to be read together with other articles which Article 27 overlaps", so auch mit Art. 18.

[133] Vgl. Kimminich 1990, 82.

[134] Vgl. Kimminich 1990, 101. Nach Nowak 1989, 29ff., 36ff., besitzt Art. 2 des Zivilpakts akzessorischen Charakter, der nur in Verbindung mit der konkreten Ausübung (nicht notwendig auch der Verletzung) eines im Pakt garantierten materiellen Rechtes wirksam werden kann und diesbezüglich eine „Schirmklausel" darstellt. Art. 2 bestätigt nach Nowak den Grundsatz des gesamten internationalen Menschenrechtsschutzes, „daß die konkrete Durchsetzung völkerrechtlich normierter Menschenrechte primär eine innerstaatliche Angelegenheit ist. Die internationale Durchsetzung beschränkt sich im wesentlichen auf eine nachprüfende Kontrolle innerstaatlicher Maßnahmen (schützender wie verletzender Art) durch politische, quasi-judizielle oder gerichtliche Organe".

[135] Nach Kimminich 1990. 93, nimmt wie grundsätzlich bei Gesetzgebungen die Präambel nicht an der Rechtsnorm teil, sondern ist lediglich ein Hilfsmittel zu deren Interpretation. Entsprechendes gelte auch für die UEM, wobei hier der operative Teil sowieso keinen Rechtsnormcharakter habe. Demgegenüber sind nach Nowak 1989, 2, unter Hinweis auf Art. 31 WVK völkerrechtliche Verträge im Zusammenhang auszulegen, also nicht nur durch den Vertragswortlaut selbst sondern auch durch die Präambel und anderes: „Diese rechtliche Bedeutung der Präambel ist im Völkerrecht allgemein anerkannt."

[136] Nach Dicke 1999, 6f., ist die UEM das erste historische Dokument des Menschenrechtsschutzes, welches den Universalitätsanspruch der Menschenrechte in der Würde des Menschen begründet. Freilich ist diesbezüglich festzustellen, daß die GV explizit erst in

des Friedens in der Welt. Die Präambeln bekräftigen somit auch den Zusammenhang von Friedenssicherung und Menschenrechtsschutz und verweisen zugleich auf die VN-Mitgliedsstaatenpflicht zur Förderung der Menschenrechte.[137] Die Präambel der UEM verweist auf die als höchstes Bestreben verkündete Schaffung einer Welt, „in der den Menschen, frei von Furcht und Not, Rede- und Glaubensfreiheit zuteil wird".[138] Schließlich steht die Religionsfreiheit auch mit anderen Menschenrechten in Verbindung, deren sie zu ihrem eigenen Besitz und Ausübung, auch in gemeinschaftlicher Art, bedarf – ebenso ohne sich darin zu erschöpfen. Das betrifft etwa die Meinungs-, Versammlungs- und Vereinigungsfreiheit.[139] Der Friedensfunktion der Religionsfreiheit hat auch explizit nach Art. 26 der UEM das Recht auf Bildung zu dienen. Der „important, but often ignored"[140] Art. 20 des Zivilpakts bestimmt das gesetzliche Verbot für jedes Eintreten auch für „religiösen Haß, durch das zu Diskriminierung, Feindseligkeit oder Gewalt aufgestachelt wird". In einem solchen Fall kann bzw. muß die Ausübung einer Religion oder Weltanschauung in Verbindung mit Art. 26 verboten werden.[141] Art. 2 des Zivilpakts betont wiederum unter Einschluß eines

---

der Präambel zum Zivilpakt erkennt, „daß sich diese Rechte aus der dem Menschen innewohnenden Würde herleiten".

[137] Vgl. Nowak 1989, 3f.

[138] Damit wird angeknüpft an die sogenannte Four Freedoms-Rede des US-Präsidenten Roosevelt, der darin 1941 vier Freiheiten benannte, die nach dem Krieg jedermann garantiert werden sollten: Freiheit der Rede und Meinung, Freiheit der Religion, Freiheit von Krieg und Freiheit von Furcht. Roosevelt definierte Freiheit der Religion als „freedom of every person to worship God in his own way – everywhere in the world". Zudem verpflichteten sich am 1.1.1942 zunächst 26 und später 47 Staaten in der Erklärung der Vereinten Nationen zur Fortsetzung des Kampfes gegen die Achsenmächte bis zum vollständigen Sieg „(in order) to defend life, liberty, independence and religious freedom", zitiert nach Dickson 1995, 331f. Dies macht nach Kimminich 1990, 93, die besondere Stellung der Glaubensfreiheit deutlich.

[139] Vgl. Dickson 1995, 340. Anders Nowak 1989, 338, 347, der die Religions- und Weltanschauungsfreiheit als „spezifischen Anwendungsfall der Meinungs-, Versammlungs- und Vereinigungsfreiheit" sieht. Partsch 1981, 209ff., behandelt die „Freedom of Conscience and Expression" zusammen mit „Political Freedoms" wie der Meinungs-, Versammlungs- und Vereinigungsfreiheit. Diese besäßen einen „common character" und seien „designed for a common purpose: to protect the individual as homo sapiens". Diese Auffassung verwischt freilich die Besonderheit des Rechts der Religionsfreiheit, so auch Kimminich 1990, 75ff., 99f. Die Tatsache, daß sich die Religionsfreiheit in verschiedener Weise verstehen und schützen ließe, birgt nach Evans 1997, 3f., vielmehr die Gefahr der Marginalisierung in sich: „some fundamental facet of religious well-being is likely to be outside of its scope", da sie durch alle Zuordnungen nicht voll zu fassen sei.

[140] Dickson 1995, 340.

[141] Vgl. Nowak 1989, 348f.

religiösen Diskriminierungsverbotes in besonderer Weise die Staatenverpflichtungen.[142] Schließlich hat nach beiden Präambeln und Art. 27 der UEM jedermann das Recht auf eine „soziale und internationale Ordnung", in der die „ausgesprochenen Rechte und Freiheiten voll verwirklicht werden können". Damit und in Art. 29 zeigt schon die UEM, daß die zu schaffenden Bedingungen für die Verwirklichung der Menschenrechte Prinzipien des demokratischen Verfassungsstaates entsprechen: dem Rechts- und Gesetzlichkeitsprinzip bzw. Rule of Law- und dem Demokratieprinzip[143] sowie dem Sozialstaatsprinzip und der Forderung einer entsprechenden internationalen Ordnung. Die UEM konnte sich diesbezüglich auf die Charta berufen. Damit war – durch die Staaten selbst als Mitglieder der GV – ein „eindeutiges verfassungspolitisches Gestaltungsprogramm für die Mitgliedsstaaten der UN verabschiedet" worden.[144] Der Zivilpakt greift dies verschiedentlich, wenn auch in Teilen abgeschwächt[145], wieder auf.

In der Präambel zur Deklaration von 1981[146] knüpft die GV explizit an UEM und Zivilpakt an, deren Bestimmungen sich auch im operativen Teil der Deklaration wiederfinden. Nach der Präambel hat die Religion oder Überzeugung für jeden, der sich dazu bekennt, grundlegende Bedeutung und sollte „ohne jede Einschränkung geachtet und garantiert werden". Ihre Mißachtung führt oft zu Krieg und Leid, ihre Gewährleistung sollte zu Frieden und Gerechtigkeit beitragen. Die Änderung des Titels der Deklaration mit der Ersetzung von ursprünglich „religiöser Intoleranz" in „aller Formen von Intoleranz und Diskriminierung aufgrund der Religion oder der Überzeugung" sollte eine größere Bestimmtheit

---

[142] Vgl. Dickson 1995, 341, der das Fehlen einer solchen generellen Norm in der UEM betont. Nach Kimminich 1990, 88, wurde „die von der sozialistischen Völkerrechtslehre vertretene Auffassung, Art. 2 Abs. 2 (...) bedeute, daß vor entsprechenden gesetzgeberischen Maßnahmen eines Signatarstaates keine Rechtsbindungen dieses Staates und umgekehrt keine diesem Staat gegenüber geltenden Rechte von Individuen bestünden (...), im westlichen Schrifttum energisch zurückgewiesen." Die Verpflichtung zu gegebenenfalls zusätzlichen gesetzgeberischen Maßnahmen ergehe lediglich ergänzend. Zu den Verpflichtungen aus Art. 2 Nowak 1989, 38ff.

[143] Vgl. Partsch 1994, 783, der hier auf die Problematik der Gefahr politischer Ideologisierung aufgrund großer Unterschiede in den Konzepten von Demokratie verweist. Vor solchen Gefahren sind freilich die übrigen Prinzipien und Bestimmungen ebensowenig gefeit.

[144] Dicke 1999, 8f.

[145] Vgl. etwa hinsichtlich der Demokratie Partsch 1994, 788.

[146] „In Präambeln werden häufig Bestimmungen untergebracht, die im operativen Teil nicht durchgesetzt werden konnten, um diesen dann – abweichend vom Wortlaut – extensiv auslegen zu können. Von solchen Versuchen ist die Präambel der Erklärung freigehalten worden", so Partsch 1982, 83.

erreichen und auch weltanschauliche, also vorgeblich nicht-religiöse, geistige, Intoleranz umfassen.[147] Im operativen Teil der Deklaration sind in acht Art. grundlegende Rechte des einzelnen und Verpflichtungen der Staaten niedergelegt: Art. 1 bestätigt in eng an den Zivilpakt angelehnter Formulierung die Gedanken-, Gewissens- und Religionsfreiheit. Die Art. 2 bis 4 der Erklärung fächern das allgemeine Diskriminierungsverbot auf: Während Art. 2 jedwede Art von Diskriminierung durch einen Staat, eine Institution oder Personengruppe wie Einzelperson verbietet, verdammt Art. 3 Diskriminierung als Beleidigung der Menschenwürde und Verleugnung bzw. Verletzung der relevanten VN-Dokumente und Hindernis der Völkerfreundschaft. Nach Art. 4 haben alle Staaten wirksame, auch gesetzliche, Maßnahmen zur Verhinderung von Diskriminierung auf allen Gebieten sowie zur Bekämpfung von Intoleranz zu ergreifen.[148] Art. 5 behandelt das Recht der Eltern bzw. des gesetzlichen Vormundes zur Gestaltung des Familienlebens im Einklang mit der Religion oder Überzeugung und die Rechte des Kindes auf Zugang zu einer den Wünschen der Eltern bzw. des gesetzlichen Vormundes entsprechenden Erziehung, „wobei das Wohl des Kindes immer oberste Leitlinie bleibt", den Schutz des Kindes vor Diskriminierung und seine Erziehung im Geist der Völkerverständigung, der Achtung anderer „und im klaren Bewußtsein (...), daß seine Kräfte und Begabungen in den Dienst an seinen Mitmenschen gestellt werden sollten". Art. 6 zählt vom Recht auf Gedanken-, Gewissens-, Gewissens-, Religions- und Überzeugungsfreiheit „unter anderem" eingeschlossene Freiheiten auf: Diese betreffen das Recht zum Gottesdienst, zu Wohltätigkeitseinrichtungen, liturgischen Gegenständen, Publikationen, Unterricht, Spenden, Führern und Leitern, Ruhe- und Feiertagen und Zeremonien sowie zu nationaler und internationaler Beziehungspflege. Art. 7 bestimmt, daß die verkündeten Rechte und Freiheiten gesetzlich so zu verankern waren, „daß sie auch in der Praxis von jedermann genutzt werden können".

---

[147] Vgl. Partsch 1982, 82.

[148] Art. 2 ist in enger Anlehnung an das Internationale Übereinkommen zur Beseitigung jeder Form von Rassendiskriminierung vom 7. März 1966 formuliert. Nach Partsch 1982, 83f., tritt „bei der Definition der Diskriminierung in Abs. 2 (...) eine Inkongruenz hinsichtlich der Intoleranz auf. Diskriminierung ist eine Handlung, Intoleranz eine Haltung, die sich freilich in Handlungen äußern kann. Es ist aber logisch inkonsequent, die Haltung mit Handlungen gleichzusetzen, was aber hier geschieht, indem verschiedene Handlungsformen (Unterscheidung, Ausschließung, Beschränkung oder Bevorzugung) erwähnt werden. Diese Inkongruenz hätte sich vermeiden lassen. Gemeint sind Handlungen." Art. 4 nehme diesbezüglich eine Korrektur vor, aufgenommen von Kimminich 1990, 140f. Nach Sullivan 1988, 501ff., sind Intoleranz und Diskriminierung im Hinblick auf die Deklaration von 1981 als synonym zu verstehen.

Nach Art. 8 darf keine Bestimmung dieser Erklärung als Beschränkung oder Aufhebung eines in der UEM und den Internationalen Pakten beschriebenen Rechts ausgelegt werden.

b) Unklarheiten und Probleme

Aus den dargelegten Bestimmungen der relevanten Dokumente ergeben sich im folgenden zu reflektierende Umklarheiten und Probleme, die vor allem aus unterschiedlichen Interpretationen und Vorstellungen der Staaten herrühren. Jene Unklarheiten und Probleme betreffen insbesondere angesichts der Deklaration von 1981 das Verhältnis der Religionsfreiheit als Menschenrecht zur VN-Antidiskriminierungsstrategie, weiterhin den Inhalt und Umfang von Religion oder Überzeugung, das Recht auf Religionswechsel, die zulässigen Beschränkungsgründe der Ausübung der Religionsfreiheit, das Recht auf religiöse Erziehung und Bildung sowie die Würdigung der Religionsfreiheit als Menschenrecht im Zusammenhang der verschiedenen Normierungen. Angesichts dessen kommt es schließlich zu unterschiedlichen Bewertungen im Hinblick auf einen verbesserten Schutz der Religionsfreiheit durch die Deklaration von 1981.

Unklarheiten scheint schon der Titel der Deklaration hervorzurufen. Die UEM und der Zivilpakt proklamieren bzw. verrechtlichen die Religionsfreiheit als Menschenrecht und heben dieses so über ein reines Diskriminierungsverbot hinaus. Demgegenüber scheint der Titel der Deklaration von 1981, unterstützt durch deren Art. 2 und 3, die Religionsfreiheit wiederum lediglich im Rahmen der allgemeinen VN-Antidiskriminierungspolitik gemäß dem Auftrag der Charta behandeln zu wollen. Tatsächlich erfolgte die Titelwahl aus dementsprechenden taktischen Gründen bzw. als „konzeptioneller Trick"[149], der zur Durchsetzung des Beschlusses der Deklaration, angesichts der mit dem Inhalt und Umfang von Religion bzw. Überzeugung verbundenen Unstimmigkeiten, eben als zuvörderst geeignet erscheinen mußte.[150]

---

[149] Dicke 1999, 17.

[150] Vgl. Kimminich 1990, 83, der hierin „letztlich" eine Schwerpunktverschiebung sieht, die seit Ende 1967 festlag. Tatsächlich aber scheint es sich aufgrund der grundlegenden Bestimmungen der Art. 1, 5 und 6 bis 8 gegenüber den Art. 2 bis 4 eher um eine, wenn auch bezeichnende, unerfreuliche Unschönheit zu handeln, die zwar auch hinsichtlich der SBE fortgeführt wurde, jedoch selbst bei voluntaristischer Interpretation eine reine Beschränkung nur auf die Antidiskriminierungsbestimmung eben doch nicht zuläßt Zudem wurde diese Vorgehensweise – was noch zu zeigen sein wird – in der letzten Zeit wiederum korrigiert.

Unklarheiten und Probleme ergeben sich auch hinsichtlich der Begriffe Religion und Überzeugung. Wie die UEM und der Zivilpakt nennt und umfaßt die Deklaration von 1981 in ihren Bestimmungen die Religions- gemeinsam mit der Gedanken-, Gewissens- und Überzeugungsfreiheit.[151] Auch nichtreligiöse Überzeugungen werden damit geschützt.[152] Eine Definition von Religion wurde nicht vorgenommen. Entsprechende Versuche scheiterten während der Vorbereitung. Jede vorgenommene Definition hätte freilich auch einseitig ausfallen müssen, da sich Religion selbst – wie dargelegt – erschöpfenden und zugleich rechtlich klaren Bestimmungen entzieht.[153] Deshalb hätte eine vorgenommene Definition auch jedweden Instrumentalisierungs- und Manipulationsversuchen offengestanden.[154] Berechtigte Fragen nach einer Abgrenzung zwischen Religionen bzw.

---

[151] Alle vier werden in der Deklaration allerdings nur dreimal zusammen genannt: in der Präambel in den Abs. 2 und 3 sowie in Art. 6. Sonst werden zumeist, wie auch im Titel, nur Religion und Überzeugung zusammen genannt. Art. 1 I formuliert in Satz 1: „Jedermann hat das Recht auf Gedanken-, Gewissens- und Religionsfreiheit" und in Satz 2: „Dieses Recht umfaßt die Freiheit, eine Religion oder jedwede Überzeugung eigener Wahl zu haben." Bis auf Art. 6 bleibt es dann bei „Religions-" und bzw. oder „Überzeugungsfreiheit". Daraus kann geschlossen werden, daß die noch stärker innerlichen Bereiche von Gedanken und Gewissen hilfsweise unter Überzeugung gefaßt werden, da diese wie Religion doch noch offensichtlicher durch Handeln nach außen wirkt. Dagegen sieht Kimminich 1990, 138, die Aufzählung von drei weiteren Freiheiten neben der Religionsfreiheit „eher wie eine Floskel; denn in der Liste selbst wird wörtlich entweder die Religion allein oder die Religion in Verbindung mit der ‚Überzeugung' genannt". In der vorliegenden Arbeit werden Weltanschauung und Überzeugung synonym verstanden – wenngleich erstere einen noch stärkeren und weniger situativen Charakter aufzuweisen scheint. Wenig hilfreich erscheinen Unterscheidungsversuche Kaufmanns 1989, 10ff., wenn er trotz des selbst vorgenommenen Hinweises auf historische und konzeptionelle Grenzen einer inhaltlichen Bestimmung der in Frage stehenden Begriffe eine solche doch selbst versucht und dabei verschiedene theoretische und empirische Ebenen verwischt. So bezeichnet er etwa Gewissensfreiheit als eine „Garantie des äusseren Verhaltens" und sieht die Gedankenfreiheit „in den grossen Menschenrechtserklärungen und den amerikanischen Verfassungen nicht als Rechtsbegriff" beinhaltet. So kommt er zu dem Schluß, daß eine „Bekenntnisgemeinschaft als solche (...) nicht das Recht auf Gedankenfreiheit in Anspruch nehmen" kann, womit er sich hinsichtlich 42ff. selbst widerspricht.

[152] Vgl. Nowak 1989, 334.

[153] Vgl. Sullivan 1988, 491ff. Witte 1996, xxiii, stellt fest: „No universal declaration can readily embrace today's religiously heterogeneous world."

[154] So umfaßt etwa die Religions- und Überzeugungsfreiheit auch das Recht, keine Religion oder Überzeugung zu haben, vgl. Dickson 1995, 341, Witte xxiv. Doch verriet nach Partsch 1982, 83ff., die Absicht der Sowjetunion, zwischen „theistic", „non-theistic" und „atheistic" unterscheiden zu lassen, das Ziel der Bevorzugung von nichtreligiösen Überzeugungen, indem, durch eine Verwirrung des lateinischen bzw. griechischen Präfix, mit der sprachlichen Wortneuschöpfung „non-theistic" das gebräuchliche „atheistic" einen neuen Sinngehalt erfahren sollte. Weiterhin verlangten die sozialistischen Staaten die Festschreibung einer Freiheit zu antireligiöser Propaganda. Demgegenüber wollte die

Religionsgemeinschaften und wirtschaftlichen oder politischen Vereinigungen sind deshalb im Rahmen des Bereichs der Ausübung von Religion zu regeln.

In besonderer Weise umstritten erscheint ein Recht auf Religionswechsel. Ein Vergleich der Formulierungen der relevanten Dokumente weist diesbezügliche, implizit gehaltene, Veränderungen auf: Während die UEM in Art. 18 davon spricht, daß das Recht auf Religionsfreiheit auch die Freiheit, seine Religion oder Weltanschauung „zu wechseln", umfaßt, spricht der Zivilpakt in Art. 18 von der damit umfaßten Freiheit, eine Religion oder Weltanschauung „eigener Wahl zu haben oder anzunehmen". In der Deklaration von 1981 heißt es diesbezüglich lediglich noch „zu haben". Schon die Formulierung der UEM stellte einen Kompromiß dar, da islamisch geprägte Staaten wie vor allem Ägypten, Saudi-Arabien, Jemen und Afghanistan in einer Erlaubnis des Religionswechsels einen möglichen Abfall vom Islam gebilligt und so einen Verstoß gegen das Apostasieverbot, d.h. das Verbot des Glaubensabfalls, des Islam und eine Aufforderung zur Häresie gesehen hatten. Aufgrunddessen änderten andere Staaten, die anfangs ebenfalls gegen eine Festschreibung des Rechts auf Religionswechsel gewesen waren, da ein solches ohnehin vom Menschenrecht der Religionsfreiheit umfaßt sei, ihre Meinung.[155] Der Formelkompromiß der UEM bestätigte die Mehrheitsmeinung, die auch das Recht auf Religionswechsel im Menschenrecht der Religionsfreiheit eingeschlossen sah. Nach der herrschenden Völkerrechtsmeinung bleiben die dargelegten Textdifferenzen unerheblich[156], da dem Recht auf Religionswechsel „keine selbständige Bedeutung"[157] zukommt. Außerdem enthalten alle relevanten Dokumente an verschiedenen Stellen, einschließlich insbesondere der Worte „eigener Wahl" im allein für die Unterzeichnerstaaten direkt rechtsverbindlichen Zivilpakt, entsprechende Zwangsverbote. Darüberhinaus bestimmt Art. 8 der Deklaration, ähnlich wie die Art. 5 des Zivilpakts und Art. 30 der UEM, daß keine Bestimmung der Deklaration als Be-

---

Staatenmehrheit eine lediglich negative atheistische Weltanschauung nicht mit positiver Religiosität gleichstellen.

[155] Vgl. Dickson 1995, 342, Pechota 1981, 85f., führt für die Haltung der genannten islamisch geprägten Länder explizit die Tatsache an, daß ihre „basic laws (...) of religious origin or character" waren, hierzu auch Münger 1973, 52f. Nowak 1989, 330, verweist darauf, daß jene Länder Missionstätigkeiten unterbinden wollten. Saudi-Arabien enthielt sich schließlich bei der Abstimmung über die UEM der Stimme. Demgegenüber rechtfertigte der Außenminister Pakistans die Unterstützung seines Landes damit, daß der Koran es jedem freistelle, ob er glauben wolle oder nicht, vgl. Traer 1995, 24.

[156] Vgl. Kimminich 1990, 136f.

[157] Kimminich 1990, 103f.

schränkung oder Aufhebung der in der UEM oder den Internationalen Menschenrechtspakten beschriebenen Rechte ausgelegt werden darf. Aus den damit genannten Gründen sind die verbalen Abschwächungen in den relevanten Dokumenten „nur als kosmetisch anzusehen".[158] Andererseits besteht die der völkerrechtlichen Mehrheitsmeinung entgegenstehende Auffassung einiger weniger Staaten fort.[159]

Probleme birgt sodann die Frage nach zulässigen Beschränkungen der Religionsfreiheit. Die Ausübung der Religionsfreiheit – das Recht, eine Religion zu haben, kann und darf nicht beschränkt werden – ist wie die aller in der UEM genannten Rechte und Freiheiten nach Art. 29 der UEM nur gesetzlichen Beschränkungen zugunsten der Rechte anderer sowie „den gerechten Anforderungen der Moral, der öffentlichen Ordnung und des allgemeinen Wohls in einer demokratischen Gesellschaft" unterworfen. Zudem dürfen die Rechte und Freiheiten „in keinem Fall im Widerspruch zu den Zielen und Grundsätzen der Vereinten Nationen ausgeübt werden". Aufgrund des Art. 4 des Zivilpakts erfolgen die einzig zulässigen Beschränkungen für die Bekundung der Rechte gemäß Art. 18 aus dessen Abs. III selbst. Danach darf die Freiheit der Bekundung „nur den gesetzlich vorgesehenen Einschränkungen unterworfen werden (...), die zum Schutz der öffentlichen Ordnung, Gesundheit, Sittlichkeit oder der Grundrechte und -freiheiten anderer erforderlich sind".[160] Art. 1 III der Deklaration nennt diesbezüglich die „öffentliche Sicherheit, Ordnung, Gesundheit oder Moral und die Grundrechte und Freiheiten anderer".[161] Weitere Beschränkungen erfolgen aus den insbesondere in Art. 6 der Deklaration aufgelisteten Einzelfreiheiten.[162]

---

[158] Partsch 1982, 83, hinsichtlich der Deklaration, ähnlich hinsichtlich des Zivilpakts Nowak 1989, 334.

[159] Vgl. Kimminich 1990, 136f., der hierin eine gewachsene Entschlossenheit der genannten Staaten sieht.

[160] Vgl. Kimminich 1990, 102ff., der die Formulierungen als zu weit kritisiert, dagegen Nowak 1989, 329ff.

[161] Vgl. Nowak 1989, 344, der das damit ausgedrückte Notwendigkeits- sowie Verhältnismäßigkeitsgebot betont.

[162] Insbesondere sozialistische Länder brachten hier vielfältige Vorbehalte vor. Diese bestritten vor allem ein Recht zur Bildung religiöser oder weltanschaulicher Vereinigungen sowie ein Recht auf religiöse Unterrichtung in Schulen. Nach Partsch 1982, 84f., dürfte zumindest die letztere Auffassung „nicht berechtigt sein". Partsch weist zudem auf weitere Unklarheiten sowie darauf hin, daß im Laufe der Beratungen die Liste des Art. 6 immer kürzer wurde. Danach kritisierten die sozialistischen Staaten auch hinsichtlich des Art. 6 eine vermeintliche, zu starke Orientierung auf den Gesichtspunkt des Schutzes der Religion. Allerdings drangen sie nicht mit allen Forderungen durch: So wurde der

Unklarheiten und Probleme ergeben sich auch hinsichtlich von Bildung und Erziehung in Verbindung mit der Religionsfreiheit. Ein allgemein formuliertes Recht auf Bildung ist in der UEM in Art. 26 formuliert. Bildung soll hiernach friedenstiftend wirken und deswegen auch „Verständnis, Toleranz und Freundschaft zwischen allen Völkern und allen rassischen oder religiösen Gruppen fördern". Nach Art. 26 der UEM kommt den Eltern ein „vorrangiges" Recht zu, die Art der Bildung für ihr Kind zu wählen. Im Unterschied zur UEM wird „die religiöse und sittliche Erziehung" im Spezialart. zur Religionsfreiheit selbst, in Art. 18 IV behandelt. Dieser garantiert freilich nicht unmittelbar einzelnen Rechtsträgern Rechte, sondern normiert lediglich eine Staatenverpflichtung – und bietet somit nur einen indirekten Schutz der Elternfreiheit. Aus Art. 18 IV kann weder ein an den Staat gerichtetes Gebot abgeleitet werden, sich der ideologischen Beeinflussung und Gleichschaltung der Jugend zu enthalten, noch eine Vorschrift zur religiösen und sittlichen Erziehung der Kinder in Schulen sowie noch viel weniger eine Staatenverpflichtung, die Erziehung in den öffentlichen Schulen in Übereinstimmung mit den religiösen Überzeugungen der Eltern zu vereinbaren, noch die religiöse Erziehung der Kinder zu finanzieren.[163] In der Deklaration von 1981 behandelt deren umfangreicher Art. 5 in Anlehnung an die Erklärung über die Rechte des Kindes vom 20.11.1959[164] Bildungs- und Erziehungsfragen. Die Bestimmungen des Art. 5 der Deklaration geben nun den Eltern bzw. gesetzlichem Vormund das Recht, „das Familienleben im Einklang mit der Religion oder Überzeugung" zu gestalten sowie dem Kind „das Recht auf Zugang zu einer den Wünschen seiner Eltern bzw. des gesetzlichen Vormunds entsprechenden Erziehung". Damit werden zwar unmittelbar zukommende Rechte proklamiert und die Ebene von lediglichen Staatenverpflichtungen verlassen. Doch ergeben sich neuere Unklarheiten und Probleme: So ist unklar, wie und ab welchem Alter das Kind sein Recht geltend machen kann. Eine ent-

---

Grundsatz einer Trennung von Staat und Kirche nicht festgeschrieben sowie atheistische Weltanschauungsgemeinschaften nicht ausdrücklich erwähnt oder gar privilegiert. Hier wurde den sozialistischen von anderen Staaten gar der Vorwurf der Obstruktion und Erpressung durch Mißbrauch des Konsens-Prinzips gemacht, aufgenommen von Kimminich 1990, 140f.

[163] Damit geht der Zivilpakt nach Kimminich 1990, 106ff., hinter die UEM- sowie auch die entsprechenden Sozialpaktbestimmungen zurück: „In erster Linie haben die Eltern das Recht, die Art der ihren Kindern zuteil werdenden Bildung zu bestimmen." Art. 18 IV sei nach anfänglich starkem Widerstand erst in einem späteren Stadium der Beratungen in den Entwurfstext eingefügt worden. In der Beurteilung ähnlich Partsch 1981, 213, Dickson 1995, 342. Widersprüchlich hinsichtlich der Schulfrage Nowak 1989, 350ff.

[164] A/RES/1386 (XIV.2).

sprechende Präzisierung wurde während der Vorarbeiten abgelehnt. Unklar bleibt weiterhin der Ort der Erziehung. Mit Rücksicht auf die sozialistischen Staaten wurde die Erwähnung von Erziehung in der Schule vermieden. Auch hier scheiterten Konsensversuche während der Vorarbeiten. Allerdings kann sich nach der staatlichen Verpflichtung gemäß Art. 18 IV des Zivilpakts die Elternfreiheit nicht nur auf den häuslichen oder religionsgemeindlichen Bereich beschränken. Vielmehr ist, da ein wesentlicher Teil der Erziehung in der Schule stattfindet, diese miteinzubeziehen. Auch aus der Schrankenklausel des Art. 1 III der Deklaration kann eine entsprechende staatliche Beschränkung des Elternrechts nicht hergeleitet werden.[165]

Die Religionsfreiheit als Menschenrecht erfährt schließlich eine unterschiedliche Würdigung im Zusammenhang der verschiedenen Normierungen. Die UEM erinnert in der Präambel an die als höchstes Bestreben der Menschheit verkündete „Schaffung einer Welt, in der den Menschen, frei von Furcht und Not, Rede- und Glaubensfreiheit zuteil wird". Ohne den Hinweis auf die Glaubensfreiheit in seiner Präambel wieder aufzunehmen, bestimmt der Zivilpakt in Art. 4, daß neben einigen anderen auch Art. 18 zu den auch im Falle eines öffentlichen Notstandes nicht außer Kraft zu setzenden Art. zählt. In diesem Sinne wird die Religionsfreiheit in besonderer Weise hervorgehoben.[166] Während der Vorbereitungen waren Versuche gescheitert, Art. 18 aus der von Art. 4 beinhal-

---

[165] Vgl. Partsch 1982, 83f., der feststellt: „Die Erklärung weicht diesem Problem dadurch aus, daß sie das Recht auf Zugang zur religiösen oder weltanschaulichen Erziehung auf das Kind verlagert, das – weil minderjährig – dieses Recht dar nicht geltend machen kann. Diese Regelung bleibt hinter der Regelung des Zivilpakts zurück" – und ist daher, abgesehen vom generell nicht rechtsverbindlichen Charakter der Deklaration, auch gemäß Art. 8 der Deklaration selbst nicht wirksam. Ähnliches gilt nach Partsch für den Schutzanspruch des Kindes gegen Diskriminierung gemäß Art. 5 III 1. Nach Partsch liegen somit die „einzigen ‚Ausführungen' des Zivilpaktes (...) also nur darin, daß die Erziehungsziele formuliert werden (...) und daß die Wünsche der Eltern auch dann zu berücksichtigen sind, wenn das Kind nicht bei ihnen aufwächst (Abs. 4). Das ist herzlich wenig. Dazu hätte es des großen Aufwandes an Worten nicht bedurft."

[166] Vgl. Chowdhury 1989, 219ff., der den von der International Law Association proklamierten „The Paris Minimum Standards of Human Rights Norms in a State of Emergency" von 1984 kommentiert. Dessen Art. 8 behandelt, basierend auf Art. 18 des Zivilpakts, „freedom of thought, conscience and religion". Nach Chowdhury hat dieses Recht drei „broad dimensons: the right to hold any religion or belief; the right not to hold any religion or belief; and the right to change one's religion or belief. Equally important is the right to manifest."

teten Aufzählung zu streichen.[167] Die Deklaration von 1981 bezeichnet in der Präambel „die Religion oder Überzeugung für jeden, der sich dazu bekennt, (als) einen grundlegenden Bestandteil seiner Weltanschauung". Zudem trägt die „Religions- bzw. Überzeugungsfreiheit auch zur Verwirklichung der Ziele des Weltfriedens, der sozialen Gerechtigkeit" und der Völkerfreundschaft bei.[168] Angesichts des nicht rechtsverbindlichen Charakters der Deklaration erscheint deren Art. 7 „als zum mindesten ungewöhnlich"[169]: „Die in dieser Erklärung verkündeten Rechte und Freiheiten sind in der Gesetzgebung der einzelnen Staaten so zu verankern, daß sie auch in der Praxis von jedermann genutzt werden können." Dies kann zugleich eine Rechtsschutzgarantie wie eine Pflicht zur Rechtsangleichung bedeuten, was insbesondere auf Vorbehalte der sozialistischen Staaten unter Hinweis auf ihre Souveränität stieß.[170] Schließlich stellt Art. 8 der Deklaration klar, daß das allgemeine Prinzip der Verdrängung des älteren durch ein neueres Instrument nicht zur Geltung kommen sollte. Dadurch bringt die Deklaration zum Ausdruck, daß sie eine möglicherweise bereits im Gang be-

---

[167] Vgl. Buergenthal 1981, 83f. Nowak 1989, 88, zählt bemerkenswerterweise die Gedanken-, Gewissens- und Religionsfreiheit nicht unter die „fundamentalsten Existenzrechte der Person (Recht auf Leben und Anerkennung der Rechtsfähigkeit; Verbot der Folter, Sklaverei und Leibeigenschaft)", sondern unter vom Katalog notstandsfester Rechte erfaßten „auch anderen Rechte". Andererseits scheint Nowak 1989, 327, der „nicht seltenen" Meinung zuzustimmen, die Gedanken- und Religionsfreiheit gemeinsam mit der Meinungsfreiheit als das „Kernstück des Paktes zu betrachten" – allerdings mit der folgenden, gerade hinsichtlich des Phänomens Religion unsinnigen Begründung: „da es zeigt, daß dieses Vertragswerk auf der philosophischen Voraussetzung beruht, wonach der Mensch als rationales Wesen Herr seines eigenen Schicksals ist".

[168] Nach Kimminich 1990, 136, unterstützt dies die Auffassung von der zentralen Bedeutung der Religionsfreiheit innerhalb der gesamten Menschenrechte, weil „die Religionsfreiheit sich unmittelbar aus der Würde der menschlichen Person ableitet und die Religion für den gläubigen Menschen im Mittelpunkt seines Daseins steht". Während jedoch der zweite Teil der Aussage Kimminichs mit der Präambelformulierung klar zu belegen ist, muß hinsichtlich des ersten Teils der Aussage gesagt werden, daß sich vielmehr alle Menschenrechte unmittelbar aus der menschlichen Würde ableiten, wie es auch die Deklaration erinnert. Immerhin kann festgestellt werden, daß die Präambel der Deklaration, ähnlich der Aussage des Art. 4 II des Zivilpakts, Religionsfreiheit „ohne jede Einschränkung" gewahrt wissen will. So gesteht sich Kimminich selbst ein, daß „die Formulierungen in der Präambel (...) allerdings viel zu schwach" sind, um seine eigene Auffassung „deutlich zu machen (...). Die Autoren der Erklärung haben hier gegenüber dem religiösen Gefühl eine allzu große Distanz an den Tag gelegt."

[169] Partsch 1982, 85f. Nach Ansicht der sozialistischen Staaten sollte nicht die nationale Gesetzgebung angeglichen, sondern vielmehr die Deklaration in Übereinstimmung mit der nationalen Gesetzgebung ausgelegt und angewandt werden. Hier war keine Einigung zu erreichen.

[170] Vgl. Partsch 1982, 85f.

findliche Bildung von Völkergewohnheitsrecht nicht zurückdrängen oder ablenken, sondern lediglich in der Fortentwicklung der bisherigen Richtung unterstützen wollte.[171]

Angesichts der dargelegten Unklarheiten und Probleme kommt es schließlich zu unterschiedlichen Bewertungen im Hinblick auf einen verbesserten Schutz der Religionsfreiheit durch die Deklaration von 1981. So dehnt nach einer Ansicht die Deklaration die positiven Aspekte des Zivilpakts noch aus: Durch die Verbindung der Art. 2 I, 4 und 7 könne von den Staaten verlangt werden, auch private Diskriminierung zu ächten – was eine neue Strategie in der Anti-Diskriminierungspolitik der VN darstelle.[172] Demgegenüber führen nach einer anderen Ansicht „nur wenige Elemente der Erklärung (...) über das bisher schon Erreichte hinaus. Immerhin ist es gelungen, die auch zu Tage getretenen Tendenzen abzufangen, bestehende Verpflichtungen zu verwässern."[173] Nach großem Lob – bezeichnenderweise vor allem während der Konsenssuche der Vorarbeiten – ergaben sich nüchternere Bewertungen: „Ein Kompromiß mit Schwächen und Lücken." Freilich sei es bemerkenswert, daß sich Staaten aus allen Kontinenten und ganz unterschiedlicher politischer und kultureller Orientierung zusammenfanden.[174] Als über das schon im Zivilpakt rechtsverbindlich

---

[171] Vgl. Kimminich 1990, 138. Nach Partsch 1982, 85f., wollten die sozialistischen Staaten, ähnlich wie bei Art. 7, durch Art. 8 die Deklaration so auslegen, „als enthielte sie auch keine Zusätze zu den Bestimmungen der Instrumente des Internationalen Menschenrechtsschutzes. Diese sollten also nicht nur den Mindeststandard, sondern gleichzeitig den Maximalstandard darstellen. Diese Konzeption widersprach dem häufig so stolz verkündeten Ziel, diese Erklärung solle die Menschenrechtspakte näher ausführen." Von praktischer Bedeutung ist Art. 8 „dort, wo Lücken in der Erklärung vorliegen, die aber aus den Menschenrechtspakten – nicht notwendig der Garantie der Gewissensfreiheit – ausgefüllt werden können, so etwa aus den Garantien der Vereinigungs- oder Meinungsfreiheit".

[172] Vgl. Dickson 1995, 345, der feststellt: „The point can justifiably made, moreover, that for those states which have approved the 1981 Declaration as well as ratifying the ICCPR, the Declaration has a binding effect in international law" – aufgrund des Art. 3, der Diskriminierung aufgrund der Religion oder der Überzeugung nicht nur als Beleidigung der Menschenwürde und Verleugnung der Charta-Grundsätze, sondern auch als Verletzung der in UEM und Internationalen Pakten niedergelegten Menschenrechte und Grundfreiheiten auffaßt. Nowak 1989, 40f., bestätigt, „daß sich die Rechte des Paktes nicht ausschließlich gegen Verletzungen von staatlicher Seite richten" und eine „Erfordernis positiver Gewährleistungsmaßnahmen zum Schutz gegen Eingriffe durch Private" aus Art. 2 des Zivilpakts besteht – ohne hierin eine revolutionäre Neuerung zu bemerken.

[173] Partsch 1982, 86. Dem schließt sich Kimminich 1990, 141, an.

[174] Partsch 1982, 86. Doch mußte nach Partsch 1982, 82, „das Bestreben, den unterschiedlichsten religiösen und weltanschaulichen Strömungen Rechnung zu tragen (...), unwei-

festgelegte hinaus bleibt nach einer weiteren Ansicht lediglich die Auflistung der Einzelfreiheiten in Art. 6.[175] Damit bietet die Deklaration nützliche Richtlinien für die Auslegung und Anwendung der Art. 18 und 27 des Zivilpakts.[176] Insofern trägt sie zur Stabilisierung der Rechtsmeinung bei, da die Liste des Art. 6 weitgehend mit dem übereinstimmt, was die Völkerrechtslehre bisher bei der Interpretation des Art. 18 des Zivilpakts in weiterer Übereinstimmung mit Art. 18 der UEM gefunden habe. Dennoch hätten die jahrelangen Meinungsverschiedenheiten nicht völlig ausgeräumt werden können. Der entscheidende Kompromiß, der das Zustandekommen der Deklaration erst ermöglichte, war nach dieser Ansicht die Einfügung des Art. 8, durch den das in der UEM und im Zivilpakt erzielte unangetastet bleibt. Darüberhinaus bleiben Übereinstimmungen in der Interpretation des Menschenrechts der Religionsfreiheit weiterhin ungewiß. Die Deklaration von 1981 ist insofern ein „Indiz, aber kein unwiderleglicher Beweis für das Vorhandensein eines Konsenses".[177]

Damit kann abschließend festgestellt werden, daß Religionsfreiheit als Menschenrecht durch die VN über reine Diskriminierungsverbote hinaus in der UEM proklamiert und im Zivilpakt rechtsverbindlich von dessen Vertragsstaaten anerkannt worden ist und danach auch im Falle eines öffentlichen Notstandes nicht außer Kraft gesetzt werden darf. Davon umfaßt ist sowohl der Besitz einer Religion oder, auch nichtreligiösen, Überzeugung als solcher, als auch deren öffentliche und private, gemeinschaftliche und individuelle Ausübung. Jeglicher Zwang ist verboten. Lediglich die Ausübung – nicht der Besitz als solcher – darf unter bestimmten Bedingungen beschränkt werden. Eltern steht grundsätzlich

---

gerlich zu Kompromißklauseln führen, die manchmal blaß und wenig aussagekräftig sind. Wichtige Probleme wurden auch ausgeklammert, da keine Einigung zu erreichen war." Ganz im Gegensatz dazu bezeichnen Smith/McIntosh 1998, 5, die Deklaration als „both informative and of persuasive authority" und als „important breakthrough", ebenso Lerner 1996, 123, sowie Sullivan 1988, 488, 518, als „milestone" und „major advance", aufgenommen von Tahzib 1996, 165. Nowak 1989, 329, spricht immerhin von einem zweifellosen Beitrag der Deklaration zur inhaltlichen Ausgestaltung der Religionsfreiheit.

[175] Vgl. Kimminich 1990, 138.

[176] „Das entspricht der Rechtsnatur von Resolutionen der Generalversammlung der Vereinten Nationen. Sie sind keine eigene Rechtsquelle, geben aber ein Indiz für die in der Völkerrechtsgemeinschaft herrschenden Rechtsüberzeugungen und sind daher geeignet, nicht nur zur Bildung von neuem Gewohnheitsrecht beizutragen, sondern auch im Rahmen der Interpretation bestehender Rechtsnormen Verwendung zu finden", so Kimminich 1990, 139.

[177] Kimminich 1990, 138ff.

das religiöse Erziehungsrecht für ihre Kinder zu. Entgegen der herrschenden Völkerrechtsmeinung nur von einer kleinen Anzahl von Staaten bestritten wird das Recht auf Religionswechsel. Unklarheiten in der Interpretation ergeben sich insbesondere hinsichtlich von Ort und Umständen der Erziehung und Bildung sowie hinsichtlich der Weite der zulässigen Beschränkungen der Ausübung der Religionsfreiheit. Die nicht rechtsverbindliche Deklaration von 1981 vermag zwar zur Stabilisierung der Rechtsmeinung beizutragen und benennt genauere Formen der Ausübung, läßt jedoch weitere Unklarheiten fortbestehen. Insofern bleibt die Religionsfreiheit in der VN-Menschenrechtspolitik – genauer unter den beteiligten Staaten – in einigen Teilbereichen umstritten.[178] Darüberhinaus werden jedoch die Verständigungs- und Friedensfunktion der Religionsfreiheit anerkannt sowie Rechte religiöser Minderheiten formuliert.

---

[178] Vgl. Dicke 1999, 16f. Keineswegs stellt deshalb die Religionsfreiheit wie nach Scheinin 1992, 263, einen „„easy case' in the human rights catalogue" dar.

III. Die Sonderberichterstatter zu religiöser Intoleranz

1. Die Strategie der Vereinten Nationen nach 1981

Der Proklamation und Verrechtlichung von Menschenrechtsstandards durch die VN müssen Maßnahmen der entsprechenden Um- und Durchsetzung, also der Implementierung, folgen, damit jene wirksam werden können. Im folgenden der vorliegenden Untersuchung soll die diesbezügliche Strategie der VN-Menschenrechtspolitik nach der Deklaration von 1981 hinsichtlich der Religionsfreiheit dargestellt werden. Dazu ist zunächst auf grundsätzliche problematische Aspekte der Implementierung hinzuweisen und sodann auf die spezielle Funktion der MRK einzugehen.

„Die Geschichte der Entstehung kodifizierter Menschenrechte ist eine wirkliche Erfolgsgeschichte. Die Aufgabe der Durchsetzung der Menschenrechte steht aber erst in den Anfängen."[179] Die Implementierung eines völkerrechtlichen Übereinkommens oder auch eines VN-Dokumentes wie der Deklaration von 1981 – bzw. genauer gesagt von dessen Bestimmungen als solchen, da ein solches Dokument eben keine genuine Rechtsverbindlichkeit besitzt – erfolgt auf nationaler Ebene und unterliegt internationaler Kontrolle. Die Implementierung kann politische, quasi-gerichtliche und gerichtliche Formen beinhalten.[180] Durch ihre Wirksamkeit auf der Ebene der Staaten ergibt sich das grundsätzliche Problem, daß die Staaten einer solchen Übernahme von Verpflichtungen kritisch oder ablehnend gegenüberstehen, da sie dadurch Einschränkungen ihrer Souveränität erleiden müssen.[181] Deshalb beschränkt sich die Implementierung eines

---

[179] Deile 1998, 115. Riedel 1998, 49ff., betont die entscheidende Notwendigkeit der Implementierung nach den erreichten Kodifikationsstandards.

[180] Vgl. Nowak 1989, 29ff., der unter Bezug auf Art. 2 des Zivilpakts darauf verweist, daß die „konkrete Durchsetzung völkerrechtlich normierter Menschenrechte primär eine innerstaatliche Angelegenheit ist. Die internationale Durchsetzung beschränkt sich im wesentlichen auf eine nachprüfende Kontrolle innerstaatlicher Maßnahmen (schützender wie verletzender Art) durch politische, quasi-judizielle oder gerichtliche Organe." Die Verpflichtung der Staaten kann nach Nowak 1989, 59f., auch andere als bloß legislative Maßnahmen bedeuten. Tomuschat 1995b, 628, betont: „The effectiveness of human rights under international law can be guaranteed only if international control mechanisms are established along with the substantive rules."

[181] Vgl. Riedel 1998, 49ff.

Übereinkommens, bzw. noch stärker, weil nicht rechtsverbindlich, der Bestimmungen eines Dokumentes wie der Deklaration von 1981, zumeist lediglich auf politische oder bestenfalls quasi-gerichtliche Formen[182] – unter Zuhilfenahme öffentlichkeitswirksamer, moralischer Appelle und somit einer „Mobilisierung der Schande" gegenüber Staaten, die in besonderer Weise Menschenrechte verletzen.[183]

Als zentrales menschenrechtspolitisches Organ der VN beschäftigt sich die MRK mit der weltweiten Feststellung und Überwachung der Implementierung der menschenrechtlichen Übereinkommen sowie der Bestimmungen der weiteren VN-Dokumente zu Menschenrechten. Die MRK spiegelt den doppelten Charakter der VN beispielhaft wider: Einerseits entwickelte sich die MRK zum Hauptakteur der VN-Menschenrechtspolitik, andererseits besteht die MRK selbst aus Vertretern der Staaten, weshalb die MRK unmittelbar von den Staaten abhängig ist und deshalb oft einen nur engen eigenen Handlungsspielraum besitzt.[184] Damit steht sie in einer ständigen Spannung von Konfrontation und Konsenssuche.[185]

Die VN hatten sich der Tatsache zu stellen, daß trotz steigender Zahlen längst nicht alle Staaten der Erde völkervertraglichen Menschenrechtsübereinkommen mit Menschenrechtsausschüssen als Implementierungsorganen[186], sogenannten

---

[182] Vgl. Riedel 1998, 34.

[183] Riedel 1998, 52f., der nur hinsichtlich gerichtlicher Formen von einer „echten Implementierung" spricht. Freilich ergeben allein solche direkten, rechtlich einklagbaren und durchsetzbaren, Schutz aufgrund der entsprechenden Normierung – über deren Inhalt und Umfang hinsichtlich des Schutzgutes damit allerdings noch nichts ausgesagt ist. Insofern ist eine entsprechende Güte beider für einen effektiven Menschenrechtsschutz unabdingbar. Dementsprechend wurde nach Kimminich 1990, 141f., das Projekt eines neuen völkervertraglichen Spezialübereinkommens nach der Deklaration von 1981 zur Religionsfreiheit auch mit Skepsis betrachtet, da Rückschritte im Schutzumfang hinter den bisherigen, durch den Zivilpakt erlangten Standard, befürchtet wurden. Deshalb erstreckten sich die weiteren Bemühungen nach der Deklaration von 1981 auch auf andere Formen der Implementierung.

[184] Vgl. Schaefer 1998, 63. Die Mitglieder der MRK werden vom WSR nach einem geographischen Schlüssel gewählt. Seit 1992 erhalten Staaten aus Afrika 15 Sitze, aus dem Bereich Asien/Pazifik 12, aus Südamerika 11, Osteuropa 5 und Westeuropa und anderen 10 Sitze bei 53 Sitzen insgesamt. Alle weiteren VN-Mitglieder haben Beobachterstatus, ebenso wie inzwischen mehrere hundert beim WSR registrierte NRO, vgl. Schaefer 1998, 57ff. Zur Arbeitsweise der MRK Schaefer 1998, 61ff. Zu den NRO Deile 1998, 103f.

[185] Ähnlich Unser 1997, 123, Baum 1998, 17f., Schaefer 1998, 57, Dicke 1999, 13.

[186] Vgl. Kimminich 1990, 60.

treaty-based-systems, beigetreten sind. So kennt etwa der Zivilpakt mit seinem Menschenrechtsausschuß ein obligatorisches periodisches Staatenberichtsverfahren mit follow-up-Mechanismen[187], eine fakultative Staatenbeschwerde gegen einen anderen Staat[188] sowie nach dem ersten Fakultativprotokoll die Möglichkeit von Individualbeschwerden[189]. Aufgrund des nur lückenhaften Geltungs- und Durchsetzungsgrades je nach Ratifizierungsstand erhob sich deshalb schon früh der Vorwurf, „daß jenseits wohlklingender Normfassaden nur schwache Durchsetzungsinstrumente vorhanden seien und gerade diejenigen Staaten, denen massivste Menschenrechtsverletzungen zum Vorwurf gemacht werden können, durch das lockere internationale Kontrollnetz schlüpfen".[190]

Folglich schuf die MRK sogenannte charter-based-Mechanismen des außervertraglichen Menschenrechtsschutzes, denen auch völkervertraglich nicht gebundene Staaten unterworfen wurden. So wurde ein „doppeltes Netz geflochten: neben das engmaschigere vertragliche tritt ein grobmaschiges außervertragliches System, das immerhin schwerste Menschenrechtsverstöße offenbarendes Verhalten einzelner Staaten letztlich doch erfassen kann".[191] Die Kompetenzgrundlage für ein solches Vorgehen bildete eine extensive Interpretation insbesondere der VN-Charta sowie der UEM und anderer Übereinkommen sowie von Res. der beteiligten VN-Organe selbst.[192] So entwickelte sich über die WSR-Res. 728 F

---

[187] Vgl. Tomuschat 1995b, 628ff. Riedel 1998, 49ff., bietet mit zahlreichem Gebrauch einen Einblick in das Einfließen von Begriffen aus dem Bereich der Unternehmensberatung in die VN. Diese Entwicklung muß angesichts der schon ohnedies entwickelten VN-Sprache als einer Sondersprache mit Skepsis betrachtet werden.

[188] Nach Partsch 1995, 612ff., handle ein nicht selbst betroffener beschwerdeführender Staat „in the public interest" – das von Partsch somit über die Staaten gehoben wird. Partsch benutzt den Begriff „,state complaints' (...) whereas more recent instruments avoid it and prefer to use the more neutral expression of ,communications from states' in order to place stress upon the non-judicial character of the remedy". Ähnlich Tomuschat 1995a, 619, für „individual complaints – ,communications' in the jargon of the United Nations".

[189] Dies stellt nach Tomuschat 1995a, 623ff., „in terms of legal and practical relevance, the most important individual communications procedure" dar, hierzu auch Riedel 1998, 35ff.

[190] Riedel 1999, 23. So wurde vor allem die MRK, der zunächst keinerlei Kompetenz zu „irgendwelchen Maßnahmen", so Riedel 1998, 42, Tomuschat 1995a, 619f., hinsichtlich der an sie übermittelten Berichte über verschiedenste Menschenrechtverletzungen beigemessen wurde, als „der größte Papierkorb der Welt" gebrandmarkt, so Kimminich 1997, 338.

[191] Schröder 1995, 103f.

[192] „In der Organisationspraxis der VN wurden in diesen Resolutionen inhärente Handlungsmöglichkeiten gesehen (,implied powers'), Menschenrechtssituationen in VN-Mitgliedsstaaten generell als Anliegen der Weltorganisation zu erachten, wenngleich die-

(XXXIII) von 30.7.1959, 1235 (XLII) vom 6.6.1967 und 1503 (XLVIII) vom 27.5.1970[193] ein Prüfungsverfahren hinsichtlich der der MRK berichteten Menschenrechtsverletzungen in den Staaten heraus. Von der anfänglichen „Doktrin der Machtlosigkeit" kam es somit zu einer Befassungs- und Entscheidungskompetenz der MRK. Während die Res. 1235 zur Durchführung eingehender Studien ermächtigt, erging die Res. 1503 zur vertraulichen Untersuchung mit Zeugenvernehmung. Da sich die mit der letzteren Aufgabe befaßten Organe an der Vertraulichkeit des Verfahrens stießen, „legten sie Res. 1235 so aus, daß sie ein besonderes Verfahren regele, das auch öffentlich durchgeführt werden könne und handelten entsprechend. Sie hielten es sogar für zulässig, ein nach Res. 1503 begonnenes vertrauliches Verfahren gemäß Res. 1235 öffentlich fortzusetzen."[194] Freilich ist das Ziel dieser Verfahren nicht die Feststellung oder Untersuchung und Beurteilung konkreter Einzelfallverletzungen, sondern die Ermittlung zuverlässig bezeugter, systematischer und schwerster Menschenrechtsverletzungen in einzelnen Staaten. Nur dann kann außervertraglich gegen solche Staaten vorgegangen werden.[195] Bezeichnenderweise erfolgte dies zuerst hinsichtlich rassischer Diskriminierung und Apartheid.[196]

Aufgrunddessen verfügt die MRK über verschiedene Überwachungs- und Sanktionsmöglichkeiten: Ziel von Res. nach Sachdebatten ist die Identifikation von Mängeln bei der Umsetzung vorhandener Menschenrechtsstandards und gegebenenfalls die Empfehlung konkreter Maßnahmen zu ihrer Verbesserung, seltener ein Beitrag zu neuen Standards.[197] Besonders umstritten sind aufgrund der mit ihnen verbundenen Kritik Res. zu bestimmten Staaten.[198] Hier mußte sich die MRK wiederholt dem Vorwurf einer Doppelstandard-Behandlung aussetzen.[199] Zur Überwachung staatenspezifischer Menschenrechtslagen wurde auf

---

se Ermächtigung bis heute noch bestritten wird", Riedel 1998, 41, zu den implied powers in bezug zur Charta Randelzhofer 1995, 996f.

[193] Vgl. Kimminich 1997, 338f., Schaefer 1998, 77f.

[194] Riedel 1999, 23f.

[195] Vgl. Riedel 1998, 42.

[196] Vgl. Tomuschat 1995a, 620ff.

[197] Vgl. Schaefer 1998, 65, der auf oftmalige mangelnde praktische Relevanz aufgrund eines Leerlaufs der Vorgänge in der MRK hinweist. Daraus resultiere auch eine Kompliziertheit der Sprache, die verdecke, daß nichts Neues ausgesagt werde. Hierzu Dolph 1988, 178f.

[198] Vgl. Schaefer 1998, 67.

[199] Nach Schaefer 1998, 64ff., ist eine Ungleichbehandlung eher die Ausnahme denn die Regel. Dies sei aber vor dem Hintergrund der Frage adäquater Mittel für eine Verlet-

Grundlage der Res. 1235 die Einrichtung von Länder-Sonderberichterstattern (SBE) geschaffen, deren Praxis freilich anfangs nicht frei von Willkür und politischem Opportunismus war.[200] Diese Länder-SBE besitzen in der Wahrnehmung der betroffenen Ländern zumeist Strafcharakter und werden von diesen deshalb oft behindert oder boykottiert.[201] Angesichts dieser Schwierigkeiten beschloß die MRK als Kompromiß erstmals 1982 die Einrichtung thematischer SBE und Arbeitsgruppen[202], die „länderübergreifend strukturelle und systematische Verletzungen bestimmter Menschenrechte" erfassen sollten.[203] Diese thematischen Einrichtungen wurden für immer mehr Bereiche eingesetzt. Inhalt und Dauer des Mandats werden von der MRK in einer Res. präzise festgelegt. Fast immer geht es um die Beobachtung der Umsetzung des betreffenden Menschenrechts, der Analyse der Hindernisse für seine Implementierung sowie die Erarbeitung konkreter Empfehlungen. Dazu treten die SBE in Kontakt mit Regierungen, Individuen und Gruppen bzw. NRO. Die SBE erstatten der MRK entsprechend Bericht.[204]

Nach sich häufenden Berichten über Verletzungen der Religionsfreiheit wurden schließlich entsprechende Mechanismen auch für dieses Menschenrecht eingerichtet.[205] So ersuchte die GV in ihrer Res. 37/187 vom 18.12.1982 die MRK, „to consider what measures may be necessary to implement the Declaration and to encourage understanding, tolerance and respect in matters relating to freedom of religion or belief". Auf einem aufgrund eines Ersuchens der MRK an den Generalsekretär 1984 in Genf veranstalteten Seminar[206] wurden verschiedene Kritikpunkte hinsichtlich der Deklaration von 1981 zum Ausdruck gebracht: Zuvorderst wurde die verbale Rückstufung des Rechts auf Religionswechsel kritisiert. Zudem müsse das Recht, keine Religion zu haben, besonders betont

---

zungssituation zu sehen: „Die MRK stößt dort an ihre Grenzen, wo realpolitische Interessen ganz oder partiell Menschenrechtsgesichtspunkte überlagern. Dieses Faktum macht die politische Natur des Gremiums deutlich, hat aber im Regelfalle nichts mit unzulässiger Politisierung zu tun." Ein sogenanntes Chairman's Statement verbinde alternativ zu einer Res. Elemente von Kritik und Kooperation.

[200] Vgl. Riedel 1999, 24.
[201] Vgl. Schaefer 1998, 72ff.
[202] Vgl. Weissbrodt 1986, 685ff.
[203] Riedel 1998, 43f.
[204] Vgl. Schaefer 1998, 76.
[205] Vgl. Dickson 1995, 346.
[206] ST/HR/SER.A/16.

werden. Weiterhin solle geklärt werden, ab wann ein Kind über seine Religion selbst entscheiden könnte.[207] Schließlich müßten insbesondere die Rechte von Individuen in religiösen Gruppen garantiert sowie die Bedeutung der Toleranz der Religionen untereinander betont werden. „The seminarians concluded, finally, that, although it was important to emphasize existing norms in this area, thought should also be given to the creation of a new international convention in the field. This conclusion, as we shall see, has to date fallen on deaf ears."[208]

Damit bestätigen die Teilnehmer des Genfer Seminars besondere Unklarheiten und Probleme der Völkerrechtslage nach den bestehenden Dokumenten, die Lücken für den Schutz der Religionsfreiheit als Menschenrecht darstellen und umgekehrt auf besondere Probleme der Verletzungen dieses Menschenrechts in den Staaten hinweisen: hinsichtlich des Rechts auf Religionswechsel, des Schutzes auch nichtreligiöser Überzeugungen, Fragen der Erziehung und Bildung sowie der Rechte von Individuen in religiösen Gruppen. Ein völkervertragliches Übereinkommen scheint auch diesbezüglich wünschenswert. Eine besondere Bedeutung kommt der Toleranz der Religionen untereinander zu.

2. Die Einrichtung der Sonderberichterstatter

Das Ersuchen der GV an die MRK, über notwendige Maßnahmen zur Implementierung der Deklaration von 1981 und zu religiöser Verständigung und Toleranz zu beraten, führte schließlich auch zur Einrichtung thematischer SBE.[209] Im folgenden der vorliegenden Untersuchung werden zunächst das den SBE erteilte Mandat sowie dann im Hinblick auf die Frage nach der Mandatserfüllung das Selbstverständnis sowie die Aktivitäten und Arbeitsweisen der SBE untersucht.

a) Mandat

Nach der Aufforderung der GV ersuchte die MRK mit der Res. 1983/40 ihre Unterkommission, eine „comprehensive and thorough study of the current dimensions of the problems of intolerance and of discrimination on grounds of

---

[207] Diesbezüglich sichert als Ergebnis der hierauf angesprochenen Arbeitsgruppe der MRK Art. 12 des Übereinkommens über die Rechte des Kindes vom 20.11.1989 „dem Kind, das fähig ist, sich eine eigene Meinung zu bilden", das Recht zu, diese Meinung in allen es berührenden Angelegenheiten frei zu äußern.

[208] Dickson 1995, 346f.

[209] Vgl. Dickson 1995, 347.

religion or belief, using the Declaration as terms of reference", zu erstellen.[210] Die Unterkommission beauftragte damit Elizabeth Odio Benito, eine frühere Justizministerin aus Costa Rica. Benito präsentierte nach einem „Preliminary Report"[211] und einem „Progress Report"[212] ihren Schlußbericht der Unterkommission 1987.[213] Noch bevor die MRK den Benito-Bericht entgegengenommen hatte und in Anbetracht der Sorge über „frequent, reliable reports from all parts of the world which reveal that, because of governmental actions, universal implementation of the Declaration has not been acieved"[214], ernannte die MRK selbst – aufgrund des Drucks der USA, Vorfälle hinter dem Eisernen Vorhang zu untersuchen und gegen den Widerstand der sozialistischen Staaten und Syriens[215] – den Leiter der portugiesischen Delegation zur MRK und Mitglied der Europäischen Kommission für Menschenrechte, Angelo Vidal d'Almeida Ribeiro aus Portugal, zum SBE.[216] Ribeiro präsentierte seinen ersten Bericht der MRK ebenfalls 1987.[217] Die MRK verlängerte wiederholt das Mandat. Bis 1993 berichtete Ribeiro der MRK insgesamt sieben Mal zu deren jährlichen Sitzungen.[218] 1989 präsentierte zudem Theodoor van Boven im Auftrag der Unterkommission ein „Working Paper"[219] über relevante internationale und staatliche Bestimmungen entsprechend der Deklaration von 1981 sowie „issues and factors to be considered before any drafting of a further binding international instrument".[220] Nachdem sich Ribeiro aus gesundheitlichen Gründen zurückgezogen hatte, ernannte die MRK 1994 den Rechtsprofessor Abdelfattah Amor aus Tunesien zum SBE. Amor berichtete der MRK bis heute siebenmal[221] sowie seit

---

[210] E/CN.4/Sub.2/1984/28, para. 7.

[211] E/CN.4/Sub.2/1984/28 vom 3.8.1984.

[212] E/CN.4/Sub.2/1985/28 vom 25.6.1985.

[213] E/CN.4/Sub.2/1987/26 vom 31.8.1986. Dickson 1995, 347f., kritisiert die lange Zeitdauer bis zur Fertigstellung.

[214] E/CN.4/1987/35, para.13ff.

[215] Vgl. Weissbrodt 1986, 695ff.

[216] Vgl. Dickson 1995, 347f.

[217] E/CN.4/1987/35 vom 24.12.1986.

[218] E/CN.4/1987/35 vom 24.12.1986, E/CN.4/1988/45 vom 6.1.1988, E/CN.4/1989/44 vom 30.12.1988, E/CN.4/1990/46 vom 22.1.1990, E/CN.4/1991/56 vom 18.1.1991, E/CN.4/ 1992/52 vom 18.12.1991, E/CN.4/1993/62 vom 6.1.1993.

[219] E/CN.4/Sub.2/1989/32 vom 11.7.1989.

[220] E/CN.4/Sub.2/1989/32, para. 1ff.

[221] E/CN.4/1994/79 vom 20.1.1994, E/CN.4/1995/91 vom 22.12.1994, E/CN.4/1996/95 vom 15.12.1995, E/CN.4/1997/91 vom 30.12.1996, E/CN.4/1998/6 vom 22.1.1998, E/CN.4/ 1999/58 vom 11.1.1999, E/CN.4/2000/65 vom 15.2.2000.

1995 auch jährlich der GV bis heute fünfmal[222]. Hinzu kamen verschiedene Addenda und Corrigenda, publizierte Schreiben von internationalen und NRO und Berichte über Besuche der SBE in einzelnen Staaten.

Der Bericht Benitos sollte nach dem Willen der Unterkommission folgendes enthalten: „(a) A report on the various manifestations of intolerance and discrimination on the grounds of religion or belief in the contemporary world, and on the specific rights violated, using the Declaration as a standard; (b) The various manifestations of intiolerance and discrimination (...), identifying their root causes; (c) Recommendations as to specific measures that can be adopted to combat intolerance (...), with special emphasis on action that can be taken in the field of education." Dazu sollten alle relevanten Informationen von Regierungen, internationalen intergouvernementalen und NRO herangezogen werden.[223] Der an Ribeiro ergangene und dann auf Amor übertragene Auftrag der MRK lautete demgegenüber, „to examine such incidents and actions (von Verletzungen der Bestimmungen der Deklaration – d.V.) and to recommend remedial measures, including (...) the promotion of a dialogue between communities of religion or belief and their governments". Dazu sollte der SBE „seek credible and reliable information" und seine Arbeit „with discretion and independence" ausführen. Wiederum hatte die Deklaration, wie bei Benito, als „framework and basic reference" zu dienen. Eine Untersuchung von etwaigen Ursachen der die Bestimmungen der Deklaration verletzenden Vorkommnisse war im Unterschied zu dem an Benito ergangenen Mandat jedoch nicht vorgesehen.[224]

b) Selbstverständnis, Aktivitäten und Arbeitsweisen

Im folgenden der vorliegenden Untersuchung sollen im Hinblick auf die Frage nach der Mandatserfüllung das Selbstverständnis sowie die Aktivitäten und Arbeitsweisen der SBE untersucht werden. Das Selbstverständnis der SBE in bezug auf das ihnen erteilte Mandat ergibt sich explizit aus ihren eigenen Darlegungen sowie implizit aus den von ihnen unternommenen Aktivitäten und Arbeitsweisen. Freilich erfolgen entsprechende deutliche Äußerungen der SBE eher selten und vor allem, wenn es um die Rechtfertigung neu oder ausgedehnt aufgenommener Aktivitäten und Arbeitsweisen geht.

---

[222] A/50/440 vom 18.9.1995, A/51/542 vom 23.10.1996, A/52/477 vom 16.10.1997, A/53/279 vom 24.8.1998, A/54/386 vom 23.9.1999.

[223] E/CN.4/Sub.2/1984/28, para. 9.

[224] E/CN.4/1987/35, para.13ff.

Benito orientiert ihren Schlußbericht an dem ihr erteilten Mandat. Darüberhinaus erörtert sie jedoch auch grundsätzliche Fragen von Religion und Religionsfreiheit.[225] Dazu stützt sie sich auf eine Studie Arcot Krishnaswamis von 1960[226], die dieser ebenfalls für die Unterkommission erstellt hatte. Wie Krishnaswami ließ Benito den Staaten einen im Hinblick auf die von ihr benannten Probleme erstellten Fragekatalog zukommen und wertete die eingegangenen Antworten aus.[227]

Ribeiro stellt demgegenüber in seinem ersten Bericht, entsprechend des ihm erteilten, im Vergleich zu Benito enger gefaßten, Mandats, dessen beschränkten Zweck klar: Dieser sei es nicht, „(to) analyse the causes of religious intolerance (...) but rather to attempt to draw up a list, as it were, of the contradictions still in evidence between the legislative provisions at the international level in the area of protection and promotion of the right to freedom of thought, conscience and religion, and the persistence in all areas of the world of incidents and governmental actions that are inconsistent with these provisions".[228] Freilich wird von Ribeiro mit dem Einschub des Adjektivs „governmental" – im Unterschied zur Formulierung des ihm erteilten Mandats – bereits eine diesbezügliche Ursache indirekt benannt. Ribeiro übermittelte ihm berichtete Vorkommnisse, d.h. vor allem Verletzungen, an die betreffenden Staaten mit der Bitte um Stellungnahme. In seinem zweiten Bericht spricht Ribeiro von einer neuen Phase, in die das Mandat nun eintrete, nachdem er eine entsprechende Neuinterpretation für nötig befunden habe. Nach dem „overall view" des ersten Berichts gehe es nun um eine „more specific" Informationserhebung und -verarbeitung, die eine präzisere Identifikation besonderer Vorkommnisse beinhalten und auf mehr Publizität hin

---

[225] E/CN.4/Sub.2/1987/26, iii. Ihr ursprüngliches, ambitiöses Programm, welches grundsätzliche Fragen von Religion und Religionsfreiheit noch stärker betont und damit ihr Mandat überschritten hätte, wurde nicht verwirklicht, E/CN.4/Sub.2/1984/28, para. 12. Danach wollte sie zuerst den historischen Hintergrund der Religionsfreiheit, die Aspekte religiösen und nichtreligiösen Glaubens und das Verhältnis zwischen Religion und Kirche beleuchten. Sodann sollten Hintergrund und Inhalt der Deklaration, danach die Probleme religiöser Intoleranz mit ihren spezifischen Rechtsverletzungen sowie möglichen rechtlichen und faktischen Gründen untersucht werden, bevor daraus Schlußfolgerungen und schließlich Empfehlungen, besonders hinsichtlich der Gesetzgebung und Erziehung, formuliert werden sollten.

[226] E/CN.4/Sub.2/200/Rev.1 (60.XIV.2), vgl. Kaufmann 1989, 154ff.

[227] E/CN.4/Sub.2/1984/28, para. 12.

[228] E/CN.4/1987/35, para. 2.

angelegt sein sollte.[229] Dementsprechend übersandte der SBE einigen Staaten
speziellere Fragen zu besonderen berichteten Vorkommnissen und legte dies in
seinem Bericht offen. Trotz vieler Ursachen – hier wird eine schnelle Abkehr
von der ursprünglich vorgenommenen Zurückhaltung entsprechend des Mandats
deutlich – konzentriert sich Ribeiro nach eigener Aussage auf die Staaten als
Verursacher. Zusätzlich zu den Staatenkorrespondenzen führte Ribeiro Konsul-
tationen vornehmlich in Genf mit Vertretern von NRO, staatlichen und sonsti-
gen internationalen Einrichtungen durch.[230] Zudem absolvierte Ribeiro im Oktober 1987 einen Besuch in Bulgarien, währenddessen er sich über vorangegange-
ne Auseinandersetzungen mit der türkischen Minderheit im Land informierte
und diesbezüglich mit offiziellen und nichtoffiziellen Beteiligten beider Seiten
sprach.[231]

Ribeiro weist in seinen Berichten darauf hin, daß seine Untersuchungen keinen Gesamtüberblick leisten wollen und können. Vielmehr sollen „some considerations of a general nature" gewonnen werden. Ribeiro betont auch, daß die in
seinen Berichten enthaltenen, ihm selbst berichteten und von ihm den Staaten
übermittelten Beschuldigungen keine Anschuldigungen des SBE selbst darstellten.[232] Zusätzlich zu der in der Hauptsache weitergeführten allgemeinen Korre-
spondenz der Übermittlung von dem SBE berichteten Vorkommnissen an die
Staaten mit der Erwartung von Stellungnahmen ergeben sich in Folge Anfragen
des SBE an alle Staaten zu speziellen Aspekten im Hinblick auf den Schutz der
Religionsfreiheit. So übersandte Ribeiro den Staaten einen Fragekatalog zu entsprechenden Bestimmungen der nationalen Gesetzgebungen. Dabei sieht sich
Ribeiro anfangs offensichtlich bewegt, in taktischer Absicht auf die Beschränkung seines Mandats bzw. tatsächlich eher die Verträglichkeit der von ihm neu
unternommenen Aktivitäten mit dem ihm erteilten Mandat hinzuweisen.[233]

Ribeiro spricht sich in Folge selbst deutlich für eine Ausdehnung des Mandats
aus. Zudem betont er ein gewachsenes Interesse und Vertrauen der Staaten, was
die wiederholten Mandatsverlängerungen deutlich machten. Der SBE beruft sich
wiederholt auf Res. verschiedener VN-Organe, die auf eine Stärkung des Menschenrechtsschutzes bzw. seiner Mechanismen, freilich in unterschiedlichen Be-

---

[229] E/CN.4/1988/45, para. 4ff.
[230] E/CN.4/1988/45, para. 6ff., 15.
[231] E/CN.4/1988/45, para. 25ff.
[232] E/CN.4/1989/44, para. 10ff.
[233] E/CN.4/1991/56, para. 16ff., 89, ähnlich E/CN.4/1992/52, para. 77.

reichen, abzielen – um damit seine eigene Einrichtung zu stärken.[234] In seinem Bericht von 1993 macht Ribeiro sein Verständnis von seinem Auftrag nochmals deutlich: „My role is not to make accusations or value judgements, but to help arrive at a better understanding of the circumstances surrounding (religious) intolerance and discrimination (...), to mobilize international public opinion and to establish a dialogue with the Governments and all other parties concerned." Über das ihm von der MRK erteilte Mandat hinaus nimmt der SBE somit explizit eine Öffentlichkeitsfunktion für seine Einrichtung in Anspruch – und verläßt so faktisch den von den Staaten bestimmten eingeengten Rahmen der MRK.[235] Indem sich der SBE an die Weltöffentlichkeit wendet, verlieren die Staaten faktisch ihr Dasein als sowohl alleinige Legitimationsgrundlage wie auch alleinige Adressaten des SBE.

Ribeiros Nachfolger Amor knüpft in seinem ersten Bericht explizit an seinen Vorgänger an. Indem der neue SBE die bisherigen Aktivitäten zusammenfaßt, will er offensichtlich die Kontinuität und somit faktische Verfestigung seiner Einrichtung aufzeigen. Zugleich will Amor Neuerungen einführen: So sollen zum einen die Staaten mehr Zeit für ihre Antworten auf die Übermittlungen des SBE erhalten, zum anderen die MRK „more regularly and in detail informed" werden. Amor will vor allem die „internationally recognized norms on religious freedom (...) as the basis for his action" nehmen. Hierzu zählt er explizit sowohl die beiden Art. 18 der UEM und des Zivilpakts als auch die Deklaration von 1981 – ungeachtet der jeweils unterschiedlichen Rechtsqualität. Insofern geht auch Amor vom erteilten Mandat und der bisherigen Praxis ab, die auf die Deklaration als Grundlage der SBE-Tätigkeit bezogen war. Dadurch kommt er allerdings, wie offensichtlich gewünscht, zu einem erweiterten Gesamtmaßstab seiner Tätigkeit, der nach seiner Darlegung „internationally recognized" ist. Mit dieser Formulierung vermeidet er freilich eine genauere Differenzierung der jeweils unterschiedlichen Rechtsqualität und -verbindlichkeit der drei genannten Dokumente einschließlich der sich damit ergeben Probleme etwaiger Schutz-

---

[234] So führt der SBE in seinem Bericht von 1991 die MRK-Res. 1990/76 an, die ihn und andere Berichterstatter und Enrichtungen auffordere, „to take urgent steps, in conformity with their mandate", um Repressionen gegen mit den VN zum Schutz der Menschenrechte kooperierende Privatpersonen und -gruppen zu verhindern. Freilich lägen ihm, so Ribeiro selbst, hierzu keine Berichte über entsprechende Vorkommnisse vor, E/CN.4/ 1991/56, para. 99. Ähnliches gilt für die Anführung der MRK-Res. 1991/70 in Ribeiros Bericht von 1992. Freilich hatte der SBE auch hier nichts entsprechendes zu berichten, E/CN.4/1992/52, para. 178.

[235] E/CN.4/1993/62, para. 73.

minderungen. Zudem will Amor ebenso wie Ribeiro „mobilize the active sectors of international public opinion".[236]

Die fortgeführte allgemeine Staatenkorrespondenz wird von Amor – „within the framework of his mandate", wie er selbst betont – um spezielle Erinnerungsschreiben bei ausbleibenden oder unbefriedigenden Staatenantworten, sogenannten reminders, sowie um sogenannte urgent appeals erweitert.[237] Neben den Staatenkommunikationen betont Amor die große Bedeutung von sogenannten in situ visits in verschiedenen Staaten zur effektiven Mandatserfüllung.[238] Die Auswahl der zu besuchenden Länder richtet sich, so Amor, nach einer erforderlichen Untersuchung besonderer Vorkommnisse sowie nach einer angemessenen geographischen Balance.[239] Seit 1996 praktiziert der SBE ein follow-up-procedure zur Nachbereitung von in-situ-visits. Dazu übersendet der SBE dem diesbezüglichen Staat seine Eindrücke und Kommentare mit der Bitte um Information über getroffene Maßnahmen bzw. Kommentierung.[240] Schließlich stellt nach Aussage des SBE sein Besuch beim Heiligen Stuhl im September 1999 eine neue Form der Besuchspraxis dar, „that supplements the ‚traditional' visits which have been made thus far and are intended to establish a direct dialogue with the main religions and beliefs on the 1981 Declaration and all matters relating to freedom of religion and belief and to provide solutions to problems of

---

[236] E/CN.4/1994/79, para. 8ff., 101.

[237] A/50/440, para. 49ff.

[238] A/50/440, para. 27ff., 43ff., auch A/53/279, para. 16ff, wonach der SBE nach eigener Aussage den Staaten helfe, ihre Verpflichtungen zur Implementierung der Bestimmungen der Deklaration zu verstehen – und somit eine pädagogische Funktion den Staaten gegenüber beansprucht, die so im ursprünglich erteilten Mandat jedenfalls nicht vorgesehen war!

[239] A/50/440, para. 27ff., 43ff. Amor besuchte China (Volksrepublik) im November 1994, E/CN.4/1995/91, Visit by the Special Rapporteur to China, Pakistan im Juni 1995, E/CN.4/1996/95/Add.1, Iran im Dezember 1995, E/CN.4/1996/95/Add.2, Griechenland im Juni 1995, A/51/542/Add.1, Sudan im September 1996, A/51/542/Add.2, Indien im Dezember 1996, E/CN.4/1997/91/Add.1, Australien im Februar und März 1997, E/CN.4/1998/6/Add.1, Deutschland im September 1997, E/CN.4/1998/6/Add.2, USA im Januar und Februar 1998, E/CN.4/1999/58/Add.1 sowie Vietnam im Oktober 1998, E/CN.4/1999/58/Add.2. Im September 1999 schließlich besuchte der SBE den Heiligen Stuhl, E/CN.4/2000/65, para. 117ff. sowie im Dezember 1999 nach längerem Warten die Türkei. Indonesien, Mauritius, Israel, Rußland, Argentinien, Bangladesch sowie Nord-Korea ließen Anfragen zu einem Besuchswunsch bislang, zum Teil über Jahre hin, unbeantwortet, A/54/386, para. 123ff.

[240] A/51/542, para. 19, A/54/386, para. 123ff.

intolerance and discrimination that may arise in this regard".[241] Während der für das Mandat grundlegende Mechanismus der Kommunikationen besondere Vorkommnisse „a posteriori" ersehen lasse, ermöglichten Staatenbesuche das Verständnis des allgemeinen Hintergrundes und wirkten präventiv und partizipatorisch. Dies befähige den SBE zu tiefergehenden Analysen und „to move beyond a ‚managerial role'".[242]

Der SBE will seine Aktivitäten nach eigener Aussage künftig auf einerseits in situ visits sowie andererseits die Feststellung des Standes der Gesetzgebung und die Entwicklung einer Kultur der Toleranz konzentrieren. Dabei beruft sich der SBE – ähnlich wie sein Vorgänger – auf die MRK-Res. 1994/18 und 1995/23. Angesichts der großen Bedeutung des Aspekts der Eriehung erstellte er einen Fragenkatalog hinsichtlich der Bestimmungen zu religiöser Toleranz in der Schulbildung. Die Resultate sollten eine internationale Strategie zur Erziehung, welche die Menschenrechte internationalisieren sollte, formulieren helfen.[243]

Zur Rechtfertigung der faktischen Ausweitungen seines Mandats verweist der SBE auf die „fundamental political changes that have taken place since 1986, such as the end of the Soviet world, the emergence and development of religious extremism and the Gulf War". In diesem Zusammenhang seien auch Menschenrechtsinstrumente und -mechanismen gestärkt worden.[244] Sowohl angesichts der wachsenden Zahl der ihm berichteten Vorkommnisse als auch dem gestiegen Interesse der Staaten will der SBE dem Mandat nach eigener Aussage „new momentum" geben.[245] Er selbst stellt fest: „Since taking up his appointment, the Special Rapporteur has sought to strenghten the in situ visit activities he carries

---

[241] E/CN.4/2000/65, Executive summary.

[242] A/53/279, para. 16ff. In A/53/279, para. 86f. erläutert der SBE unter Berufung auf die MRK-Res. 1998/18 und 1998/74: „First of all, the Special Rapporteur has noticed, since his appointment, that his mandate seemed to be limited to the management of the manifestations of intolerance and discrimination in matters of religion and belief. The Special Rapporteur's role was restricted to a posteriori interventions. He therefore considered it necessary und urgent to establish a role of prevention. To that end, he launched the mechanisms of in-situ-visits, supplemented by a visit follow-up procedure for the recommendations made in the mission reports. The Special Rapporteur also established an urgent appeals procedure. He conducted a survey on problems relating to freedom of religion and belief from the standpoint of the curricula and textbooks (...) designed to help shape an international education strategy for combating all forms of intolerance and discrimination based on religion or belief."

[243] A/50/440, para. 27ff., 35ff.

[244] A/50/440, para. 16f.

[245] A/50/440, para. 44ff., 49.

out under his mandate."[246] Der SBE plädiert in eigener Sache zur Stärkung seines Mandats.[247] In dieser Absicht ruft der SBE verschiedentlich – ähnlich wie sein Vorgänger – Res. verschiedener VN-Organe in Erinnerung. So erinnert Amor selbst an die MRK-Res. 1986/20 als der Grundlage der Schaffung der Einrichtung des SBE, nach der dieser als „responsible as an independent expert" zu gelten habe.[248] In seinem Bericht von 1998 an die MRK sieht sich Amor zu grundlegenderen Klarstellungen veranlaßt: Er betont, daß er als SBE weder Anklagen noch Gewichtungen vornehme. Angesichts der Komplexität der Probleme bemühe er sich trotz ihm vorgebrachter Kritik mit der Würde seines Amtes um Geduld und Maß wie zugleich Bestimmtheit und Kooperation. Seine Tätigkeiten ständen in voller Übereinstimmung mit dem Mandat – hier spricht der SBE von einem „development" im Hinblick auf ergangene Res. der MRK und GV, so der GV-Res. 50/183 vom 22.12.1995 – „and with reality, which does not allow stereotypes, classifications, generalizations or Manichaeism".[249] Der SBE „is convinced that the credibility and effectiveness of a thematic mandate under the special procedures is closely linked to the absence of selectivity or double standards". Entsprechend könnte sich auch kein Staat ausnehmen. „The process as a whole requires not only mutual respect and reciprocal efforts towards understanding, but also absolute independence on the part of the Special Rapporteur in relation to all parties concerned".[250] Die wachsende Kooperationsbereitschaft der Staaten, so vor allem des anfangs heftig opponierenden Sudans und Saudi-Arabiens, bestätige Ansicht und Mittel des SBE.[251]

Der SBE kommt in Konsequenz der bisherigen Erfahrungen und Ausführungen schließlich zu deutlichen Aussagen über seine Vorstellungen und Wünsche zur weiteren Entwicklung seiner Einrichtung vor dem Hintergrund der bisherigen Erfahrungen. So schlägt er – „in line with such an approach, and in order to correctly reflect how his mandate has evolved"[252] – vor, den Titel seines Mandats zu ändern: etwa zu SBE zur Religions- und Überzeugungsfreiheit bzw. SBE

---

[246] A/52/477, para. 7.

[247] A/52/477, para. 90ff.

[248] E/CN.4/1998/6, para. 97ff.

[249] E/CN.4/1998/6, para. 97ff. Auch im folgenden Jahr bekräftigt Amor in ähnlicher Weise seine Position, E/CN.4/1999/58, para. 18ff. Dies läßt auf entsprechende Kritik der Staaten in der MRK schließen.

[250] A/53/279, para. 16ff.

[251] E/CN.4/1998/6, para. 97ff.

[252] A/53/279, para. 87ff.

zur Implementierung der Religions- und Überzeugungsfreiheit. Damit würden auch nichtreligiöse Überzeugungen berücksicht sowie Schwierigkeiten mit den Staaten vermieden, die sich aus der negativen Konnotation des bisherigen Titels SBE zu religiöser Intoleranz ergäben.[253] Mit dem vorgeschlagenen neuen Titel würde also die größere Breite des Mandats erfaßt und zugleich der „balanced dialogue-oriented approach" des SBE betont.[254] Zudem sollten zum besseren Verständnis der Religionsfreiheit und von deren Verletzungen – einschließlich der Ursachen – verstärkte Forschung betrieben werden. Diese solle mit Unterstützung der Vertragsorgane erfolgen und sämtliche Staaten in systematischer Weise umfassen. Zugleich würden als „a balanced approach" positive Entwicklungen erfaßt und untersucht.[255]

Zusammenfassend kann somit gesagt werden, daß im Laufe der Zeit eine faktische Ausdehnung des Mandats hinsichtlich der Aktivitäten und Arbeitsweisen der SBE festzustellen ist, die sich in deren Selbstverständnis widerspiegelt bzw. von hieraus befördert wird. Dabei berufen sich die SBE vor allem auf MRK- und GV-Res. und stellen ihre Einrichtung somit in den Zusammenhang der wachsenden politischen und rechtlichen Bedeutung der VN-Menschenrechtspolitik. Durch die von den SBE explizit verdeutlichte Adressierung ihrer Tätigkeit nicht nur an die MRK und die Staaten, sondern darüberhinaus an Individuen, gesellschaftliche Gruppen bzw. NRO und die internationale Öffentlichkeit, nehmen jene eine politisch-moralische Funktion in Anspruch, die so im erteilten Mandat jedenfalls nicht vorgesehen war. Zunehmend unabhängiger von der anfänglich starken Rücksichtnahme auf die Staaten ist deshalb auch ein zunehmend selbstsicherer Ton in den Berichten der SBE zu vermerken.[256] Zugleich kommen diese zu stärkeren Differenzierungen und Gewichtungen der Erkenntnisse und Empfehlungen. Freilich stehen die SBE weiterhin unter dem Rechtfertigungsdruck der MRK und der Staaten. Vor diesem Hintergrund sind die Feststellungen und Empfehlungen der SBE zu betrachten.

---

[253] E/CN.4/1998/6, para. 97ff.

[254] E/CN.4/1999/58, para. 122.

[255] A/53/279, para. 87ff.

[256] E/CN.4/1990/46, para. 10ff., 109ff., E/CN.4/1994/79, para. 14ff., auch hinsichtlich der Zusammenarbeit mit anderen thematischen SBE sowie Staatenbesuchen, A/52/477, para. 83f., mit Aufforderungen an die Staaten, E/CN.4/1998/6, para. 109, mit dem Ziel der verbesserten Zusammenarbeit mit den Vertragsorganen, projektierter Studien zu systematischen Themen sowie dem Vorschlag eines Gesamtüberblicks über die weltweite Menschenrechtssituation, wie auch fortgeführt in E/CN.4/1999/58.

3. Feststellungen der Sonderberichterstatter

Die im folgenden der vorliegenden Untersuchung darzulegenden Feststellungen der SBE ergehen zum Recht der Religionsfreiheit selbst, zu erfaßten der Implementierung hinderlichen Vorkommnissen sowie zu deren Verursachern und Ursachen. Dabei sind sich erweisende Veränderungen besonders zu berücksichtigen.

a) Aussagen zum Recht der Religionsfreiheit

Insbesondere Benito sieht es als in ihrer Aufgabe mitinbegriffen, zu grundsätzlichen Aussagen zum Recht der Religionsfreiheit zu kommen, da Feststellungen von Verletzungen der Religionsfreiheit auch eine Beschäftigung mit dem Inhalt und Umfang von dieser voraussetzten. Dabei bezieht sie sich wiederholt auf die Studie von Arcot Krishnaswami. Wie dieser will auch Benito von einer Definition von Religion oder einzelner Religionen absehen. Ebenfalls unter Berufung auf Krisnaswamis stellt Benito fest, daß mit den Bestimmungen des Zivilpakts ein Konsens über die Religions- und Überzeugungsfreiheit vorliege.[257] Benito nimmt auch zur Deklaration von 1981 Stellung. Nach Ansicht Benitos trägt die Deklaration in gewichtiger Weise zur Völkerrechtsentwicklung bei. Zudem hat auch, so Benito, die VN-Interpretationspraxis allgemein ihre restriktive Beschränkung verlassen. So konstituiere Art. 1 III der Deklaration eine Staatenverpflichtung. Deshalb träten Staaten, die sich Menschenrechtsschutzbestimmungen widersetzen, in eine mit ihrer Mitgliedschaft in den VN unvereinbare Position. Neben den Staaten sei die Deklaration von den VN selbst, NRO und Individuen auszuführen.[258] Nach Ansicht Benitos ist auch das Recht des Religionswechsels in allen Dokumenten garantiert: „All meant precisely the same". Zur Realisierung der Religionsfreiheit seien zudem auch andere Menschenrechte essentiell und mit jener eng verbunden, so insbesondere das Recht auf Meinungs- und das Recht auf Vereinigungs- bzw. Versammlungsfreiheit.[259] Insgesamt seien jedenfalls in der Mehrheit der Staaten, die ihr diesbezügliche Informationen übermittelt hätten, grundsätzlich unabdingbare Rechte in Verfassungen oder Gesetzen festgeschrieben. Freilich entsprächen diese generell zumeist nicht dem Standard

---

[257] E/CN.4/Sub.2/1987/26, para. 12ff.

[258] E/CN.4/Sub.2/1987/26, para. 188ff. Abgesehen von der Rechtsqualität der Deklaration als solcher ergehen die Ansichten Benitos auch explizit ungeachtet der Tatsache des Fehlens einer Implementationsmaschinerie.

[259] E/CN.4/Sub.2/1987/26, para. 12ff.

der Deklaration, insbesondere hinsichtlich der Rechte von Kindern. Darüberhinaus sind ihr jedoch, wie Benito selbst konstatiert, weitergehende Schlußfolgerungen aufgrund des unterschiedlichen Gehalts der ihr von den Staaten übermittelten Informationen nicht möglich.[260]

Wie Benito betonen die nachfolgenden SBE die Unteilbarkeit des Rechts der Religionsfreiheit. So schließt auch für Ribeiro das Recht auf Religionsfreiheit „theistic, non-theistic and atheistic beliefs" sowie das Recht eines Nichtglaubens ein. Mehrheitlich verträten allerdings nur westliche Länder eine solche Position.[261] Grundsätzlich jedoch verböten die meisten Staaten zumindest nach dem Gesetz religiöse Diskriminierung und oft auch Einschränkungen der Religionsfreiheit und böten zum Teil Möglichkeiten des Rechtsschutzes auch für Ausländer.[262] Nach dem Ende des Ost-West-Konflikts wollten vor allem Entwicklungsländer und Staaten, die einen Wechsel ihres politischen, wirtschaftlichen und sozialen Systems erlebten, ihre nationale Gesetzgebung in Übereinstimmung mit den international anerkannten Normen bringen.[263] Ribeiro wie Amor schlossen das Recht der Militärverweigerung aus Gewissensgründen mit in das Recht der Religions- bzw. Überzeugungsfreiheit ein.[264] Das Recht des Religionswechsels wird auch von Amor als international anerkannt bekräftigt, insbesondere in seinen Berichten von 1997 und unter Hinweis auf die Auslegung des Art. 18 des Zivilpakts durch dessen Menschenrechtsausschuß. In der Sicht der Religionen, insbesondere in Ländern mit einer Staatsreligion wie in islamischen Ländern, erscheint dies, so konstatiert Amor, freilich weiterhin zum Teil als Apostasie.[265]

Vor allem stellen die SBE die Religionsfreiheit beständig und deutlich in den Zusammenhang der universalen Einheit der Menschenrechte.[266] Eine Verletzung

---

[260]   E/CN.4/Sub.2/1987/26, para. 83ff.

[261]   E/CN.4/1990/46 , para. 110, E/CN.4/1992/52 , para. 181ff.

[262]   E/CN.4/1992/52, para. 76ff.

[263]   E/CN.4/1992/52 , para. 93ff. Der SBE weist darauf hin, daß eine abschließende Beurteilung aufgrund der unterschiedlichen Form und Aussagekraft der ihm von den Staaten übermittelten Informationen nicht möglich ist, E/CN.4/1992/52, para. 76ff.

[264]   Freilich werde jenes wiederum vor allem in westeuropäischen Staaten anerkannt, in anderen Staaten dagegen völlig abgelehnt bzw. als Problematik gar bestritten, E/CN.4/ 1992/52, para. 76ff., E/CN.4/1997/91, para. 82ff.

[265]   E/CN.4/1991/56, para. 91, E/CN.4/1992/52, para. 183, E/CN.4/1997/91, para. 70ff., A/52/477, para. 66ff.

[266]   E/CN.4/1990/46, para. 106.

der Bestimmungen der Deklaration untergräbt, so Ribeiro, „the integrity and dignity of the human person and also threatens the enjoyment of other fundamental human rights and freedoms".[267] Demzufolge kann, so Amor, auch die Implementierung der Deklaration von 1981 von generellen Fragen der Menschenrechte nicht isoliert werden[268], sondern sei untrennbar mit diesen verbunden.[269] Hinsichtlich der nach dem Ende des Ost-West-Konflikts neu entfachten Auseinandersetzungen über die Universalität der Menschenrechte im allgemeinen betont der SBE, daß zwar „the debate regarding the issue of universality and specificity of human rights, particularly in the religious area, continues" und darin „different interpretations of the concept of tolerance with respect to religion or belief, reflecting in particular the lay or theocratic philosophy of the State", zum Ausdruck kommen. Gleichwohl habe die Weltmenschenrechtskonferenz in Wien vom 14.-25.6.1993 das Prinzip der Universalität der Menschenrechte bestätigt sowie alle Staaten auch zur Anwendung der Bestimmungen der Deklaration von 1981 aufgerufen.[270]

b) Vorkommnisse

Nach Benito gibt es weltweit einen Trend zur Anerkennung der Religionsfreiheit und dennoch zugleich in vielen Weltregionen religiöse Intoleranz und Diskriminierung. Die SBE verweist auf die Gefahr eines modernen Rückschlags in den Schutzbemühungen, trotz und gerade wegen des Verschwindens vieler traditioneller Formen von Intoleranz und Diskriminierung. Benito versucht eine Auflistung der ihr berichteten verletzten Rechte nach dem Katalog des Art. 6 der Deklaration von 1981, gleichwohl auch andere Rechte verletzt würden. Die Rechtsverletzungen tendierten zu massiven Verletzungen bis hin zum Genozid, die eine Bedrohung der internationalen Sicherheit und des Friedens darstellten. So gingen Verletzungen der Religionsfreiheit auch mit religiösem Haß einher.[271]

---

[267] E/CN.4/1992/52, para. 168.

[268] E/CN.4/1994/79, para. 94ff.

[269] E/CN.4/1998/6, para. 111.

[270] A/50/440, para. 17, 40.

[271] Benito verweist insbesondere auf die Tätigkeit der VN-Menschenrechtsorgane hinsichtlich der Vorkommnisse im Iran, in Albanien, Pakistan und Afghanistan. Weiterhin verweist sie auf Beispiele von Ländern aller Kontinente, ohne deren Namen explizit zu nennen. Freilich lassen sich diese implizit erkennen, E/CN.4/Sub.2/1987/26, para. 34ff.

Auch Ribeiro und Amor kommen neben der vollen oder ausschnitthaften Wiedergabe der berichteten Vorkommnisse in den diesbezüglich auch genannten Ländern zu einer Systematisierung von Verletzungen der Religionsfreiheit.

Nach Ribeiro bestehen vor allem Verletzungen von folgenden von der Religionsfreiheit – Ribeiro orientiert sich dabei an den Bestimmungen der Deklaration – erfaßten Rechte: des Rechts des Besitzes einer Religion oder Überzeugung als solcher, des Rechts des Religions- oder Überzeugungswechsels, des Rechts der öffentlichen und privaten Ausübung, des Rechts der Befolgung von religiösen Feiertagen und Zeremonien sowie des Rechts auf Nichtdiskriminierung nach diesen Gründen durch jedweden Staat, jede Gruppe und jedes Individuum. Darüberhinaus führen, so Ribeiro, Verletzungen der Bestimmungen der Deklaration auch zur Verletzung anderer Rechte: des Rechts auf Leben, des Rechts auf körperliche Integrität und Freiheit und Sicherheit der Person, des Rechts der Meinungsfreiheit, des Rechts, nicht der Folter und anderer grausamer Behandlung, unmenschlicher und herabwürdigender Behandlung und Bestrafung unterworfen zu werden und schließlich des Rechts auf Schutz vor willkürlicher Verhaftung.[272]

Amor schließlich klassifiziert in seinem ersten Bericht von 1995 an die GV Verletzungen der Religionsfreiheit für die zurückliegenden Jahre nach den Art. der Deklaration sowie, in Anknüpfung an Ribeiro, weitere Rechte: Danach betreffen die meisten Verletzungen das Recht auf Leben, körperliche Integrität und Sicherheit der Person sowie die Art. 1 und 6 der Deklaration, am zweithäufigsten, aber zugleich immer mehr, die Art. 2 bis 4 der Deklaration und am dritthäufigsten den Art. 5 sowie das Recht auf Bewegungs- und Meinungsfreiheit.[273]

Seit 1996 unterscheidet Amor in seinen Berichten fortwährend sechs Verletzungskategorien: erstens Verletzungen des Prinzips der Nichtdiskriminierung, zweitens des Toleranzprinzips, drittens der Freiheit „of thought, conscience, religion or belief" als solcher, eingeschlossen des Rechts auf Verweigerung aus Gewissensgründen, viertens des Rechts auf Ausübung der Religion oder Überzeugung, fünftens des Rechts der Verfügungsgewalt über religiöses Eigentum und sechstens des Rechts auf Leben, körperliche Integrität und Sicherheit der Person. Zudem nimmt Amor eine „very general classification", allerdings ohne

---

[272] E/CN.4/1993/62, para. 74f.
[273] A/50/440, para. 55ff.

Anspruch auf Vollständigkeit, hinsichtlich der betroffenen Religionen vor.[274] Danach sind die meisten dem SBE berichteten Vorkommnisse auf das Christentum bezogen, am zweithäufigsten sind andere Religionen und religiöse Gruppen außerhalb der Großreligionen betroffen, am dritthäufigsten der Islam, am vierthäufigsten Buddhismus, Hinduismus und Judentum. Freilich ist zu bedenken, so der SBE, daß diese Auflistung auf den Staatenkommunikationen basiere, die nur einen Teil der tatsächlichen Vorkommnisse wiedergäben. Weiterhin sei zu berücksichtigen, daß verschiedene Religionen in ganz unterschiedlicher Weise organisiert seien und Vorkommnisse dementsprechend unterschiedlich übermittelt würden. So sei etwa das Christentum die zugleich größte und bestorganisierteste Religion.[275]

Durch diese Feststellungen wird trotz aller Einschränkung hinsichtlich einer vollständigen Gesamtheit vor allem zweierlei deutlich: Zum einen kommen Verletzungen des Rechts der Religionsfreiheit und eingeschlossen auch anderer Rechte in allen erdenklichen Formen vor. Zum anderen sind alle diese Formen von religiöser Intoleranz und Diskriminierung weltweit verbreitet und nach Ribeiro „not confined to a particular faith or geographical area" – vielmehr besitze jenes Phänomen eine „persistent universality".[276] Auch Amor betont, daß keine Religion sowohl vor religiöser Intoleranz und Diskriminierung sicher sei noch selbst ein Monopol darauf besitze.[277] Diese Erkenntnisse werden auch in den folgenden Jahren fortlaufend bestätigt.[278] Dabei realisiert Ribeiro die Schwierigkeit der genauen Unterscheidung zwischen „persecution on religious grounds and persecution on political grounds".[279] Ähnlich ist es nach Amor nicht immer einfach, eine „clear distinction between religious conflicts and ethnic conflicts, and between religious intolerance and political persecution" vorzunehmen.[280]

Unter den von den SBE registrierten Vorkommnissen ergeben sich im Laufe der Zeit besondere Probleme, die von den SBE dementsprechend auch zuneh-

---

[274] E/CN.4/1996/95, para. 21ff., A/51/542, para. 30ff., E/CN.4/1997/91, para. 17ff., A752/477, para. 28ff., E/CN.4/1998/6, para. 50ff., A/53/279, para. 74ff., E/CN.4/1999/58, para. 104ff., A/54/386, para. 97, E/CN.4/2000/65, para. 171.

[275] E/CN.4/1996/95, para. 21ff.

[276] E/CN.4/1992/52, para. 169.

[277] A/51/542, para. 47.

[278] E/CN.4/1998/6, para. 114, A/53/279, para. 89, E/CN.4/1999/58, para. 125, A/54/386, para. 144, E/CN.4/2000/65, para. 173ff.

[279] E/CN.4/1991/56, para. 96, E/CN.4/1992/52, para. 177.

[280] E/CN.4/1995/91, Conclusions and Recommendations.

mend stärker referiert und gewichtet werden: Diese betreffen das Problem der Verweigerung aus Gewissensgründen, das Problem der religiösen Stellung bzw. mangelnden Gleichberechtigung der Frauen, das Problem sogenannter neuer religiöser Bewegungen bzw. Sekten als neue Spielart des alten, grundsätzlichen Problems religiöser Minderheiten, eine allgemein festzustellende Verleumdung von Religion sowie schließlich religiösen Extremismus.

Das Problem der Militärverweigerung aus religiösen bzw. Gewissensgründen wird sowohl von Ribeiro als auch Amor angesprochen.[281]

Das Problem der religiösen Stellung bzw. Gleichberechtigung der Frauen wird von Amor zunehmend stärker betont. Nach Ansicht des SBE stellt dieses Problem, insbesondere und zumeist aufgrund rechtlicher Bestimmungen und traditioneller Vorstellungen, ein gewichtiges Hindernis der Implementierung der Deklarationsbestimmungen dar.[282]

Das alte, grundsätzliche Problem religiöser Minderheiten stellt sich zunehmend in der neuen Spielart sogenannter neuer religiöser Bewegungen oder Sekten dar. Hier ergibt sich in besonderer Weise die Frage nach der zulässigen Abgrenzung von erlaubter und nicht-erlaubter religiöser Betätigung. Dieses Problem verbindet sich wiederum oft mit dem Problem des Religionwechsels.[283] Oftmals scheinen, so Ribeiro, sogenannte Sekten am Rande religiösen Glaubens zu stehen bzw. zur Instrumentalisierung von Religion für andere, etwa wirtschaftliche oder politische, Zwecke zu dienen. Diesbezüglich gibt es, so Ribeiro, keine befriedigende Möglichkeit zur Unterscheidung. So seien etwa auch manche Merkmale religiösen Glaubens, wie der Glaube an ein höheres Wesen, ein bestimmtes Ritual oder bestimmte ethische und soziale Regeln nicht exklusiv Religionen vorbehalten, sondern könnten ebenso in politischen Ideologien gefunden werden.[284] Insbesondere das Problem der sogenannten Scientology-

---

[281] E/CN.4/1992/52, para. 132ff., E/CN.4/1997/91, para. 82ff.

[282] „Such discrimination relates to legislation, civil status texts and their interpretation, tradition, intolerance often through ignorance on the part of society, and so-called religious extremism", A/53/279, para. 91, A/54/386, para. 133ff.

[283] Diesbezüglich zeigt sich der SBE erfreut, daß die Staaten in den meisten Fällen nicht das Prinzip der Reziprozität anwenden, wenn etwa Angehörigen der eigenen Nationalität als Staatsangehörige anderer Länder oder wenn im Ausland wohnenden eigenen Staatsangehörigen nicht die gleichen Rechte zukommen, wie Ausländern im eigenen Staat bzw. nationalen Minderheiten als eigenen Staatsangehörigen garantiert oder gewährt werden, E/CN.4/1990/46, para. 110ff., E/CN.4/1991/56, para. 103, E/CN.4/1992/52 , para. 181ff.

[284] E/CN.4/1990/46, para. 110ff.

Kirche gewinne an Bedeutung. Die wenigsten Staaten unterschieden indessen klar zwischen Religionen, religiösen Bewegungen und Sekten.[285] Somit verbleibt für Ribeiro die Deklaration von 1981 zur Bestimmung erlaubter und nichterlaubter Ausübungsformen der Religionsfreiheit. Die Deklaration schütze freilich alle Formen des Glaubens oder der Überzeugung.[286] Andererseits kann auch, so Amor, der Wahrheitsanspruch von Religionen gegenüber religiösen Minderheiten der Verdeckung krimineller Aktivitäten dienen.[287] Der Terminus Sekten ist, so Amor, negativ konnotiert, auch weil sich aus der Sicht einer etablierten Religion eine Sekte immer als Absplitterung darstelle. Tatsächlich sind, so der SBE, Religionen und Sekten auf einer nur quantitativen Ebene nicht zu trennen. So hätten Sekten nicht immer weniger Anhänger als eine anerkannte Religion. Eine solche Betrachtung widerspreche auch dem Minderheitenschutzprinzip. Zudem seien Sekten auch nicht dogmatischer oder etwaig irrationaler in Lehre und Praxis als andere Religionen. In der Geschichte seien viele Religionen aus Sekten entstanden. Insgesamt ist deshalb, so Amor, eine Unterscheidung zwischen Religionen und Sekten nicht akzeptabel.[288] Demgegenüber sei eine Zunahme staatlicher Politik gegen Minderheiten in Religionsfragen, insbesondere gegen nicht anerkannte religiöse Gemeinschaften als Sekten, festzustellen.[289]

Amor verzeichnet schließlich eine grundsätzliche „defamation of religion". Diese betreffe alle Religionen sowie in besonderer Weise religiöse und hier wiederum vor allem muslimische Minderheiten bzw. Sekten. Besonders der Islam werde mit religiösem Extremismus assoziiert.[290] Religiöse und vor allem muslimische Minderheiten würden „the butt of prejudice and stereotyping (...). While acknowledging the danger represented by the extremism of groups claiming allegiance to Islam, the Special Rapportuer believes it is important to distinguish between such extremists using Islam for political purposes, who are

---

[285] E/CN.4/1991/56, para. 100ff.

[286] E/CN.4/1992/52, para. 181.

[287] A/51/542, para. 93ff.

[288] E/CN.4/1997/91, para. 93ff.

[289] E/CN.4/1999/58, para. 115.

[290] A/54/386, para. 101ff.

in fact in a minority, and the majority of Muslims practising Islam in accordance with the principles of tolerance and non-discrimination."[291]

Amor stellt schließlich einen weit verbreiteten religiösen Extremismus fest.[292] Dadurch werde nicht nur das Recht auf Religionsfreiheit selbst, sondern auch andere Menschenrechte und insbesondere das Menschenrecht der Völker und Menschen auf Frieden bedroht bzw. verletzt.[293] Die Feststellung der Bedrohung des internationalen Friedens und Sicherheit durch Extremismus wird vom SBE auch in der Folge bekräftigt und insbesondere hinsichtlich der Verletzung des „internationally established" Rechts auf Frieden betont. Diesbezüglich verweist der SBE auf die „Declaration of the Right of People to Peace" der GV vom 12.11.1994.[294] Schon Ribeiro hatte darauf hingewiesen, daß Verletzungen der Religionsfreiheit immer eine Bedrohung bzw. Verletzung des Friedens darstellt, wie umgekehrt religiöse Verständigung zum Frieden beiträgt.[295] Verletzungen der Religionsfreiheit – wie auch alle Hindernisse der Implementierung der Bestimmungen der Deklaration von 1981 – seien insbesondere im Zusammenhang der Minderheitenproblematik ein Quell des Konfliktes zwischen den Staaten und ein destabilisierender Faktor in den internationalen Beziehungen.[296] Religiöse Intoleranz und Diskriminierung haben nach den SBE somit direkte Auswirkungen auf die Stabilität internationaler Beziehungen und oft speziell nachbarschaftlicher Staatenbeziehungen.[297]

In seinem jüngsten Bericht von 2000 an die MRK bestimmt der SBE drei Haupttendenzen angesichts der ihm berichteten Vorkommnisse: Die erste Haupttendenz sei die Ausbreitung religiösen Extremismus in den meisten Religionen. Der SBE nennt hier explizit Islam, Hinduismus und Judentum. Diese Tendenz habe sowohl eine interreligiöse wie eine intrareligiöse Dimension. Die

---

[291] Diesbezüglich ruft der SBE die MRK-Res. 1999/82 in Erinnerung, in der die MRK „expresses deep concern at negative stereotyping of religions, and at the fact that Islam is frequently and wrongly associated with human rights violations and with terrorism", E/CN.4/2000/65, para. 109.

[292] „It is important to note that religious extremism acts as a cancer in any religious group, whatever the denomination, and that it affects the member of that group just as much as those of other religious groups", A/51/542, para. 33.

[293] A/50/440, para.77.

[294] E/CN.4/1997/91, para. 90ff., A/RES/36/11 vom 12.11.1994.

[295] E/CN.4/1987/35, para. 93.

[296] E/CN.4/1990/46, para. 104.

[297] E/CN.4/1991/56, para. 98.

Opfer beider Dimensionen seien vor allem Minderheiten – obgleich dies auch eine Unterdrückung von Mehrheiten durch Minderheiten nicht ausschließe – und Frauen.[298] Die zweite Haupttendenz sei eine generelle Tendenz der Aufrechterhaltung von einer Politik, Gesetzgebung und Praxis, die die Religions- und Überzeugungsfreiheit beeinträchtige.[299] Die dritte Haupttendenz sei schließlich ein Fortbestehen von der Religion zugeschriebenen Vorkommnissen der Diskriminierung und Intoleranz gegenüber Frauen.[300]

c) Verursacher und Ursachen

Nach grundsätzlichen Aussagen zum Recht der Religionsfreiheit sowie Feststellungen zu diesbezüglichen Vorkommnissen gelangen die SBE schließlich zu Feststellungen hinsichtlich von deren Verursachern und Ursachen. Während sich zuerst Benito entsprechend ihres Mandats selbstverständlich und ausgedehnt mit „root causes" beschäftigt, blendet Ribeiro ebenso entsprechend seines, anderlautenden, Mandats diese Aspekte anfangs explizit aus. Erst in den späteren Berichten erfährt die Untersuchung und Benennung von Verursachern und Ursachen der Vorkommnisse zunehmend breitere Aufmerksamkeit und dies zudem in immer stärkerer systematischer und gewichtender Form. Die diesbezüglichen Feststellungen der SBE benennen zum einen die Staaten als Verursacher und zum anderen weitere, nichtstaatliche, Ursachen.

Nach den Feststellungen Benitos stellen die Ursachen religiöser wie anderer Diskriminierung und Intoleranz ein grundsätzliches Problem zwischen und innerhalb aller Gruppen und Individuen dar. Diese „often interrelated" Ursachen seien nicht nur in gesetzlichen Bestimmungen, sondern auch in der „social and cultural sphere" zu finden. Überzeugungen werden nach Benito sozial und kulturell vermittelt. Diese trügen ebenso wie Anachronismen und ökonomische Strukturen zur Entstehung von Dogmatismus und Intoleranz durch Ignoranz und Mangel an Verständnis bei. Für den Erwerb von Wissen sind nach Benito die Umstände des Aufwachsens, der Erziehung und Gewohnheit von Bedeutung. Als weitere Ursachen nennt Benito Konflikte um Religiosität als Kampf um die

---

[298] E/CN.4/2000/65, para. 173.

[299] „The aim is no longer, at least officially and publicly, to eradicate religion, but to recognize it and allow it to manifest itself, though within the framework of strict controls by the authorities, in fact amounting to interference incompatible with international law", E/CN.4/2000/65, para. 174.

[300] E/CN.4/2000/65, para. 175.

Dominanz der Einflüsse der Zeittendenzen in der, so Benito, Krise des Säkularen sowie schließlich Probleme aus historischen Entwicklungen und insbesondere der Kolonialzeit: Diese führten gleichsam einem „historical paradox" zur Intoleranz der aus der Kolonialherrschaft Entlassenen gegenüber ihren ehemaligen Herren wie auch der Kolonialnachfolger gegenüber den indigenen Völkern. Zudem trägen soziale Spannungen zu religiöser Intoleranz und Diskriminierung bei. Insbesondere bei Immigranten sei Religion, die „usually encompasses more than faith", oft „the focal point of the cultural tradition of a group".[301]

Schließlich ist nach Benito die sozio-politische Bedeutung von Religion zu beachten, d.h. die Verbindung von Religion und Politik und in diesem Zusammenhang die Rolle der „fanatics". Hier ergebe sich das Problem der Stellung des Staates zu Religion. Fundamentalismus stehe gegen Säkularismus. In diesem Konflikt spielten „pseudo-religions" mit nur vordergründig religiösen Zielen eine gewichtige Rolle. Sie mißbrauchten Religion „for questionable ends".[302] Zur Frage, ob Religion als solche automatisch zu Diskriminierung führe, stellt Benito fest, daß diese nicht allein aus den Glaubensdoktrinen oder Lehren herrührt. Es gebe spezifische Unterschiede bezüglich religiöser Verfolgung in verschiedenen Staaten: Diese sähen Religion als „their chief competitor for power and control" an. Oft sei es nicht als ausschließlich religiöse Diskriminierung anzusehen, wenn Regierungen oder einzelne andere eine Religion attackierten oder auch für ihre politischen Zwecke benutzten. Hier benennt Benito die Regierungsbürokratie und einen Mangel an Dialog als engere Ursachen. Intoleranz werde durch Gläubige wie Agnostiker und Atheisten geübt.[303] Benito thematisiert auch das Verhältnis von Staaten und Kirchen. Hier verweist die SBE auf verschiedene Abstufungen der gegenseitigen Verbindungen von der Staatsreligion bis zur Trennung. Umstritten sei, ob eine Staatsreligion oder die Bevorzugung einer Religion Anlaß zu Intoleranz und Diskriminierung gebe.[304] Religion werde andererseits schließlich auch von Staatsideologien vereinnahmt bzw. bekämpft.[305]

---

[301] E/CN.4/Sub.2/1987/26, para. 156ff.

[302] E/CN.4/Sub.2/1987/26, para. 156ff.

[303] E/CN.4/Sub.2/1987/26, para. 185ff.

[304] Benito selbst konstatiert aufgrund des unterschiedlichen Gehalts der ihr dazu von den Staaten übermittelten Informationen die Unmöglichkeit von weiteren diesbezüglichen entsprechenden Schlußfolgerungen, E/CN.4/Sub.2/1987/26, para. 83ff.

[305] E/CN.4/Sub.2/1987/26, para. 34ff.

Ribeiro konzentriert sich zunächst auf die Staaten bzw. „governmental actions" als Verursacher.[306] Staatliche oder halbstaatliche Organe seien insbesondere bei interreligiösen Konfrontationen entweder direkt beteiligt oder griffen wissentlich bzw. willentlich nicht ein.[307] Nach Ribeiros Feststellung üben dabei Staaten mit einer offiziellen Religion weniger Toleranz. Freilich verneinten die meisten Staaten – was im Widerspruch zu den dem SBE berichteten Vorkommnissen stehe – die Existenz äußerlicher oder gar gewaltsamer Konfrontationen zwischen verschiedenen Glaubensrichtungen.[308] Eine Reihe von Regierungen führt nach Ribeiro dafür religiöse Homogenität ebenso wie die Garantie der Religionsfreiheit an. Ein ähnlicher Widerspruch zwischen den dem SBE berichteten Vorkommnissen und den Aussagen der Staaten stelle sich im Bereich des Rechtsschutzes für Opfer religiöser Intoleranz und Diskriminierung dar.[309] Nach Feststellung des SBE drückten sich Unterschiede in der staatlichen Behandlung der religiösen Gemeinschaften in der Praxis vor allem in deren Rechtsstellung, d.h. Anerkennung als Rechtskörperschaft, aus. Hier habe auch die Tradition eine Bedeutung. Aktuelle Probleme ergäben sich vor allem – wie etwa in Mittel- und Südamerika – durch nicht anerkannte oder neue religiöse Gruppen, die von den traditionellen Religionsgemeinschaften als Konkurrenz, oft auch aufgrund der Attraktivität von deren sozialer Arbeit, gesehen würden.[310]

Gleichwohl registriert Ribeiro auch positive Entwicklungen: Zunächst stellten sich – trotz der Widersprüche zwischen dem SBE berichteten Vorkommnissen und diesbezüglichen Zurückweisungen der Staaten – die meisten Staaten nach deren eigenen Aussagen dem SBE gegenüber interessiert an Fragen des Schutzes der Religionsfreiheit dar.[311] So verböten die meisten Staaten – zumindest nach dem Gesetz – religiöse Diskriminierung und oft auch Einschränkungen der Religionsfreiheit und böten zum Teil Möglichkeiten des Rechtsschutzes auch für

---

[306] E/CN.4/1987/35, para. 2.

[307] E/CN.4/1994/79, para. 106ff.

[308] Dazu bemerkt Ribeiro: „As a consequence very few specific measures applied in combating manifestations of extremism or fanaticism were reported. It should also be noted that judicial and administrative remedies as well as conciliation arrangements do not appear to have been sufficiently developed worldwide", E/CN.4/1991/56, para. 98ff., auch E/CN.4/1992/52 , para. 93ff. Zu derselben Feststellung kommt Amor, A/50/440, para. 40.

[309] E/CN.4/1992/52 , para. 93ff.

[310] E/CN.4/1992/52, para. 76ff.

[311] E/CN.4/1992/52 , para. 93ff.

Ausländer.[312] Tatsächlich sind aber, so die Feststellung des SBE, Gesetzes- und Rechtsautoritäten der Staaten nicht nur bei der Beförderung, sondern auch bei der Eindämmung von religiösen Konflikten tätig. Der SBE würdigt insbesondere 1990 und in den folgenden Jahren die Fortschritte in osteuropäischen Staaten und der Sowjetunion als „positive impact of the policy of openess and transparancy" auch im Bereich der Religionsfreiheit.[313] Weitere Staaten, die nach eigenen Aussagen dem SBE gegenüber ihre Gesetzgebung in Übereinstimmung mit den international anerkannten Normen bringen wollten, sind nach Ribeiro vor allem Entwicklungsländer oder solche, die einen Wechsel ihres politischen und sozialen Systems erlebten.[314]

In der Nachfolge Ribeiros stellt Amor als Trends der Politik der Staaten fest, daß staatliche Politik gegen Religion und zur Kontrolle religiöser Angelegenheiten im Namen von politischen Ideologien sowie staatliche Politik gegen religiöse Minderheiten und insbesondere sogenannten Sekten zunimmt.[315] Eine grundsätzliche „defamation of religion" betrifft nach Amor alle Religionen sowie insbesondere religiöse – und hier wiederum vor allem muslimische – Minderheiten bzw. Sekten. Vor allem der Islam werde mit religiösem Extremismus assoziiert. Vor allem die Medien trägen hier Verantwortung. Verleumdung und Stereotypisierung wurzeln, so der SBE, in Intoleranz und Ignoranz.[316] Nach Ansicht des SBE können Exzesse gegen bestimmte religiöse Gruppen mit einem negativen Klima gegenüber Sekten sowie der Tendenz der Religionen zur Be-

---

[312] E/CN.4/1992/52, para. 76ff.

[313] E/CN.4/1990/46, para. 115, E/CN.4/1991/56, para. 95, E/CN.4/1992/52, para. 172ff. Insofern sei „some progress" hinsichtlich der Religionsfreiheit, jedoch keine „major changes" hinsichtlich der berichteten Vorkommnisse über Verletzungen erreicht worden, E/CN.4/1988/45, para. 37f. Die weltweiten Entwicklungen berechtigten kaum zu Optimismus, E/CN.4/1989/44, para. 103. Andererseits betont der SBE – offensichtlich auch aus taktischen Gründen – zugleich den fortgeführten Dialog mit den Staaten im Geiste der Kooperation, E/CN.4/1991/56, para. 95. Zugleich drückt der SBE die Hoffnung aus, „that the newly created climate of religious freedom in Eastern Europe will further enhance the dialogue between different denomination, as well as a dialogue between and greater understanding of different faiths", E/CN.4/1992/52, para. 172ff.

[314] E/CN.4/1992/52 , para. 93ff. Der SBE weist darauf hin, daß eine abschließende Beurteilung aufgrund der unterschiedlichen Form und Aussagekraft der ihm von den Staaten übermittelten Informationen nicht möglich ist, E/CN.4/1992/52, para. 76ff.

[315] A/53/279, para. 85, E/CN.4/1999/58, para. 115, A/54/386, para. 132. Diesbezüglich werden nach Amor an den Stellungnahmen der Staaten selbst deren verschiedene Verständnisse von Toleranz hinsichtlich der Religion oder Überzeugung deutlich, die schließlich auch „the lay or theocratic philosophy of the State" ausdrückten, A/50/440, para. 40.

[316] A/54/386, para. 101ff.

kämpfung eines Abfalls von ihrer jeweils vertretenen Rechtgläubigkeit erklärt werden. Insbesondere problematisch sei schließlich die Verquickung von Religion in Konflikten mit historisch bedingten Ursachen.[317] Staaten instrumentalisierten also auch Religion und Religionsgemeinschaften für politische Zwecke.[318]

Mit dem Verhältnis von Religion und Politik beschäftigt sich Amor ausführlicher in seinem Bericht von 1997 an die MRK: „Most religions have an implicit or explicit political dimension. This sometimes makes the problems of protecting religious freedom difficult to deal with and raises the question of the relationship between politics and religion and, in particular, between the State and religion." Nach Amor können Religion bzw. Religionen und Staat in unterschiedlichen Verhältnissen zueinander stehen: von einem militanten Säkularismus über ein Verhältnis der Interaktion im Sinne einer freundlichen Trennung bis hin zur Verkörperung einer Religion durch einen Staat bzw. umgekehrt einem Staat als Ausdruck einer Religion. Der Staat ordne sich dann einer Religion unter, bis hin zu dem Punkt, an dem es keinen anderen Willen als den der Religion mehr gebe.[319] Der Dominanz der Religion diene dann besonders eine Instrumentalisierung der Schulbildung, unter anderem auch mit militärischem oder paramilitärischem Training. Ebenso würden religiöse Versammlungs- und Gottesdienstplätze zur politischen Unterrichtung, Mobilisierung und Rekrutierung der Gläubigen genutzt, „so that nothing in public or political life escapes the religion's embrace". Auch politische Parteien dienten dann – sofern es sie überhaupt gebe – direkt oder indirekt der Unterstützung und Durchsetzung religiöser Politik.[320]

---

[317] E/CN.4/1997/91, para. 93ff.

[318] Amor stellt diesbezüglich mit Hinweis auf die Auseinandersetzungen zwischen traditionellen und neu oder wieder auftretenden Religionsgemeinschaften in Osteuropa fest: „Conflicts of a primarily political nature continue to result in intolerant policies against ethnic and religious groups", A/54/386, para. 129.

[319] „This may lead to the State's being subsumed by the religion. In such a case, the institutions of State are at the service of a religious will – or a will attributed to a religion", E/CN.4/1997/91, para. 84ff.

[320] „A State may be of a religion; a religion, in turn, may be of a State – it's to manipulate. The State enshrines the religion in order to have it at its service, provide it with the things it may need, channel it, contain it and, hence, very often dominate and even subjugate it. In any event, the sway of the religion will not extend far unless the State wishes it to or unless extremist religious or political movements seize on religion as a means of salvation", E/CN.4/1997/91, para. 84ff.

Neben den Staaten als Verursachern von Verletzungen der Religionsfreiheit bzw. religiöser Intoleranz und Diskriminierung untersuchen die SBE zunehmend auch andere Ursachen, die zumindest nicht direkt oder primär staatlicher Politik zuzuschreiben – aber freilich zumeist vielfältig mit dieser verbunden – sind: Ursachen komplexer religiöser, kultureller, sozialer und wirtschaftlicher Art.[321] Eine besondere Bedeutung komme dabei extremistischen und fundamentalistischen Kräften zu.

So spielten in Konflikten religiöser Gruppen und bei extremistischen Vorkommnissen dogmatische Auffassung eine große Rolle.[322] Nach den Feststellungen der SBE ergibt sich damit ein grundlegendes Problem mit dem alleinigen Wahrheitsanspruch jeder Religion, der zu Intoleranz und Konflikten, insbesondere wiederum – typischerweise – gegen Minderheiten[323], führen kann.[324] Darauf hätten wiederum die Medien Einfluß: „The media, and in particular the popular press, all too often portrays matters relating to religion and belief, in particular religious minorities, in a grotesque, not to say totally distorted and harmful light." Die Medien könnten aber ebensogut eine Toleranz befördernde Wirkung ausüben.[325] Grundsätzlich gilt nach Amor dabei: „Human minds are the scource of all forms of intolerance and discrimination based on religion or belief".[326] Freilich sind Religionen, so Amor, Teil einer Kultur einer menschlichen Gesellschaft und übten eine verschieden starke Bedeutung in ihr. Deshalb geht es nach Amor nicht um eine grundsätzliche Verdrängung von Religion aus dem öffentlichen Leben, sondern vielmehr um eine Vermeidung bzw. Bekämpfung der Extreme: Sowohl „anti-religious clericalism" wie auch „religious clericalism are just as likely to polarize religion as politics".[327]

---

[321] E/CN.4/1988/45, para. 37f., E/CN.4/1989/44, para. 14.

[322] Ribeiro bemerkt dazu, „how difficult it is to overcome the deep distrust of opposing members of certain denominations as well as to eradicate extremist and fanatical opinions", E/CN.4/1990/46, para. 103ff., E/CN.4/1991/56, para. 87ff.

[323] Hierzu vermerkt der SBE: „It is important to indicate that defamation often stems from intolerance and/or inter-religious as well as intra-religious ignorance, often in the context of an adversarial relationship between majority and minorities. Lastly, it should be emphasized that there are growing problems between traditional majority religions and sects/new religious movements, as well as between believers and non-believers", E/CN.4/2000/65, para. 109ff.

[324] A/51/542, para. 48ff.

[325] E/CN.4/2000/65, para. 108.

[326] A/50/440, para. 82.

[327] E/CN.4/1997/91, para. 88ff.

In diesem Zusammenhang wirkten religiöse Gemeinschaften zwischen und innerhalb der Gemeinschaften selbst sowie gegenüber den eigenen wie auch anderen Gläubigen. In Überschneidung damit gebe es weiterhin „political-cum-religious parties or movements" wie die vom SBE explizit angeführten Taliban in Afghanistan, die Intoleranz und Diskriminierung beförderten, welches in religiösem Extremismus kulminiere.[328] Diese wie jene religiösen bzw. politisch-religiösen Gruppen wirkten vor allem gegen Minderheiten sowie Frauen – wie aber insbesondere auch gegen Anhänger der eigenen Religion. Beide sind nach Feststellung Amors „the issue of the links between politics and the religion and their manipulation" und Ursache von religiöser Intoleranz und im schlimmsten Fall von religiösem Extremismus: „Major challenges are therefore posed in particular by the proliferation of manifestations of hatred, intolerance and violence based on sectarianism and extremism, and it is no easy task to make a clar distinction between religious conflicts and those of other kinds, particularly political and ethnic."[329]

Religiöser Extremismus ist nach Amor zunehmend und in hervorstechender Weise für Verletzungen der Religionsfreiheit bzw. religiöse Intoleranz und Diskriminierung verantwortlich – bzw. stellt sich als deren schlimmste Form dar.[330] In jedem Fall stelle religiöser Extremismus eine „perversion of religious faith and an insult to the intelligence of a human being" dar.[331] Dieser basiere sowohl auf purem Fanatismus oder Ignoranz als auch auf einem Vorsatz zur Aufzwingung der eigenen religiösen Interpretation auf die gesamte Gesellschaft – und weise somit interreligiöse wie intrareligiöse Seiten auf. Zumeist seien es „professionals", die Religion für ihre politischen Zwecke und zum Machtgewinn mißbrauchten. Die beteiligten nichtstaatlichen Kräfte operierten nicht in einem

---

[328] Bei den Taliban etwa befördere eine bestimmte (hier männlich geprägte) Interpretation einer bestimmten religiösen Glaubensrichtung eine Diskriminierung von Frauen, A/53/279, para. 85.

[329] E/CN.4/1999/58, para. 115.

[330] Freilich verschiebt sich von Ribeiro zu Amor die Bestimmung des Ursache-Wirkung-Verhältnisses, wenn religiöser Extremismus einmal als Ursache und ein anderes Mal als Folge religiöser Intoleranz und Diskriminierung erscheint. Ähnliches gilt für die Bestimmung von religiösem Fundamentalismus, E/CN.4/1990/46, para. 103ff., E/CN.4/1992/52, para. 175, E/CN.4/1999/58, para. 115. Demgegenüber ist festzustellen, daß beide Möglichkeiten bestehen. Auch hier leugneten die Staaten zumeist das Vorhandensein von religiösem Extremismus und Fundamentalismus – in deutlichem Kontrast gegenüber den SBE berichteten Vorkommnissen.

[331] „To tolerate this growing phenomenon" bedeutet nach Amor „tolerating the intolerable", A/54/386, para. 144.

geistigen Vakuum, sondern würden oft von, auch ausländischen, Regierungen unterstützt. Das Phänomen Extremismus muß, so der SBE, deshalb in einem größeren Kontext der wirtschaftlichen, sozialen und politischen Bedingungen, insofern sie zu jenem beitragen, betrachtet werden.[332] Religiöser Extremismus stehe somit wiederum in direktem Zusammenhang mit staatlicher Politik. So ist nach Amor insbesondere nach dem Ende des Ost-West-Konflikts ein „gradual decline in anti-religious and religious control policies in the interest of political ideology", insbesondere zu Lasten religiöser bzw. ethnisch-religiöser Minderheiten, festzustellen. Dabei gehe es nicht mehr und am wenigsten nach eigener Darstellung der Staaten um eine völlige Beseitigung der Religion, „but to recognize it and allow it to manifest itself, though within the framework of strict controls by the authorities, in fact amounting to interference incompatible with international law".[333]

Zusammenfassend kann somit gesagt werden, daß die SBE das Menschenrecht der Religionsfreiheit als unteilbar sowie als von den meisten Staaten völkerrechtlich und gesetzlich anerkannt feststellen. Dennoch kommen Verletzungen inter- wie intrareligiös an allen Orten und in allen in den relevanten Dokumenten genannten Aspekten vor und betreffen darüber hinaus auch andere Menschenrechte: insbesondere das Menschenrecht auf Leben und körperliche Unversehrtheit, Meinungs- und Bewegungsfreiheit sowie Schutz vor willkürlicher Verhaftung und Folter. Von Verletzungen zeigen sich vor allem Frauen und religiöse Minderheiten betroffen. Vor allem staatliche Politik sowie auch nicht- bzw. halbstaatlicher Extremismus stellen die gewichtigsten Verursacher bzw. Ursachen von Verletzungen dar: Staaten unterdrücken im Namen einer politischen Ideologie Religion im allgemeinen bzw. bestimmte Religionen im besonderen – oder sie instrumentalisieren und mißbrauchen Religion für politische Zwecke. Umgekehrt kann eine Religion einen Staat völlig beherrschen. Nicht- bzw. halbstaatliche oder von Staaten unterstützte politisch-religiöse extremistische Kräfte gründen auf einer politischen Manipulation des religiösen Wahr-

---

[332] Erstmals spricht Amor in seinem Bericht von 1999 an die GV davon, daß islamischer Extremismus in seinen verschiedenen Formen, so in Afghanistan, Bangladesch, Indonesien, Niger und Pakistan, auf andere Religionen übergegriffen hat, so auf den Hinduismus gegenüber islamischen und christlichen Gemeinschaften in Indien und Nepal sowie christliche Gemeinschaften in Gegenreaktionen etwa in Indonesien sowie jüdischen Extremismus in Israel. Religiöser Extremismus weise also interreligiöse wie intrareligiöse Seiten, wie beispielhaft im Afghanistan der Taliban, auf, A/54/386, para. 129.

[333] „It is worth remaining aware and vigilant, however, regarding the passive or active complicity of State entities in most of those cases", E/CN.4/2000/65, para. 173ff.

heitsanspruchs und bekämpfen andere Religionen, wie aber vielmehr noch Anhänger der eigenen Religion. Freilich stellt sich eine genaue Unterscheidung
zwischen religiösen, politischen und ethnischen Verfolgungs- und Konfliktgründen als oftmals schwierig dar. So kann zuletzt der menschliche Geist als eigentlicher Entstehungsort von religiöser Intoleranz angesehen werden.

4. Empfehlungen und Eigenbewertungen der Sonderberichterstatter

Entsprechend ihres Auftrags kommen die SBE schließlich zu Empfehlungen zur
Implementierung der Bestimmungen der Deklaration von 1981 bzw. zur Beseit-
tigung von religiöser Intoleranz und Diskriminierung und zur Förderung des
Friedens. Die Empfehlungen der SBE ergehen zu rechtlichen, politischen und
gesellschaftlichen Implementierungsformen auf internationaler wie nationaler
Ebene. Dabei ergeben sich in der Abfolge der Berichte Veränderungen und unterschiedliche Gewichtungen. Daran orientiert sich die vorliegende Untersuchung im folgenden.

a) Rechtliche Implementierungsformen

Die SBE empfehlen zunächst vor allem rechtliche Formen der Implementierung.
Solche sind nach Ribeiro wie Gesetze zwar allein nicht hinreichend und begründen keine absolute Garantie, doch eine notwendige Grundlage für die Religionsfreiheit.[334]

Rechtliche Implementierung bedeutet zunächst insbesondere die Ausarbeitung
eines nach Benito dringend notwendigen neuen völkervertraglichen Spezialübereinkommens zur Religionsfreiheit.[335] Dieser Aspekt tritt dann jedoch im Laufe
der Zeit, die keine entsprechenden tatsächlichen Fortschritte brachte, in Amors
Berichten zunehmend zurück, ohne ganz aufgegeben worden zu sein. Bis zu
einem Übereinkommen sollten die Staaten jedoch auch die vorhandenen inter-
nationen rechtlichen Standards, d.h. also vor allem die Bestimmungen des Zivilpakts, auf nationaler Ebene implementieren.[336] Darüberhinaus hat aber nach
Ribeiro ein völkerrechtsverbindliches Instrument unbestreitbare Vorteile, indem
es sowohl der Erweiterung des Rahmens zulässiger Ausübungsformen der Religionsfreiheit dient als auch die Staaten zu entsprechenden Implementierungs-

---

[334] E/CN.4/1987/35, para. 96ff.
[335] E/CN.4/Sub.2/1987/26, para. 205ff.
[336] E/CN.4/1987/35, para. 96ff.

maßnahmen verpflichtet. Freilich sei eine solche Konvention nicht binnen kurzer Zeit zu erreichen, sondern werde Jahre in Anspruch nehmen.[337] Auch in der Folge verweist der SBE auf die Vorteile von vorhandenen Durchsetzungsmaschinerien bei bestehenden internationalen Menschenrechtskonventionen. Zur Erarbeitung eines Übereinkommens zur Religionsfreiheit sollten alle verfügbaren Erfahrungen aus der VN-Menschenrechtsarbeit berücksichtigt werden.[338]

Dementsprechend beschäftigt sich der Bericht Theodoor van Bovens an die Unterkommission von 1989 speziell mit Fragen, die sich hinsichtlich eines neuen Übereinkommens ergeben. Boven zeigt zwei grundsätzliche Möglichkeiten auf: Einerseits können neue rechtliche Bindungen durch ein neues Übereinkommen als separates Dokument mit einer eigenen Implementationsmaschinerie geschaffen werden. Andererseits sei ein optionales Protokoll als Ergänzung zum Zivilpakt denkbar. Vor einer Entscheidung für ein neues Dokument sollten jedoch zwei wichtige Aspekte beachtet werden: Zum einen dürften die Probleme der Vorbereitungen und Verhandlungen nicht als Ausrede für eine mangelnde Implementierung der vorhandenen Standards mißbraucht werden. Zum anderen solle ein weiteres Dokument auf den vorhandenen Standards aufbauen und diese erweitern. Boven will auch ein Implementierungssystem für sämtliche VN-Menschenrechtsverträge ähnlich dem der Regelungen der International Labour Organization in Betrachtung ziehen. Insofern solle der Gefahr einer vermeintlichen Problemvereinfachung durch eine Abkopplung der Religionsfreiheit von anderen Menschenrechten begegnet werden. Boven verweist auf die GV-Res. 41/120, die hinsichtlich der Ausarbeitung neuer Dokumente in den VN zu berücksichtigende Bedingungen festlegt: Danach müssen eine besondere Bedeutung und ein grundsätzlicher Charakter der neuen Regelung gegeben sowie diese ausreichend präzise in der Bestimmung identifizierbarer und praktikabler Rechte sein und schließlich zudem eine realistische und effektive Implementierungsmaschinerie fordern. Für das Ziel eines neuen völkervertraglichen Übereinkommens sei in jedem Fall eine breite internationale Unterstützung von sowohl Staaten wie Religionen unerläßlich. Ein neues Dokument dürfe nicht mit einer bestimmten Religion identifiziert werden. Gegenüber einem neuen separaten Übereinkommen werde ein Optionalprotokoll zwar nicht die inhaltlichen Bestimmungen erweitern, doch eben die Einrichtung von Implementierungsformen wie etwa Individualbeschwerden den Staaten zur Verpflichtung machen. Die

---

[337] E/CN.4/1988/45, para. 66ff.
[338] E/CN.4/1989/44, para. 104.

rechtlichen und technischen Hürden dafür scheinen nach Boven nicht unüberwindbar.[339]

In Anknüpfung an Boven fordert Ribeiro die Staaten auf, die vorhandenen internationalen Standards zu implementieren[340] sowie zugleich die Notwendigkeit eines neuen völkervertraglichen Übereinkommens zu bedenken.[341] In einem solchen sollte insbesondere das Problem der Militärverweigerung aus Gewissensgründen[342] und das Problem der sogenannten neuen religiösen Bewegungen bzw. die Frage nach erlaubten und unerlaubten Praktiken der Ausübung der Religionsfreiheit bedacht sowie klargestellt werden, daß die Religions- und Überzeugungsfreiheit „theistic, non-theistic and atheistic beliefs" berücksichtige. Ein neues Übereinkommen werde zudem der Gesamtproblematik der Religions- und Überzeugungsfreiheit eine größere Bedeutung geben. Dementsprechend wichtig seien vor allem die Unterstützung durch die Staaten sowie deren Übernahme von entsprechenden Vertragsverpflichtungen.[343]

Im Gegensatz dazu stellt Amor in seinen Berichten von 1995 an die MRK wie an die GV gleichlautend klar: „The Special Rapporteur considers the elaboration of an international convention on the elimination of all forms of intolerance based on religion or belief to be a necessary but premature step, given the present circumstances."[344] Amor bekräftigt seine Position auch in der Folge. So spricht der SBE in seinem Bericht von 1999 an die MRK lediglich von einer Einladung der Wiener Weltmenschenrechtskonferenz vom Juni 1993 an die Staaten, „to put into practice the provisions of the 1981 Declaration".[345] In seinem Bericht von 2000 an die MRK führt der SBE offensichtlich implizit zustimmend lediglich die diesbezügliche Meinung des Heiligen Stuhles an, nach

---

[339] Nach Boven stellt die „raison d'etre" eines weiteren bindenden Dokuments „its operation in relation to an effective and meaningful implementation machinery" dar. Freilich äußert Boven aufgrund von mißlichen Erfahrungen hinsichtlich der Staatenkooperation sowie Arbeitsdopplungen und finanziellen Problemen der VN-Arbeit auch „serious doubts" bezüglich der Verwirklichung eines neuen selbständigen Vertragswerks, E/CN.4/Sub.2/ 1989/32, para. 9ff.

[340] E/CN.4/1991/56, para. 107.

[341] E/CN.4/1992/52, para. 191.

[342] E/CN.4/1992/52, para. 132ff.

[343] E/CN.4/1990/46, para. 110ff.

[344] E/CN.4/1996/95, para. 69, A/50/440, para. 85.

[345] E/CN.4/1999/58, para. 116.

der zum gegenwärtigen Zeitpunkt Rückschritte beim Schutz der Religionsfreiheit hinter den bestehenden Standard zu befürchten seien.[346]

Trotz der wiederholten Mahnungen Benitos und Ribeiros waren tatsächlich keine faktischen Schritte hin zu einem neuen internationalen völkervertraglichen Übereinkommen erfolgt. Damit verblieben zunächst als rechtliche Formen der Implementation der Bestimmungen der Deklaration von 1981 lediglich die Annahme und Durchsetzung vorhandener internationaler rechtlicher Standards, also vor allem der Bestimmungen des Zivilpakts, durch die Staaten auf nationaler Ebene in Gesetzgebung, Verwaltung und Rechtsprechung. In den Berichten der SBE treten dementsprechend diesbezügliche Empfehlungen verstärkt hervor.[347] Dazu bemerkt der SBE „the discrepancies that often exist between general provisions and the texts of laws and administrative decrees". Insbesondere seien entschiedenere Schritte „to be taken worldwide to introduce effective administrative and judicial remedies" für Opfer von religiöser Intoleranz und Diskriminierung.[348] Amor hält vor allem auch hinsichtlich der Problematik der neuen religiösen Bewegungen bzw. Sekten – als neuer Form der Minderheitenproblematik – rechtliche Regelungen für unausweichlich und schnellstmöglich erforderlich, um Verwirrung und vorschnellen Verallgemeinerungen vorzubeugen und Verletzungen der Religionsfreiheit zu vermeiden.[349] Dabei seien zwei Dinge zu unterscheiden: Einerseits die Möglichkeiten des Rechts zur Begegnung falscher Tendenzen, andererseits „beyond that however it is not the business of the State or any other group or community to act as the guardian of people's conscience and encourage, impose or censure any religious belief or conviction".[350] In sei-

---

[346] „With regard to international law, the Pontifical Council for Justice and Peace considers that any initiative to adopt an international convention on religious freedom might, in the present circumstances run into difficulties in relation to the achievements of the 1981 Declaration, whence the need, according to the Council, to strengthen the mandate of the Special Rapporteur on religious intolerance. With reference to the 1981 Declaration and the International Covenant of 1966, covering not only freedom of religion but also freedom of belief, which according to the Council arose from a political compromise, it made the point that the specificity of religion should be preserved against the danger of it being reduced to culture and, more generally, against the danger of it being denatured", E/CN.4/2000/65, para. 127.

[347] Dazu wird Beratung und Hilfe durch die VN-Menschenrechtseinrichtungen angeboten, E/CN.4/1988/45, para. 68ff., E/CN.4/1989/44, para. 104, E/CN.4/1990/46, para. 120ff., E/CN.4/1991/56, para. 107ff., E/CN.4/1994/79, para. 111ff.

[348] E/CN.4/1992/52, para. 187ff.

[349] A/53/279, para. 90.

[350] E/CN.4/1997/91, para. 93ff.

nem Bericht von 1999 an die MRK faßt Amor zusammen: Die Garantie der Religionsfreiheit erfordere die Annahme internationaler Instrumente sowie nationale Gesetze und Maßnahmen zur Implementierung.[351]

b) Politische und gesellschaftliche Implementierungsformen

Neben rechtlichen Formen der Implementierung ergehen Empfehlungen der SBE zu politischen und gesellschaftlichen Implementierungsformen. Diese Empfehlungen können angesichts der zeitlichen Abfolge und inhaltlichen Gewichtung unter folgenden Teilaspekten zusammengefaßt werden: Zum ersten die Verbreitung der Prinzipien und Bestimmungen der Deklaration von 1981 sowie Wertvermittlung durch Schule und Medien sowie Training nationaler Multiplikatoren bzw. Verantwortungsträger. Zum zweiten ein interreligiöser Dialog bzw. die Etablierung einer sogenannten culture of tolerance, zu der schließlich besondere Verhaltensmaßregeln empfohlen werden. Zum dritten die Beachtung und Förderung rechtsstaatlicher und demokratischer Prinzipien sowie damit zusammenhängend genannt die Förderung von wirtschaftlicher, sozialer und kultureller Entwicklung bzw. die Beseitigung der entsprechenden Ursachen für religiöse Intoleranz und Diskriminierung. Zum vierten schließlich die Forderung einer Politik der Toleranz von den Staaten und eine sogenannte freundliche Trennung von politischen und religiösen Institutionen. Im folgenden der vorliegenden Untersuchung werden diese Aspekte näher beleuchtet.

Der erste wichtige von den SBE genannte Aspekt, die Forderung der Verbreitung der Bestimmungen der Deklaration und einer entsprechenden Wertvermittlung, erhebt sich seit Beginn der Untersuchungen der SBE.[352]

Zur Beseitigung religiöser Intoleranz und Diskriminierung bedarf es nach Benito eines „change in attitude of the human being which will be a product of the needed social changes and psychic transformations of individuals".[353] Dazu sollen nach Ribeiro nationale Einrichtungen zur Förderung religiöser Toleranz sowie Mechanismen für eine Verständigung in religiösen Konflikten geschaffen werden.[354] Toleranz und Verständnis im Bereich der Religion oder Überzeugung seien vor allem auch durch Menschenrechtserziehung in Schulen und Universi-

---

[351] E/CN.4/1999/58, para. 116.

[352] E/CN.4/Sub.2/1987/26, para. 205ff., E/CN.4/1987/35, para. 98.

[353] E/CN.4/Sub.2/1987/26, para. 205ff.

[354] E/CN.4/1987/35, para. 103.

täten, durch entsprechendes Training nationalen Personals im Erziehungs-, Verwaltungs- und Rechtsprechungsbereich sowie schließlich durch die Medien zu befördern.[355]

Auch Amor hebt die Verbreitung der Prinzipien und Bestimmungen der Deklaration von 1981 mit den genannten Mitteln als von größter Wichtigkeit hervor.[356] Da Intoleranz und Diskriminierung aus dem menschlichen Bewußtsein herrührten, müsse dieses auch Adressat der gegenläufigen Bemühungen sein.[357] Dieses solle durch Erziehung und Medien geschehen. Im Hinblick auf die Medien fordert Amor wiederholt entsprechende Gegenmaßnahmen[358], auch um den Medien selbst die Bedeutung der Beförderung von religiöser Toleranz und Verständigung deutlich zu machen.[359] Im Hinblick auf den zentralen Bereich der Erziehung und darin der Schulbildung fordert der SBE unmißverständlich: „The school system should also be sheltered from any political and ideological interference". Hier könne eine – wie vom SBE begonnene – Staatenbefragung bzw. Analyse hinsichtlich der Schulmaterialien und -lehrpläne ein „first stage of a process aimed at consecrating a minimum of generally accepted values and principles that might serve as a basis for a common program for tolerance" sein.[360] Insbesondere seien in der Schule Religion und Politik zu trennen.[361] Nach einer vom SBE begonnenen vorläufigen Analyse zeigen sich in den Schulen Probleme hinsichtlich eingeschränkter Möglichkeiten bzw. einseitiger Ausrichtung des Religionsunterrichtes, ein mangelnder Einbezug von Religionen in die Unterrichtsgestaltung sowie mangelnde Lehrereignung.[362] Die vorgeschlagenen Maßnahmen in den Bereichen Medien und Erziehung berücksichtigen nach

---

[355] E/CN.4/1987/35, para. 106ff., E/CN.4/1992/52, para. 194., E/CN.4/1993/62, para. 92.

[356] E/CN.4/1994/79, para. 98., 114.

[357] A/50/440, para. 82., E/CN.4/1997/91, para. 62.

[358] E/CN.4/1995/91, Conclusions and Recommendations.

[359] So spricht Amor von einer „campaign to develop awareness among the media of the need to publish information that respects the principles of tolerance and non-discrimination. These measures would also make it possible to educate and shape public opinion in accordance with these principles. The study would therefore identify the role of the media in hatred and religious intolerance vis-à-vis religious minorities, and their responsibilities and would recommend preventive measures, including action to be taken under the Office of the High Commissioner for Human Rights advisory services programme", E/CN.4/2000/65, para 108.

[360] A/50/440, para. 81ff.

[361] A/51/542, para. 22, 51ff.

[362] E/CN.4/1998/6, para. 32ff., E/CN.4/1999/58, para. 124.

Amor die überaus große Bedeutung der Prävention bzw. Vorbeugung von religiöser Intoleranz und Diskriminierung.[363] Diese Bedeutung habe auch die Wiener Weltmenschenrechtskonferenz vom Juni 1993 erkannt und bestätigt.[364]

Der zweite wichtige Aspekt politischer und gesellschaftlicher Implementierungsformen entsprechend der Empfehlungen der SBE betrifft die Bildung und Förderung eines interreligiösen Dialogs bzw. interreligiöser Verständigung.

Diese Notwendigkeit wird von den SBE von Beginn an hervorgehoben.[365] Gerade angesichts der Komplexität der Probleme und des „long-term undertaking" möglicher Begegnungsstrategien sowie der Schwierigkeiten, Mißtrauen zwischen verschiedenen Denominationen abzubauen, sehen Benito, Ribeiro und Amor den interreligiösen Dialog als von größter Wichtigkeit an.[366] Amor macht die Entwicklung einer „culture of tolerance" zu einem fortwährend bekräftigten

---

[363]   E/CN.4/1995/91, Conclusions and Recommendations, E/CN.4/1998/6, para. 32ff. Diesbezüglich beruft sich der SBE auf verschiedene Res. der MRK und GV: so in seinem Bericht von 1999 an die MRK auf deren Res. 1998/21 zu „Tolerance and pluralism as indivisable elements in the promotion and protection of human rights", hinsichtlich der Strategien der Prävention religiöser Intoleranz und Diskriminierung auf die MRK-Res. 1998/74 und die GV-Res. 46/184 vom 23.12.1994, die eine VN-Dekade zur Menschenrechtserziehung ab dem 1.1.1995 proklamieren. Zudem sei durch die MRK-Res. 1998/21 ein SBE zum Recht auf Erziehung eingesetzt worden. Schließlich proklamiert die GV-Res. 53/22 vom 4.11.1998 ein United Nations Year of Dialogue among Civilizations proklamiert, E/CN.4/1999/58, para. 7ff.

[364]   „With regard to education, in the Vienna Declaration and Programme of Action, the World Conference on Human Rights reaffirmed ‚that States are duty-bound, as stipulated in the Universal Declaration of Human Rights and the International Covenant on Economic, Social and Cultural Rights and in other international human rights instruments, to ensure that education is aimed at strengthening the respect of human rights and fundamental freedoms. The World Conference on Human Rights emphasizes the importance of incorporating the subject of human rights education programmes and calls upon States to do so. Education should promote understanding, tolerance, peace and friendly relations between the nations and all racial or religious groups and encourage the development of United Nations activities in pursuance of these objectives. Therefore, education on human rights and the dissemination of proper information, both theoretical and practical, play an important role in the promotion and respect of human rights with regard to all individuals without distinction of any kind such as race, sex, language or religion, and this should be integrated in the education policies at the national as well as international levels", E/CN.4/2000/65, para. 177ff.

[365]   E/CN.4/Sub.2/1987/26, para. 258ff., E/CN.4/1987/35, para. 107.

[366]   E/CN.4/Sub.2/1987/26, para. 205ff., E/CN.4/1992/52, para. 190, E/CN.4/1993/62, para. 87, E/CN.4/1994/79, para. 110. Freilich solle bei der Bekämpfung von Verleumdungen der Religion nicht jedwede inter- oder intrareligiöse Kritik als unzulässig betrachtet werden, da hier die Gefahr bestehe, daß berechtigte Kritik zu Zweckern fern der Menschenrechte instrumentalisiert werde, A/54/386, para. 118.

und ausformulierten Schwerpunkt seiner Empfehlungen. So müsse eine internationale Politik der Toleranz etabliert werden. Besondere Bedeutung komme hierfür wiederum den Medien sowie der Erziehung und Bildung zu. Der SBE gibt sogar Verhaltensanleitungen für die Behandlung von Vorbehalten gegenüber der Religionsfreiheit: Diesen sei mit Geduld und Abwägung sowie mit fortgesetztem Dialog zu begegnen. Dieser Dialog solle auf den international etablierten Prinzipien gründen, alle Tatsachen berücksichtigen und die Möglichkeiten des sofortigen und des längerdauernden Handelns bedenken. Fortschritte in Sachen Religionsfreiheit bedürften klarer unverdeckter Ziele des Schutzes der Menschenrechte. Amor betont, daß eine Kultur der Menschenrechte nicht dekretiert werden kann sondern über längere Zeit erlernt werden muß.[367] Die Notwendigkeit der Schaffung einer Kultur der Toleranz wird durch den SBE auch in der Folge fortlaufend bekräftigt.[368] Schließlich könne und solle Religion eine wichtige Rolle bei der Prävention von Konflikten und bei Verständigungsbemühungen nach Konflikten spielen.[369]

Der dritte von den SBE betonte wichtige Aspekt politischer und gesellschaftlicher Implementierungsformen betrifft die Beachtung und Förderung des demokratischen und rule of law-Prinzips sowie, als von den SBE damit zusammenhängend genannt, die Förderung von wirtschaftlicher, sozialer und kultureller Entwicklung bzw. die Beseitigung entsprechender Armut.

So betont Ribeiro, daß die beste Garantie für ein toleranzförderndes Klima das effektive Funktionieren demokratischer und rechtsstaatlicher Einrichtungen

---

[367] „The only way to make progress in promoting religious freedom is to avoid categorical, inflexible attitudes, impulsive and ineffectual initiatives, ill-considered-behaviours, blind obstinacy, gratituos accusations, inconsistent judgements and grandiose but futile gestures. In other words, it is time to take a hard look at reality, in all its complexity, and work with it to change it gradually." Insbesondere stellten Vorurteile und Verallgemeinerungen Fehler dar und seien zu meiden, A/50/440, para. 35ff.

[368] A/51/542, para. 21ff., E/CN.4/1997/91, para. 62ff., E/CN.4/1998/6, para. 32ff., A/53/279, para. 8ff., E/CN.4/1999/58, para. 7ff., Executive Summary, para. 114.

[369] „Inter-religious dialogue appears essential for the prevention of misunderstandings, conflicts and violations in the area of freedom of religion and belief. As was rightly recalled by the High Commissioner for Human Rights, in her message (21 September 1999) on the occasion of the 950th anniversary of the city of Nuremberg and its conference on peace and human rights: ‚The full title of the conference – 'Peace and Human Rights – Furthered by Religions, Threatened by Religions' – reflects the fact that religions' message of peace and love can be distorted to become an instrument of hate and conflict (...) Religions can and should play a significant role in conflict prevention and post-conflict reconciliation'", E/CN.4/2000/65, para. 179ff.

in Verbindung mit der Freiheit des einzelnen sowie soziale und wirtschaftliche Maßnahmen zur Beseitigung von Ungleichheit und dementsprechend, soweit möglich, von Wurzeln interreligiöser Brüche ist.[370] Ebenso betont Amor: „The perequisite for the establishment of a climate conducive to dialogue and understanding is respect for the rule of law and the proper functioning of democratic institutions". Besondere Aufmerksamkeit solle sozialen und wirtschaftlichen Gründen bzw. Maßnahmen sowie der Stärkung der Demokratie gewidmet werden. Diesbezüglich sei eine Anpassung der gesetzlichen und Verfassungsbestimmungen der Staaten erforderlich. Eine Implementierung der Deklarationsbestimmungen könne nicht von anderen Menschenrechten isoliert werden, gleichwie Menschenrechte „cannot be truly promoted in the absence of democracy and development."[371] Dazu beruft sich der SBE wiederum auf die Bestätigung der Wiener Weltmenschenrechtskonferenz vom Juni 1993, nach der die Menschenrechte miteinander verbunden und unteilbar sind. Der SBE ist der Ansicht, daß jedwede Teilung der „trilogy of democracy, development and human rights" die Menschenrechte herabwürdigt „to a discourse of variable consistency and scope".[372] Amor betont den Zusammenhang von Armut und Einschränkung der Menschenrechte: „Extreme poverty in particular can render all rights and freedoms illusory and encourage extremism and violence. Human rights are therefore not dissoluble, do not lend themselves to selectivity and call for a minimum of solidarity".[373] Die vom SBE genannten Faktoren der Demokratie, Rechtsstaatlichkeit sowie wirtschaftlicher, sozialer und kultureller Entwicklung sind von den Menschenrechten nicht zu trennen.[374]

Der vierte von den SBE betonte wichtige Aspekt politischer und gesellschaftlicher Implementierungsformen ist schließlich die Forderung an die Staaten nach

---

[370] E/CN.4/1989/44, para. 104, E/CN.4/1991/56, para. 105.

[371] „Any measures for the promotion of human rights should therefore be simultaneous on the one hand with measures to establish, strenghten or protect democracy as the expression of human rights at the political level and, on the other hand, with measures to contain and gradually reduce extreme poverty and encourage the right of individuals and peoples to development as the expression of human rights and solidarity at the economic, social and cultural level", E/CN.4/1994/79, para. 94ff.

[372] E/CN.4/1994/79, para. 94ff., auch A/50/440, para. 58ff., wo der SBE von einem „tripartite concept" spricht. Jedwede Selektivität sei geeignet, „the discourse on human rights more inconsistent and imprecise" zu machen „and thereby undermine human rights protection machanisms and procedures".

[373] E/CN.4/1998/6, para. 112.

[374] E/CN.4/1999/58, para. 123.

einer Politik der Toleranz sowie einer sogenannten freundlichen Trennung von politischen und religiösen staatlichen Institutionen. Damit werden Grundfragen an die Einrichtung politischer und sozialer Ordnung in modernen Staaten gestellt.[375]

Die Trennung von Religion und Politik im Bereich des Staates betrifft vor allem die Schulen, religiöse Versammlungs- und Gottesdienstplätze sowie politische Parteien.[376] Diese sollen von religiösen Spannungen freigehalten werden.[377] Freilich spiele Religion als Bestandteil der Kultur einer menschlichen Gesellschaft darin grundsätzlich eine Rolle. Deshalb solle Religion nicht vollständig aus dem öffentlichen Leben ausgeschlossen werden. Andererseits dürfe sie eben nicht eine Politik oder Kultur vollständig übernehmen oder sich mit dieser vollständig identifizieren – „in other words, sociological, cultural and political considerations cannot but encourage interaction between the State and religion, it being understood that such interaction cannot encompass extreme positions and that wisdom lies in moderation." Die Politik muß nach Amor der Religion gegenüber aufgeschlossen, aber unabhängig bleiben. Den damit verbundenen grundsätzlichen Schwierigkeiten für die Menschen als Mitglieder eines politischen Gemeinwesens und zugleich Anhänger eines religiösen Glaubens zeigt sich Amor bewußt: „The crucial point is always to strike a balance that takes account of religion's cultural and sociological dimension without lending itself to subordination, domination or subjugation; in relations with its citizens the State must, whatever happens, stand aloof from ideology and religion, since citizenship of any kind implies and represents a relationship to a State, and to a State alone."[378] Auch im Hinblick auf religiöse Konflikte müsse schließlich das

---

[375] E/CN.4/Sub.2/1987/26, para. 205ff.

[376] A/51/542, para. 51.

[377] „Likewise, the legal structure of political parties should be defined so that the variables of politics do not impinge on the constant values of religion. Political parties expressing political sensivities based onreligion and using political and peaceful methods do not generally give cause for concern. But parties which act as mouthpieces or standard-bearers of religions are not always likely to promote tolerance and human rights. More and more States are therefore prohibiting the establishment of political parties exclusively or primarily based on religions." In diesem Zusammenhang sei es „obvious that the financial dependence of political and religious movements on sources from abroad is likely to have serious consequences at all levels", A/50/440, para. 78ff.

[378] E/CN.4/1997/91, para. 88ff.

Rechtsprinzip – oder „at least something equivalent to the law" – zur Anwendung kommen.[379]

c) Internationale politische Zusammenarbeit

Die Empfehlungen der SBE zur Implementierung der Deklarationsbestimmungen umfassen schließlich Vorschläge zu internationaler politischer Zusammenarbeit. Zum einen sind damit bi- wie multilaterale Verhandlungen zwischen Streitparteien, Staaten wie Religionen, eingeschlossen.[380] So kann Ribeiro selbst auf eigene Anstöße zu Verhandlungen zwischen Bulgarien und der Türkei über Minderheitenfragen verweisen und für diesen ausgewählten Fall feststellen: „Bilateral negotiations seem to be the best way of guaranteeing respect for the religious rights and freedoms".[381]

Darüberhinaus ist mit dem Aspekt der internationalen politischen Zusammenarbeit zugleich der Beitrag der Religionsfreiheit zu bzw. der negative Einfluß von religiöser Intoleranz und Diskriminierung auf Stabilität und Frieden in den internationalen Beziehungen angesprochen. So fordert Ribeiro eine gemeinsam abgestimmte Aktion der internationalen Gemeinschaft „with a view to implementing measures to guarantee effective observance of the right to freedom of thought, conscience and religion".[382] Die Menschenrechte seien ein legitimes Anliegen der internationalen Gemeinschaft. Deshalb müsse jenen über „individual contingencies" hinaus mehr Aufmerksamkeit geschenkt werden. Die Staaten müßten den diesbezüglichen verschiedenen historischen, kulturellen, sozialen und wirtschaftlichen Ursachen auch aufgrund ihres „adverse effect on the stability of international relations" mehr Aufmerksamkeit zukommen lassen.[383] Insbesondere das Phänomen des religiösen Extremismus erfordere gemeinsame Anstrengungen. Diesbezüglich fordert Amor fortwährend eine „baseline of commonly accepted rules and principles of conduct and behaviour towards reli-

---

[379] E/CN.4/1997/91, para. 102.

[380] E/CN.4/1988/45, para. 73.

[381] E/CN.4/1990/46, para. 98.

[382] E/CN.4/1988/45, para. 65.

[383] Der SBE nennt in diesem Zusammenhang explizit die Vorkommnisse in Algerien, Indien, Myanmar (Burma) sowie in osteuropäischen Ländern und insbesondere die aktuell drohende Auslöschung der Muslime in Bosnien durch die Vorgänge im früheren Jugoslawien, E/CN.4/1994/79, para. 106ff.

gious extremism".[384] Auch in diesen Zusammenhängen verweist der SBE auf die bedeutende Rolle, die Religion in Konfliktprävention und Konfliktlösung spielen könne.[385]

In Zusammenhang mit religiösem Extremismus und darüber hinaus fordert der SBE eine internationale politische Zusammenarbeit auch insbesondere hinsichtlich der Diskriminierung sogenannter neuer religiöser Bewegungen bzw. Sekten sowie gegenüber der Diskriminierung von Frauen. So gestalte sich das Sekten-Problem vor allem aufgrund des Fehlens einer international akzeptierten Definition des Gegenstandes schwierig. Hier herrsche eine „general confusion" vor: Während der Begriff Sekte ursprünglich in neutralem Sinne lediglich eine innerreligiöse Minderheit bezeichnete, werde er heute negativ aufgefaßt und mit Gefahren bzw. Bedrohungen assoziiert. Demgegenüber verweist Amor auf die weitreichende Schutzauslegung der Religionsfreiheit nach Art. 18 des Zivilpakts. Wichtig seien, so der SBE, eine objektive Betrachtungsweise sowie die Vermeidung zweier Fallen hinsichtlich einer Regelung des Sekten-Problems: einerseits der Verletzung der Religionsfreiheit und andererseits des Mibrauchs für nichtreligiöse Zwecke.[386] Letztgenannten Fällen müsse das Recht zwar begegnen, doch dürfe der Staat auch nicht als Wächter des Gewissens seiner Bürger auftreten. Solche Probleme erforderten in jedem Fall eine genaue Betrachtung des gesellschaftlichen und kulturellen Zusammenhangs: „Finding a solution requires great tolerance so that compromises can be arrived at that reconcile the need for freedom of religion with the equal need to retain the religious community concerned as part of a nation, and to ensure that the law, or at least something equivalent to the law, is respected." Hinsichtlich des Gesamtproblems der neuen religiösen Bewegungen empfiehlt der SBE ein internationales „high-level intergovernemental meeting to consider and arrive a collective approach to sects and religions that respect human rights".[387] Auch müsse das Problem religiöser Intoleranz und Diskriminierung gegenüber Frauen vorrangig wahrgenommen

---

[384] Auch A/50/440, para. 76ff., erstmals E/CN.4/1994/79, para. 97, auch E/CN.4/1997/91, para. 91f. „States in general and the international community in particular are bound to condemn it unequivocally and to combat it relentlessly until it is finally condemned by history", E/CN.4/1998/6, para. 114, auch A/54/386, para. 145.

[385] In diesem Sinne sei etwa auch das Treffen religiöser Führer im Juli 1999 im Hinblick auf die Suche nach Friedenslösungen für den Balkan zu begrüßen, A/54/386, para. 144ff.

[386] E/CN.4/1998/6, para. 115ff.

[387] E/CN.4/1997/91, para. 99ff.

und ein diesbezüglicher Aktionsplan erstellt werden.[388] Auch für diesen Fall bekräftigte der SBE seine Empfehlung zur Schaffung eines „minimum set of standard rules and principles of conduct and behavior in respect of religious extremism" durch die „international community" sowie die Schaffung einer „international coalition around the Declaration".[389]

Amor ermahnt die Staaten schließlich auch zu verstärkter Kooperation mit der Einrichtung des SBE zu religiöser Intoleranz: „Indeed, he is beginning to wonder wether, by their silence, certain States do not wish to confirm the substance of the allegations made."[390]

d) Empfehlungen zur Mandatserfüllung

Die SBE empfehlen schließlich auch Veränderungen im Hinblick auf eine größere Effizienz ihrer eigenen Einrichtung. Diese können wie folgt zusammengefaßt werden: erstens eine Ressourcenverstärkung für ihre Einrichtung, zweitens die Entwicklung neuer Arbeitsmechanismen und -methoden sowie drittens eine verstärkte bzw. verbesserte Zusammenarbeit der verschiedenen, mit dem Menschenrecht der Religionsfreiheit bzw. religiöser Intoleranz und Diskriminierung befaßten VN-Organe. Darüberhinaus kommen die SBE selbst zu Bewertungen hinsichtlich der Effizienz ihrer Einrichtung.

Die Ressourcenfrage beginnt offensichtlich unter Amor aktuell zu werden.[391] Dieser fordert seit seinem ersten Bericht von 1994 fortwährend eine signifikante Erhöhung der ihm zur Verfügung stehenden Mittel. Dabei verknüpft der SBE den von ihm dargelegten Ressourcenmangel mit der Effizienz der Arbeitsweisen seiner Einrichtung – womit freilich implizit gewisse bisher bestehende Mängel in der Methodik der Informationserfassung und -auswertung zugegeben werden.[392] So befindet Amor die Tatsache, daß entgegen der bisherigen Praxis aufgrund von Budgetbeschränkungen nun nicht mehr sämtliche Staatenkommunikationen veröffentlicht werden können, „highly detrimental to the paramount

---

[388] A/53/279, para. 91.

[389] E/CN.4/1999/58, para. 125.

[390] E/CN.4/1999/58, para. 114ff.

[391] Amor spricht diesbezüglich von „internal" bzw. in seinem Mandat inhärenten Faktoren der Bekämpfung religiöser Intoleranz und Diskriminierung, E/CN.4/1999/58, para. 119.

[392] „With additional resources, he hopes to give greater impetus to his mandate, so as to be able to consider effectively as many situations as possible on the basis of a more rational

importance of information" und deren pädagogische Funktion, was „ultimately constitutes a form of censorship of information and greatly affects the Special Rapporteur's mandate."[393] Der SBE betont diesbezüglich unmißverständlich: „Any saving made at the expense of human rights at the present time is a lost opportunity for human rights which will translate into less freedom, less tolerance and less humanity."[394] So seien schon spezielle Vorhaben wie eine Analyse der Staatenantworten hinsichtlich des Erziehungssystems bisher mangels Ressourcen nicht möglich gewesen.[395] Eine Verstärkung der Ressourcen sei essentiell „both to ensure the credibility of the Special Rapporteur and the United Nations and for the sake of human rights".[396]

Die Entwicklung neuer Arbeitsmechanismen und -methoden wird ebenfalls von Amor thematisiert. Der SBE verdeutlicht implizit bisherige Defizite in der Informationsgewinnung und -auswertung. Erst mit vermehrten Ressourcen sei es ihm möglich, „to consider effectively as many situations as possible on the basis of a more rational and exacting method and arrive at still more pertinent conclusions."[397] Darüberhinaus würde, so Amor in seinem Bericht von 1996 an die GV, eine Abteilung für Religionsfreiheit im Rahmen eines VN-Menschenrechtszentrums notwendige Möglichkeiten „for more in-depth analysis and study in

---

and exacting method and arrive at still more pertinent conclusions", E/CN.4/1994/79, para. 18.

[393] E/CN.4/1996/95, para. 37. An anderer Stelle äußert Amor: Die notwendige Aufgabe der Analyse der Staatenantworten auf die vom SBE übermittelten Vorkommnisse „cannot be reduced to brief theoretical and academic overwiews or to reports written in telegraphic style" – was tatsächlich in den Berichtsjahren Amors zunehmend häufiger vorkommt, A/53/279, para. 32. Amor betont, daß demgegenüber eine weite Verbreitung der in den berichteten Vorkommnissen beinhalteten Information sowie der entsprechenden Antworten der Staaten von großer Bedeutung ist: „Information can educate and, in the final analysis, education is one of the only things that can make a difference today. Right now the stakes are high and the resources few. However legitimate the desire to save money, we must not pass up the opportunity to educate. Savings made at the expense of human rights represent a loss for human rights which results in less freedom, less tolerance and less humanity", A/50/440, para. 81ff.

[394] A/51/542, para. 60.

[395] A/51/542, para. 24. In seinem Bericht von 1997 an die GV wird Amor noch deutlicher: „Once again he urges the Office of the High Commissioner for Human Rights to show a real willingness to make a minimum of resources available for the religious intolerance mandate, so that the voluminous information received from the States (...) can eventually, once the current processing is completed, be analysed and put to use for their intended purpose", A/52/477, para. 23.

[396] A/52/477, para. 90.

[397] E/CN.4/1994/79, para. 18.

the area of religious freedom" bieten.[398] Der SBE versucht nach eigener Aussage schrittweise „to adopt a new methodology of work". Dies bedeute vor allem „a new approach to the preparation of reports". So sollten „general reports" alle Staaten und Religionen systematisch und umfassend behandeln.[399] Amor verweist ebenfalls auf die besondere und wachsende Bedeutung der Staatenbesuche einschließlich des von ihm eingeführten follow up-Mechanismus für die Erfüllung seines Mandats. Die bisher praktizierte Form der Staatenbesuche aufgrund besonderer berichteter Vorkommnisse sollten nun um eine neuartige Form ergänzt werden, deren erstes Beispiel der Besuch des SBE beim Heiligen Stuhl 1999[400] darstellte. Diese neue Form betreffe alle großen Religionsgemeinschaften, deren Führer der SBE besuchen wolle, um einen Dialog im Hinblick auf die Deklaration von 1981 und alle anderen Belange der Religionsfreiheit in Gang zu bringen und Lösungen im Hinblick auf religiöse Intoleranz und Diskriminierung zu suchen. Solche Besuche gingen über das bisher vornehmlich praktizierte „daily management of such phenomena through communications, urgent appeals and in situ visits" hinaus und berücksichtigten einen „vital need for prevention, as the only way of escaping from the vicious circle of violations of freedom of religion and belief. Such prevention must be supported mainly by education and inter-religious dialogue."[401]

Mit den damit vorgebrachten Empfehlungen und zum Teil schon selbst vorgenommenen Änderungen des SBE im Hinblick auf seine eigene Einrichtung zeigt sich, daß jener in Absicht wie Praxis über eine bloße reaktive Aufnahme berichteter Vorkommnisse hinsichtlich von Verletzungen der Religionsfreiheit hinaus zur präventiv verstandenen theoretischen und praktischen Erörterung

---

[398] A/51/542, para. 56.

[399] E/CN.4/1999/58, para. 118ff.

[400] Amor erläutert diesbezüglich: „The visit to the Vatican provided an opportunity to see what was being done in the area of inter-religious dialogue and to offer some general insight regarding the objectives, methods and mechanisms of inter-religious dialogue from the point of view of the Holy See. That visit, by considering a great variety of questions, such as the Vatican's position with regard to international and national law in the area of religious freedom, and its position in relation to States, communities sharing the same religion and belief, and education, also contributes to a better knowledge of one religion, in the event Catholicism, in its relations with other religions and therefore to a broader range of shared experience, as well as to a more meaningful dialogue between communities belonging to different religions and beliefs, and lastly to enhanced protection of freedom of religion and belief", E/CN.4/2000/65, para. 179.

[401] E/CN.4/2000/65, para. 175f.

grundlegender Aspekte von Verletzungen der Religionsfreiheit hinsteuert.[402] In diesem Sinne versteht sich auch – „in order to correctly reflect how his mandate has evolved" – die vorgeschlagene Änderung des Titels seines Mandats[403], wodurch Titel, Mandat und Implementierung mehr „consistency" verliehen werden könne, in einen „more neutral and encouraging" Titel wie „Special Rapporteur for freedom of religion or belief".[404] In diesem Zusammenhang stehen schließlich auch die vom SBE projektierten Initiativen, Studien oder Seminaren „on sensitive priority issues", so über die Interdependenz der Menschenrechte, über religiösen Extremismus, „sects and new religious movements", religiöse bzw. ethno-religiöse Minderheiten und Medien sowie zur Stellung der Frauen. Dazu empfiehlt der SBE zudem die Abhaltung intergouvernementaler Treffen.[405]

---

[402] „Prevention is the top priority and urgent need. Intervention, often ex post facto, in cases and situations constituting violations, cannot continue without attention to the underlying causes and attempts to avert them." Der SBE verweist diesbezüglich auch auf die MRK-Res. 1999/32 und 1999/82 wiederum hinsichtlich von Verständigung und Schulwesen als essentielle Faktoren für die Vermittlung von Werten, die zu einer Kultur der Toleranz und Menschenrechte führten, A/54/386, para. 101.

[403] A/53/279, para. 93.

[404] „A different title could embrace all aspects of freedom of religion or belief. It must also be consistent with the mandate, covering not only religion but also belief and intolerance, as well as discrimination, and reflect the balanced dialogue-oriented approach followed by the Special Rapporteur in his work, in acceptance with the resolutions governing his mandate", E/CN.4/1999/58, para. 118ff.

[405] E/CN.4/1998/6, para. 110ff., auch A/53/279, para. 91, E/CN.4/1999/58, para. 124ff., A/54/386, para. 106ff. In seinem jüngsten Bericht von 2000 an die MRK faßt der SBE zusammen: „The Special Rapporteur is continuing his efforts to compile a compendium of national enactments relating to freedom of religion and belief. Such a collection would be regularly updated and made publicly available in a databank on an Internet site." Diese Initiative „would be desirable for all States to cooperate. The Special Rapporteur is also continuing his efforts to undertake research on the following topics: (a) status of women with regard to religion; (b) proselytism, freedom of religion and poverty; and (c) sects, new religious movements and communities of religion and belief. With regard to the culture of tolerance, which is the mainstay of prevention, the Special Rapporteur is currently finalizing plans to convene an international consultative conference to discuss the content of curricula and textbooks used in primary and secondary schools relating to freedom of religion and belief in November 2001, for the anniversary of the adoption of the Declaration on the Elimination of All Forms of Intolerance and Discrimination Based on Religion or Belief", E/CN.4/2000/65, para. 112ff. Dabei betont Amor die ergänzende Bedeutung von einerseits „management", also a-posteriori-Behandlung von berichteten Vorkommnissen durch Kommunikationen und Besuche, „which is and remains necessary and even fundamental" sowie andererseits „prevention", also vor allem Erziehung und Dialog. Auf beiden Aspekten basiere die Einrichtung des SBE, E/CN.4/2000/65, para. 182.

Drittens schließlich mahnt der SBE eine verbesserte Zusammenarbeit der verschiedenen, mit dem Menschenrecht der Religionsfreiheit bzw. religiöser Intoleranz und Diskriminierung befaßten VN-Organen an. In diesem Zusammenhang seien auch die bisherigen Initiativen und die Mitarbeit von Staaten, internationalen Organisationen und insbesondere NRO an der Arbeit bzw. den Zielen der Einrichtung des SBE zu begrüßen.[406] Der SBE hebt insbesondere die „dynamic role" der NRO „in relation to the mandate of religious intolerance" hervor. Das Mitwirken der NRO sei von „paramount importance, not only for the day-to-day management of information but also for the preparation and conduct of in situ visits"[407] und, gemeinsam auch mit anderen internationalen und VN-Organisationen sowie Staaten, insbesondere im Hinblick auf interreligiöse Verständigung.[408] Vor diesem Hintergrund schlägt Benito die Einrichtung eines, von NRO betriebenen, unabhängigen Informationszentrums zur Religionsfreiheit vor.[409]

Amor hingegen will – wie dargelegt – im Rahmen des Aufbaus eines Genfer VN-Menschenrechtszentrums eine Abteilung für Religionsfreiheit beinhaltet sehen.[410] Zudem habe er mit Vertretern der Menschenrechtsvertragsorgane über eine Zusammenarbeit hinsichtlich der Informationsgewinnung und des -austauschs gesprochen: Solches „would be highly useful and help to improve the effectiveness of the mandate on freedom of religion or belief".[411] Schon Benito fordert jährliche, mit Hilfe von einzurichtenden Abkommen mit den Staaten gemäß Art. 64 der VN-Charta durchzuführende, Informationserhebungen von

---

[406] A/52/477, para. 88ff.

[407] A/51/542, para. 58. In seinem Bericht von 1999 an die MRK verweist Amor diesbezüglich auf eine von norwegischen Einrichtungen und NRO initiierte Konferenz in Oslo vom 12.-15.8.1998. Im Kontext der Schaffung einer internationalen Koalition und eines Aktionsplans zur Implementierung der Art. 18 der UEM und des Zivilpakts sowie der Bestimmungen der Deklaration von 1981 – und schließlich zur Stärkung der Einrichtung des SBE zu religiöser Intoleranz – verabschiedete die Konferenz eine Deklaration mit den folgenden Hauptprinzipien: So soll der Titel des Mandats in „Special Rapporteur on Freedom of Religion or Belief" geändert werden. Die Bestimmungen der genannten Dokumente sollen als Wege zur Beseitigung von religiöser Diskriminierung angesehen werden. Für eine Kultur der Toleranz sind Erziehungsprogramme zu schaffen. In Konflikten, in denen Religion oder Überzeugung eine Rolle spielen, sollen Mediationsverfahren eingesetzt werden. Schließlich sind neue Wege der Informationsgewinnung zu erschließen, E/CN.4/1999/58, para. 14ff.

[408] E/CN.4/2000/65, para. 180.

[409] E/CN.4/Sub.2/1987/26, para. 205ff.

[410] A/51/542, para. 56.

[411] E/CN.4/1998/6, para. 109.

den Staaten.[412] Amor schlägt demgegenüber vor, aus den Erkenntnissen sämtlicher SBE und speziellen Arbeitsgruppen von MRK bzw. Unterkommission einen Gesamtbericht über den positiven wie negativen Stand aller Menschenrechte in allen Ländern auszuarbeiten, auch um jedwede Selektivität zu vermeiden.[413] Damit könnten die bisherigen Unvollständigkeiten und sachlichen Verkürzungen in der Erfassung der Vorkommnisse und Berichterstattung vermieden und zugleich der soziale und politische Hintergrund jedes Landes verständlich gemacht werden.[414] Im Zusammenhang der geforderten verbesserten Zusammenarbeit auch der VN-Organe untereinander hebt der SBE die an ihn durch die MRK und die Hochkommissarin für Menschenrechte ergangene Einladung zur geplanten Weltkonferenz gegen Rassismus besonders hervor.[415]

---

[412] E/CN.4/Sub.2/1987/26, para. 205ff.

[413] „This systematic approach to human rights in all States would avoid any selectivity regarding States or combinations of circumstances and would therefore be fairer. The preparation of such a report would naturally depend on the availability of the necessary resources", E/CN.4/1998/6, para. 120.

[414] „The Special Rapporteur believes that a report systematically covering all States and all religions and beliefs would remedy the above-mentioned gaps and weaknesses. Such a report should contain an analysis on each State to ensure that the economic, social, cultural, civil and political context is taken into account in the examination of cases and situations of intolerance and discrimination." Damit werde der Tatsache begegnet, daß die bisher angewandte Methodik der Informationsübermittlung über Vorkommnisse einerseits sowie die Publizierung in den Berichten andererseits keinen Anspruch auf Vollständigkeit erheben könne. Insofern sollten die bisherigen Berichte „should be read solely in the limited context of his mandate and activities and in relation to the parameters described above". Der SBE sei sich einem gewissen „reductionist effect of this method" bewußt, A/53/279, para. 34ff.

[415] „In its resolution 1999/78 entitled ‚Racism, racial discrimination, xenophobia and related intolerance' the Commission on Human Rights requests the High Commissioner for Human Rights to invite the Special Rapporteur on religious intolerance to participate actively in the preparatory process and in the World Conference by initiating studies on action to combat incitement to hatred and religious intolerance. In resolution 1999/39 entitled ‚Implementation of the Declaration on the Elimination of All Forms of Intolerance and of Discrimination Based on Religion or Belief', the Special Rapporteur is invited to contribute effectively to the preparatory process for the World Conference and to forward to the High Commissioner his recommendations on religious intolerance which have a bearing on the World Conference (para. 7). Lastly, in resolution 1999/82 entitled ‚Defamation of religions', the Commission, expressing concern at any use of the print, audiovisual or electronic media or any other means to incite acts of violence, xenophobia or related intolerance and discrimination towards Islam or any other religion (para. 3), calls upon the Special Rapporteurs on religious intolerance and on racism, racial discrimination, xenophobia and related intolerance to take into account the provisions of the resolution when reporting to the Commission (para. 6)." In diesem Zusammenhang habe der SBE Studien über das „Image of religious minorities in the media" sowie über „Into-

e) Eigenbewertungen

Über die dargelegten Empfehlungen hinaus kommen die SBE schließlich selbst zu eigenen Bewertungen der Effizienz ihrer Einrichtung sowie der Vorkommnisse im Laufe der Zeit. So ist ihnen seit Beginn bewußt, daß der Schutz der Religionsfreiheit ein „delicate, long-term undertaking" darstellt.[416] Andererseits gestehen die SBE zu, daß sie die „dynamic nature" ihres Mandats zu erkennen und entfalten wußten, was sich – wie schon dargelegt – in der Ausdehnung ihrer Aktivitäten und Ausdifferenzierung ihrer Arbeitsweisen widerspiegelt.[417] Dies wird durch eine nach dem Ende des Ost-West-Konflikts allgemein festzustellende Expansion der VN-Menschenrechtspolitik und -mechanismen gerechtfertigt.[418]

Nach Ansicht Amors ist auch die Mitwirkung der Staaten stetig besser geworden. So hätten sich sogar Länder mit anfänglich starken Vorbehalten, wie Saudi-Arabien – welches 1994 in den „implicite accusations" des SBE einen „new ‚crusade'" und Rassismus vermutete und die „so-called reports" als falsch und beleidigend zurückwies[419] – und der Sudan einer Kooperation nicht mehr verschlossen. In diesen und ähnlichen Fällen habe die deutliche Kritik der SBE Wirkung gezeigt.[420] Sowohl die Staaten als auch NRO und andere hätten durch Kooperation und Mitwirkung zur Erfüllung des Mandats des SBE zu religiöser Intoleranz beigetragen. Nun forme sich eine „truly international public opinion (...) in favour of containing and combating all forms of intolerance and of discrimination based on religion or belief".[421] In seinem Bericht von 1997 an die MRK stellt der SBE fest: „The mandate on religious intolerance is today on an upswing as the questions under consideration, the States concerned and the visits made all multiply. It is essential to encourage and sustain this upswing, for the benefit of human rights in general and religious freedom and tolerance in particular".[422] Andererseits sei es insbesondere nach dem Ende des Ost-West-

---

lerance against ethno-religious communities: identification and measures" empfohlen, E/CN.4/2000/65, para. 108.

[416] E/CN.4/1989/44, para. 103.

[417] E/CN.4/1993/62, para. 9ff.

[418] A/50/440, para. 16.

[419] E/CN.4/1994/79, para. 32f.

[420] Auch der Sudan warf dem SBE 1994 vor, fortgesetzt absurde Beschuldigungen von feindlichen Quellen zu wiederholen, die erwiesenermaßen falsch und gotteslästerlich seien, E/CN.4/1994/79, para. 75ff.

[421] A/51/542, para. 57ff.

[422] E/CN.4/1997/91, para. 106.

Konflikts lediglich zu einem „limited progress" im Hinblick auf den Schutz der Religionsfreiheit gekommen. Verletzungen fänden weiterhin in allen Formen und weltweit statt. Vor allem befinde sich religiöser Extremismus im Aufstieg. Insbesondere Frauen und Angehörige religiöser Minderheiten hätten darunter zu leiden.[423] Grundsätzlich sei ein besseres Verständnis der Religionsfreiheit in den Staaten vonnöten.[424]

Insofern fällt die Bilanz der SBE im Hinblick auf die Effizienz und Erfolge ihrer Einrichtung zwiespältig aus. Anläßlich des im Jahr 2001 bevorstehenden zwanzigjährigen Jahrestages der Verabschiedung der Deklaration von 1981 appelliert der SBE noch einmal an die Verantwortung der Staaten: Dieser Jahrestag kann und muß einem neuen Anlauf zur Implementierung der Bestimmungen der Deklaration von 1981 dienen.[425]

5. Kritische Würdigung

Die Berichte der SBE zu religiöser Intoleranz geben einen eindrücklichen und hinsichtlich grundlegender Entwicklungen umfassenden Einblick über aktuelle Probleme religiöser Intoleranz und Diskriminierung in allen denkbaren Formen in aller Welt sowie über die zugrundeliegenden Ursachen. Mit ihren daraufhin formulierten Empfehlungen sprechen die SBE zentrale Aspekte der Gesamtproblematik an. Hinsichtlich aller drei Bereiche – Vorkommnis- sowie Ursachenfeststellungen und Empfehlungen – sind im Laufe der Zeit Veränderungen festzustellen, die eine faktische Ausdehnung des Mandats und Ausfächerung bzw. Ausdifferenzierung seiner Aktivitäten und Arbeitsweisen bedeuten. Im folgenden der vorliegenden Arbeit ist deshalb die Einrichtung der SBE zu religiöser Intoleranz anhand ihrer Berichterstattung hinsichtlich des Mandats im Rahmen der Menschenrechtspolitik der Vereinten Nationen kritisch zu würdigen.

---

[423] A/54/386, para. 139.

[424] A/53/279, para. 92. Hier beruft sich Amor auf Ausführungen Theodoor van Bovens: „What is at stake in the promotion and protection of religious liberty is not the search for objective truth but the enhancement of respect for the subjective rights of individuals or groups of individuals and communities. On the basis of this understanding the measures of implementation, at a national and international level, should focus on the promotion of constructive dialogue between religious communities themselves and between these communities and the public authorities in a spirit of tolerance and respect", zitiert in E/CN.4/2000/65, para. 180.

[425] E/CN.4/2000/65, para. 183.

Die Einrichtung thematischer SBE durch die MRK bzw. Unterkommission erschien ursprünglich gegenüber länderspezifischen SBE als ein für die betroffenen Staaten geringeres Übel und somit als ein Kompromiß.[426] Die tatsächliche
Entwicklung kann demgegenüber als für die Staaten insofern unbefriedigend
gelten, als daß sich deren diesbezügliche Erwartungen hinsichtlich einer entsprechend vergleichweise harmlosen, im Sinne von unkritischen und Einzelfälle
übergehenden, Positionierung der thematischen SBE als falsch erwiesen. So
stößt auch deren Tätigkeit, hier die der SBE zu religiöser Intoleranz, auf Arg-
wohn und Gegenwehr der Staaten. Andererseits unterstreicht die Kritik auch
rechtsstaatlich verfaßter Staaten die „durchaus beachtliche politische Wirkung
dieses MRK-Instruments".[427] Insgesamt erweisen sich die Staaten in Reaktion
auf ihnen entgegengebrachte Vorwürfe als sehr empfindlich. Dies gilt auch für
die im Bewußtsein der Staaten „inzwischen (...) nicht mehr hinwegzudenkende
politische Warn- und Kontrollfunktion" der MRK selbst.[428] Andererseits agiert
diese – wie dargelegt – nicht in einem politischen Vakuum, sondern ist wiederum von den Staaten selbst abhängig.[429]

Sowohl gegenüber der MRK bzw. den in dieser vertretenen Staaten als Auf-
traggeber als auch gegenüber der Gesamtheit der Staaten, mit denen die SBE im
Zuge ihrer Mandatserfüllung zu tun hatten – und dies waren fast sämtliche
Staaten der Erde – gewann die Einrichtung der SBE zunehmend an Gewicht und
Bedeutung. Dies zeigt sich vor allem daran, daß Form und Inhalt der Berichterstattung zunehmend weniger von Vorsicht gegenüber den Staaten geprägt waren, sondern vielmehr an Deutlichkeit und Differenzierung gegenüber verschiedenen Vorkommnissen wie Staaten gewannen.[430] Dafür mußten die SBE auch
Kritik entgegennehmen bzw. mit einer – ebenfalls zunehmend deutlicheren und

---

[426] Vgl. Abschnitt III.1. der vorliegenden Untersuchung.

[427] Schaefer 1998, 76, nach dem sich dem so erzeugten „kontinuierlichen außenpolitischen
Druck" Regierungen im besten Falle durch Kooperation mit den MRK-Mechanismen zu
entziehen suchen, im schlechtesten Falle durch Angriffe auf diese selbst.

[428] Riedel 1998, 43f.

[429] Vgl. Schaefer 1998, 81.

[430] So hatten noch Benito mit wenigen Ausnahmen sowie Ribeiro in seinem ersten Bericht
generell auf die explizite Nennung der Staaten, in den Vorkommnisse von Menschenrechtsverletzungen gemeldet wurden, verzichtet. Nach Tahzib 1996, 202, mag die Tatsache, daß sich die 5 Staaten, die gegen die Einrichtung eines SBE zu religiöser Intoleranz
votiert hatten hatten, der ersten Verlängerung des Mandats nicht widersetzten, davon be-
einflußt gewesen sein. Freilich begann dann doch Ribeiro ab seinem zweiten Bericht mit
der expliziten Nennung von Namen.

selbstsicheren – klärenden und rechtfertigenden Eigenpositionierung – unter Hinweis auf die vom Mandat vorgegebene Unabhängigkeit – antworten. Doch ergab sich so auch hinsichtlich des eigenen Selbstverständnisses der SBE[431] eine zunehmend stärkere Betonung der Bedeutung ihrer Einrichtung. Zum ursprünglichen Mandat hinzu traten dabei noch weitere Res. der MRK oder GV, die zur Festigung der Einrichtung der SBE von diesen selbst angeführt wurden. Insofern profitierten die SBE von der allgemein festzustellenden Expansion der VN-Menschenrechtspolitik insbesondere nach dem Ende des Ost-West-Konflikts.[432] Die SBE interpretierten das ihnen erteilte Mandat zunehmend extensiver. Da offensichtlich trotz aller Kritik kein Staat dieser Entwicklung Einhalt gebieten konnte, mußte umgekehrt die Einrichtung der SBE gegenüber den Staaten an Bedeutung und Eigengewicht gewinnen – eine Tatsache, die umso wichtiger erscheint, als sie sich gerade auf die Staaten sowohl als Betroffene hinsichtlich berichteter Vorkommnisse als auch als Mitglieder der MRK und damit der rechtlichen Legitimationsbasis der Einrichtung der SBE bezieht. Tatsächlich akzeptierten die Staaten zunehmend die Rolle der SBE und seiner Aktivitäten und Arbeitsweisen, indem sie sich einer Kooperation bzw. einem Dialog mit diesen nicht bzw. nicht dauernd verweigerten.[433] Diese Entwicklungen zeigen, daß es den SBE darüberhinaus gelang, sich mit ihrer Einrichtung keineswegs mehr nur an ihre vom Mandat vorgegebenen eigentlichen Adressaten, die sie zugleich allein rechtlich legitimierten – d.h. die MRK bzw. die Staaten in ihr – zu wenden.

---

[431] Vgl. Abschnitt III.2. der vorliegenden Untersuchung.

[432] Einen Einblick in die grundsätzliche Problematik der menschenrechtspolitischen Tätigkeit gegenüber den Staaten boten im Frühjahr 1982, also nur wenige Monate nach der Verabschiedung der Deklaration von 1981, die Vorgänge um Theodoor van Boven als Direktor der VN-Menschenrechtsabteilung auf der 38. Tagung der MRK. Boven sah sich aufgrund seiner deutlichen Aussagen zu Menschenrechtsverletzungen in namentlich benannten Staaten und gegenüber der MRK starker Kritik der Staaten ausgesetzt, die zu seinem Ausscheiden „aufgrund tiefgehender politischer Differenzen mit der Führung der Organisation" führte, so Laitenberger 1982, 141f. In Folge ergaben sich ähnliche Schwierigkeiten mit der Unterkommission, die nicht aus Staatenvertretern sondern unabhängigen Experten besteht und der aus der MRK selbst Vorwürfe über vermeintliche inhaltliche und verbale Kompetenzüberschreitungen entgegengebracht wurden, vgl. Laitenberger 1985, 26f. Nach einem finanziell begründeten Ausfall der Tagung der Unterkommission im Jahr 1986 war 1987 eine zunehmende Politisierung und Emotionalisierung festzustellen. Zudem weigerte sich die MRK, dem Wunsch der Unterkommission nachzukommen, deren Mandat auf die Behandlung der Menschenrechtspolitik insgesamt auszudehnen, vgl. Laitenberger 1988, 27f.

[433] So war etwa der 1985 ernannte SBE der Unterkommission zum Thema Menschenrechte und Jugend jahrelang in seiner Heimat in Rumänien in faktischem Hausarrest festgehalten worden, vgl. Palm-Risse 1989, 208f.

Vielmehr wandten sie sich darüberhinaus – unter der von den Staaten akzeptierten und darum faktisch zugestandenen Ausdehnung des Mandats – auch an
die gesellschaftliche Öffentlichkeit, an deren ‚Gewissen' sie appellierten. Somit
konnten die SBE ihre rechtliche Legitimationsbasis und die davon also zunächst
vorgegebene, eng gefaßte, Wirkungsbasis um eine moralische Dimension erweitern. Die SBE konnten mit der ihnen explizit wie implizit zugestandenen
rechtlichen wie moralischen Legitimation nicht nur gegenüber den Staaten auftreten, sondern sogar auch zur inhaltlichen Ausgestaltung der Religionsfreiheit
selbst beitragen.[434] Zudem ist noch das Anliegen des Mandats durch die Aufnahme der zusätzlichen jährlichen Berichte seit 1995 an die GV auch offensichtlich aufgewertet worden.[435]

Damit kann die Einrichtung der SBE zu religiöser Intoleranz als Beispiel für
grundlegende Tendenzen der Menschenrechtspolitik und -verrechtlichung in
einem kleinen, aber doch besonderen, Bereich in den Vereinten Nationen gelten.
Erst durch den modernen demokratischen Verfassungsstaat konnte das Grund-
problem der Freiheitsbedrohung wie -garantie aufgelöst werden, indem durch
jenen nicht mehr bloße widerrufbare Toleranzen aus eigenem Ermessen gewährt, sondern Menschenrechte garantiert wurden, die sich jedoch selbst nicht
im Staat, sondern in der Würde jedes einzelnen Menschen begründeten. Der
demokratische Verfassungsstaat steht zugleich in der internationalen Gemeinschaft: So sind die VN der erste weltweit gelungene Versuch der auf dem Völkerrecht gegründeten dauerhaften Institutionalisierung der Staatenzusammenar-
beit. Durch die VN wurde die internationale Politik auf das Völkerrecht hinori-
entiert. In diesem Sinne kann von einer sich selbst verstärkenden Tendenz der
Entwicklung gesprochen werden. Zum Friedensziel des Völkerrechts der „UNO-
Ära"[436] werden vor allem die Menschenrechte als unabtrennbar gezählt.[437] Die
Einrichtung der SBE zu religiöser Intoleranz spiegelt diese grundlegenden Tendenzen in vielem wider und berechtigt deshalb zu begründeten Vermutungen
über eine Fortentwicklung der Menschenrechte auf der universalen Ebene der
VN. So stellt sich die Einrichtung der SBE wie die MRK und die VN insgesamt

---

[434] Vgl. Nowak 1989, 329.

[435] Vgl. Amor 1997, 15f., der zudem durch „immer präzisere" Res. der GV und MRK eine
neue Geisteshaltung verkörpert sieht, die mit einer immer engeren Zusammenarbeit des
SBE mit den Staaten einhergehe.

[436] Kimminich 1997, 164. Diese Bezeichnungen scheinen die Bedeutung der VN für das
moderne Völkerrecht zutreffend wiederzugeben.

[437] Vgl. Abschnitte II.1. und 2. der vorliegenden Untersuchung.

zunehmend als eigener Akteur dar. Nach dem Zweiten Weltkrieg und verstärkt nach dem Ende des Ost-West-Konflikts kann jedenfalls eine noch zunehmende, grundlegende Bedeutung der VN für den universalen Menschenrechtsschutz festgestellt werden.

Freilich üben die Staaten in der internationalen Politik auch weiterhin den bestimmenden politischen Einfluß aus. Dementsprechend stoßen doch auch die SBE zu religiöser Intoleranz an Grenzen, die ihnen durch die Staaten in der MRK gesetzt wurden, und die somit in ihrem Mandat selbst angelegt sind. So nehmen die SBE von dem ursprünglichen Vorhaben der Schaffung eines neuen internationalen Übereinkommens zur Implementierung der Deklaration von 1981 zunehmend Abstand, da sich ein solches aufgrund der Positionen der Staaten nicht sinnvoll durchsetzen ließe.[438] Damit verschiebt sich zugleich die Perspektive der SBE vom Ausgangspunkt der direkten Bezugnahme auf die Implementierung der Bestimmungen der Deklaration hin zu einem erweiterten Verständnis der Implementierung der Religionsfreiheit sowie der Beseitigung von religiöser Intoleranz und Diskriminierung – die freilich jedoch immer noch den Bestimmungen der Deklaration zugeordnet wurden.[439] Weiterhin mußten sich die SBE trotz der wiederholten Mandatsverlängerung durch die Staaten und ihres – wie dargelegt – eigenen zunehmend offenen Auftretens gegenüber diesen offiziell immer noch auf die – zunehmend durch die Praxis als Fiktion erscheinende – Versicherung stützen, daß die ihnen berichteten und den Staaten übermittelten sogenannten allegations nicht als accusations ihrer eigenen Einrichtung aufzufassen seien. Freilich ging aus den Berichten hervor, daß trotz dieser gegenteiligen Äußerung die an die Staaten scheinbar neutral übermittelten Vorkommnisse mit der Bitte um Erwiderung grundsätzlich als glaubwürdige Berichte – entsprechend des Auftrags – über tatsächliche Verletzungen begriffen

---

[438] Entsprechend bemerkt Dickson 1995, 351, zum, sich schon als Kompromiß ansehenden, Vorschlag Bovens hinsichtlich einer längerfristigen Lösung in Form einer sämtliche VN-Menschenrechtsübereinkommen umfassenden Implementationsmaschinerie: „This view has gone into the melting-pot of suggestions and ideas, out of which, as yet, no further product has emerged. For the time being the emphasis continues to lie on the process of documenting abuses and ‚embarassing‘ the governments responsible into taking some remedial action." Lerner 1996, 123ff., stellt fest: „There is no reference at all to the question of a convention" in den VN.

[439] Ohne dies in seinen Berichten an die MRK oder GV deutlich zu machen, benötigte die Religionsfreiheit nach Aussage Amors heute keine neuen Rechtsdokumente oder Regeln mehr. Vielmehr gelte sie absolut. Die grundsätzlich zulässige Einschränkung des Rechts auf Glaubensäußerung dürfe nicht unter dem Deckmantel der Religionsfreiheit geschehen, vgl. Verfaillie 1998, 4.

wurden. Diese Fiktion bzw. die Spannung zwischen dem mit Rücksicht auf die Staaten formulierten Mandat und den übermittelten Vorkommnissen und in großen Teilen offensichtlichen Verletzungen der Religionsfreiheit und anderer Menschenrechte sowie auch augenscheinlichen Lügen und Wahrheitsverdrehungen der Verletzerstaaten konnte bis heute nicht aufgelöst werden. Schließlich wurde von den SBE aus den eigenen Ursachenfeststellungen und Empfehlungen – freilich mit Ausnahme der in situ visit-Berichte – auch nicht die Konsequenz einer expliziten Staatenzuordnung gezogen – insbesondere, wenn es um grundsätzliche Kritikpunkte und diesbezügliche Empfehlungen ging: Dies betraf vor allem die Anwendung bzw. Durchsetzung des Rechtsstaats- und Demokratieprinzips sowie die Trennung politischer und religiöser Institutionen. Hier schienen klarere Worte zu besonderen Staaten, offensichtlich eben aufgrund der erforderlichen Rücksichtnahme auf diese, nicht möglich. Ausnahmen stellten kurze Hinweise zu allerdings international geächteten Staaten, wie das Afghanistan der Taliban oder Ex-Jugoslawien, dar.

Freilich wird von den SBE selbst zugestanden, daß ihre Berichte keineswegs eine erschöpfende Darstellung sowohl der Vorkommnisse als auch der Ursachen religiöser Intoleranz und Diskriminierung leisten können.[440] Ebenso seien auch Beschränktheiten in der Methodik zu berücksichtigen.[441] Die Ergebnisse und Empfehlungen der SBE weisen schließlich auch gewisse Formelwiederholungen auf sowie zugleich das Problem wechselnder Systematisierungsversuche, deren Sinnhaftigkeit – angesichts des überblicks- bzw. ausschnitthaften Charakters der erlangten Informationen – in Teilen fraglich erscheint. Manchmal bleibt den SBE tatsächlich nur die wiederholte Anmahnung von eigentlich Selbstverständlichem, was freilich angesichts der Erforderlichkeit der Maßnahmen einerseits sowie der Machtverhältnisse andererseits um so nötiger erschien.[442] Diese Probleme rühren wiederum vor allem aus den von den Staaten gesetzten Bedingtheiten der Einrichtung her: So leiden die SBE unmittelbar unter der finanziellen Krise der VN, die wiederum vor allem staatenpolitisch bedingt war und haben mit einer angesichts ihrer Aufgaben entsprechend unzureichenden Ressourcenausstattung zu arbeiten. Vor allem aber sind die SBE mit ihren Hauptinstrumenten, den Staatenkommunikationen und -besuchen sowie deren Auswertun-

---

[440] Vgl. Amor 1997, 16.
[441] Vgl. Amor 1998b, 95f.
[442] Vgl. Kimminich 1990, 143, hinsichtlich des Berichts von Theodor van Boven von 1989 an die Unterkommission.

gen, von der Kooperation bzw. insbesondere Informationsbereitschaft und vor allem -ehrlichkeit der Staaten abhängig. In diesem Sinne müssen Auswertungen der von den Staaten übersandten Antworten bzw. Beiträge insbesondere zu den von den SBE speziell durchgeführten Studien, wie etwa zu staatlicher Gesetzgebung sowie Erziehung in Schulen, immer vorläufig bleiben.

In diesem Zusammenhang muß nochmals auf den Unterschied von Mandat, Aktivitäten und Arbeitsweisen der SBE im Vergleich zum Menschenrechtsausschuß des Zivilpakts hingewiesen werden: Zwar benutzen beide mit den Staatenkommunikationen ein ähnlich erscheinendes Instrumentarium. Doch während es dem Menschenrechtsausschuß tatsächlich um die prüfende Behandlung und Heilung von schwerwiegenden Einzelfällen geht, sammeln die SBE lediglich Informationen, zu denen sie lediglich eine Stellungnahme der Staaten erbitten und die sie der MRK bzw. GV berichten. Hierbei geht es also anders als im Falle des Zivilpakts nicht um individuelle Opferhilfe und deren bestenfalls gerichtliche Durchsetzung, sondern um die Information der menschenrechtspolitischen VN-Gremien MRK und GV und um die Ausübung von politischem bzw. öffentlich-moralischem Druck durch diese auf die Staaten – womit die Beilegung der Bezeichnung Implementierung zu Titel und Mandat der SBE die eigentliche Bedeutung von Implementierung vom herkömmlichen Verständnis löst und erweitert, freilich um den Preis gewisser Unklarheiten.[443] In diesem Sinne ist die Frage, ob die SBE direkten Einfluß auf die Verhinderung bzw. Beseitigung von Verletzungen der Religionsfreiheit oder religiösen Konflikten genommen haben, sehr schwer zu beantworten. Zum mindesten kann gesagt werden, daß ohne die Existenz von VN, MRK und SBE jene Probleme weit weniger bekannt sein und deshalb noch umso eher verstärkt auftreten dürften. Gegenüber der Gesamtheit der in unterschiedlichem Ausmaß auftretenden Vorkommnisse – welches selbst zwiespältig bewertet wird[444] – kann freilich kein direkter Einfluß der SBE angenommen werden.

---

[443] Vgl. Tomuschat 1995a, 626f., Tahzib 1996, 212. Dickson 1990, 353, beklagt die Beschränktheit der „enforcement powers" der SBE und verwischt so die grundsätzlichen Unterschiede. Demgegenüber stellt Evans 1997, 247, fest: „Although the reports are described as being concerned with the ‚implementation' of the Declaration, the Special Rapporteur is not an agent of enforcement."

[444] Vgl. Abschnitt III.4.e) der vorliegenden Untersuchung. Boyle/Sheen 1997, 11f., verweisen auf die Ambivalenz der Ergebnisse, die der SBE in einem eher pessimistischen Licht sehe.

Streng nach der Definition genommen arbeiten die SBE also nicht oder nur zum geringeren Teil mit verifizierten Informationen sowohl hinsichtlich der Individuen oder Gruppen, die ihnen Verletzungen berichten als auch hinsichtlich der Staaten, die ihnen Antworten auf die ihnen übermittelten Berichte zukommen lassen. Die SBE gehen zwar in allgemeinen Formulierungen, nicht jedoch in konkreten Fällen auf die Wahrheitsproblematik bezüglich spezieller Informationen bzw. Staaten konkret ein – freilich kommen entsprechende Feststellungen, Erkenntnisse und Wertungen in den Berichten implizit zum Ausdruck und werden durch die Reaktionen der Staaten zumeist bestätigt. Die SBE sehen deshalb völlig zutreffend keinen Grund, Umfang und Inhalt ihrer Feststellungen, Erkenntnisse und Wertungen gering zu achten – im Gegenteil: gerade die Staatenantworten ermöglichen es ihm, so der SBE selbst, „to go on to form an authoritative opinion on the situation in a given country with respect to religious freedom".[445] Dieser Ansicht kann zugestimmt werden: Die Erkenntnisse und Empfehlungen der SBE zu religiöser Intoleranz in ihrer weltweiten und inhaltlich reichen Perspektive bieten mehr als ausreichend Gewicht, um aus ihnen Schlußfolgerungen im Hinblick auf die besondere Bedeutung von Religionsfreiheit und religiöser Verständigung für eine Weltfriedensordnung nach dem Ost-West-Konflikt zu ziehen.[446]

---

[445] A/51/542, para. 57.

[446] Entsprechend faßt Dickson 1995, 349f., zusammen: „The reports are a rich, if depressing, repository of information concerning the state of religious liberties in many named countries worldwide. They document the dialogue between the Rapporteur and the governments concerned and present helpful conclusions and recommendations."

IV. RELIGIONSFREIHEIT UND RELIGIÖSE VERSTÄNDIGUNG NACH DEM OST-WEST-KONFLIKT

1. Kampf der Kulturen in der neuen Weltordnung?

Aus den Erkenntnissen und Empfehlungen der SBE sollen im folgenden Schlußfolgerungen im Hinblick auf die besondere Bedeutung von Religionsfreiheit und
religiöser Verständigung für eine Weltfriedensordnung nach dem Ost-West-
Konflikt gezogen werden. Dies geschieht angesichts der vieldiskutierten Annahme des US-amerikanischen Politikwissenschaftlers Samuel Huntington über
einen sogenannten Zusammenprall oder gar Kampf der Kulturen als dem vermeintlichen Grundmuster von Kohärenz und Konflikt nach dem Ost-West-
Konflikt: aufgrund vorgeblich unüberbrückbarer kultureller und religiöser Unterschiede zwischen den Völkern sowie fehlender Universalismen. Diese wesentlichen Annahmen Huntingtons[447] werden vor dem Hintergrund der Benen-
nungs- und Erklärungsversuche für den neuen Zeitabschnitt der internationalen
Politik nach dem Ost-West-Konflikt dargelegt. Daraufhin sind die Annahmen
Huntingtons mit den Erkenntnissen der SBE zu kontrastieren. Aus den Ergebnissen können Schlußfolgerungen für die besondere Bedeutung von Religionsfreiheit und religiöser Verständigung für eine auf dem Völkerrecht der „UNO-
Ära"[448] gegründeten Weltfriedensordnung nach dem Ost-West-Konflikt gezogen
werden. Im Hinblick auf diesbezüglich zu ziehende Konsequenzen für die Gestaltung politischer und sozialer Ordnung sind zuletzt einige Empfehlungen der
SBE hervorzuheben.

Nach dem Ende des Ost-West-Konflikts dauern Versuche der Benennung und
Erklärung des offensichtlich neu angebrochenen Zeitabschnitts der internationalen Politik an. Eine anfängliche Euphorie über eine nunmehr zu erwartende

---

[447] Erstmals Huntington 1993, dann ausgeführt in Huntington 1996. In der vorliegenden Arbeit wird die Ausgabe Huntington 1998 verwendet, hier zum Verständnis- und Übersetz-
zungsproblem der Termini „civilization", „culture", „Zivilisation" und „Kultur" 14, 49ff.
Der deutsche Sprachgebrauch entspricht gerade nicht dem Englischen und Französischen.

[448] Kimminich 1997, 164.

friedliche „neue Weltordnung"[449] wich bald der Ernüchtung. Trotz einer fort-schreitender Demokratisierung in vielen Staaten[450] konnte ein „Ende der Ge-schichte"[451] im Hinblick auf einen historischen Sieg des demokratischen Verfas-sungsstaates doch nicht angenommen werden.[452] Vielmehr entluden sich neue oder bisher durch den Ost-West-Konflikt unterdrückte Konflikte.[453] Anstelle der VN[454] schienen lediglich die Staaten Einfluß auf die vermeintliche Anarchie der internationalen Politik zu nehmen.[455] Angesichts dessen erschien manchem so-gar die durch den Ost-West-Konflikt erzwungene Ordnung der internationalen Politik gegenüber dem Neuen vermissenswert.[456] Vor diesem Hintergrund sorg-

---

[449] So der damalige US-Präsident George Bush in einer Rede vor dem US-Kongreß zum Ende des Golfkrieges am 6. März 1991, auszugsweise abgedruckt in: Europa-Archiv 9, 1991, S. D 218-D 220. Die euphorischen Erwartungen schlugen sich direkt in den Ver-lautbarungen der VN-Generalsekretäre wider: So spricht Pérez de Cuéllar 1991, 196ff., von einer „Renaissance der Vereinten Nationen", euphorisch auch Boutros-Ghali 1992, 193ff. Einen Überblick über die Vorgänge in der internationalen Politik bieten Schöllgen 1996, 390ff. und mit theoretischen Einordnungen Hubel 1999, 595ff.

[450] Nach Czempiel 1993, 113, können die Konsequenzen, die sich aus der weltweiten „Welle der Demokratie" und damit verbunden Verwirklichung der Menschenrechte für die Weltpolitik sowie ihre Theoretisierung ergeben, „nicht hoch genug veranschlagt" wer-den.

[451] Fukuyama 1992. Auch hier waren in die Titel zugrundeliegender Aufsätze noch Frage-zeichen eingefügt, vgl. Pesch 1997, 12. Fern eines Fukuyama verschiedentlich vorgewor-fenen Geschichtsoptimismus kann doch die zugrundeliegende Annahme, die den demo-kratischen Verfassungsstaat durch die historische Entwicklung zum krönenden Abschluß menschlicher Entwicklung erhebt, nicht so einfach verworfen werden. Allerdings hat Fukuyama seine Ansicht mit Hinweis darauf korrigiert, daß für die naturwissenschaft-lich-technischen Entwicklungen mit ihrem Einfluß auf den Verlauf der menschlichen Ge-schichte kein Ende angenommen werden könne, vgl. Fukuyama 1999, 11. Eine äußerst anregende Gegenbeschreibung findet sich bei Guéhenno 1994, der in einer zunehmend entgrenzten Welt, geprägt allein durch eine Diffusion politischer und rechtlicher Verant-wortlichkeiten und Bindungen, „das Ende der Demokratie" erwarten läßt.

[452] Vgl. Opitz 1995, 15ff.

[453] Vgl. Singer/Wildavsky 1993, die Friedens- und Konfliktzonen in der neuen Weltordnung unterscheiden, die vor allem der inneren Verfaßtheiten der Staaten, d.h. dem Grad an Demokratie sowie Entwicklung, entsprechen.

[454] So spricht Czempiel 1993, 160, davon, daß „die Renaissance des Krieges als Mittel der politischen Auseinandersetzung in der Dritten Welt (...) nur vermieden werden (kann), wenn die globale Organisation der Vereinten Nationen und regionale Organisationen sich auf die Gewaltvorbeugung konzentrieren und mit aller Kraft den gewaltfreien Kon-fliktaustrag sicherstellen".

[455] Vgl. Link 1998, 108ff., 127ff.

[456] Vgl. Mearsheimer 1994, 44ff. Die von Mearsheimer genannte Annahme John Lewis Gaddis, daß der Ost-West-Konflikt eines Tages als der Lange Friede erinnert werden könnte, hätte freilich – was nicht unmöglich erscheint – das Vergessen des menschenver-achtenden Sowjettotalitarismus zur Voraussetzung.

ten die Thesen Samuel Huntingtons wie keine anderen für anhaltende und erregte Diskussionen.

Danach werde die Welt des 21. Jahrhunderts von einem „Clash of Civilizations", also von Zusammenprall und Auseinandersetzung verschiedener Kulturkreise geprägt sein: „Kultur und die Identität von Kulturen, auf höchster Ebene also die Identität von Kulturkreisen, prägen heute, in der Welt nach dem Ost-West-Konflikt, die Muster von Kohärenz, Desintegration und Konflikt."[457] Die Kulturkreise seien in dem Sinne in sich geschlossen, daß ihre einzelnen Bestandteile nur in bezug auf die Gesamtkultur verstanden werden können.[458] Kulturen und Kulturkreise, also Zivilisationen, umfaßten die gesamte Lebensweise eines Volkes mit Werten, Normen, Institutionen, Denkweisen und Gesellschaftsstrukturen sowie vor allem der Sprache – und in besonderer Weise der Religion[459]: „Von allen objektiven Elementen, die eine Kultur definieren, ist jedoch das wichtigste für gewöhnlich die Religion (...). In ganz hohem Maße identifiziert man die großen Kulturen der Menschheitsgeschichte mit den großen Religionen der Welt; und Menschen, die Ethnizität und Sprache miteinander teilen, sind fähig (...) einander abzuschlachten, weil sie an verschiedene Götter glauben."[460] In der modernen Welt sei, so Huntington, Religion „eine zentrale,

---

[457] Dies stellt nach Huntington 1998, 19, selbst das „zentrale Thema" bzw. die „Hauptaussage" seines Buches dar.

[458] Vgl. Huntington 1998, 53.

[459] Vgl. Huntington 1998, 54, der wiederholt: „Ein Kulturkreis ist demnach die höchste kulturelle Gruppierung von Menschen unterhalb der Ebene, die den Menschen von anderen Lebewesen unterscheidet. Sie definiert sich sowohl durch gemeinsame objektive Elemente wie Sprache, Geschichte, Religion, Sitten, Institutionen als auch durch die subjektive Identifikation der Menschen mit ihr." Dagegen bleibt Huntington 1998, 51ff., hinsichtlich der Bedeutung der Rassenzugehörigkeit unklar: Zwar entspreche die Zugehörigkeit der Menschen zu Rassen signifikant der zu Kulturkreisen, doch sei ihre Bedeutung in Beziehung zu den anderen Aspekten geringer. Dazu wird andererseits von Huntington am Beispiel der antiken Griechen „Blut", also Familien- und Stammesabstammung, genannt.

[460] Huntington 1998, 52. Demgegenüber zeigt sich Müller 1999, 10, über die der Religion zukommende Bedeutung erstaunt. Huntington schiebe die „Säkularisierungstendenzen in vielen Teilen der Welt" bzw. „‚Entgottung' der modernen Gesellschaften" beiseite. Müller zeigt ein offensichtliches Unverständnis, wenn er, Huntington referierend, von religiösem Fundamentalismus spricht – den Huntington hinsichtlich der Kulturbestimmung gar nicht annimmt – und somit Religion mit religiösem Fundamentalismus gleichsetzt. Freilich hat nach Huntington 1998, 89ff., das globale Wiedererstarken von Religionen im ausgehenden 20. Jh. sowohl eine Intensivierung des religiösen Bewußtseins wie auch einen Aufstieg fundamentalistischer Bewegungen gebracht.

vielleicht sogar die zentrale Kraft, welche die Menschen motiviert und mobilisiert".[461]

Freilich stellten die Kulturkreise kulturelle, nicht politische Größen dar. Ihre politische Zusammensetzung variiere.[462] In der auf kulturellen Werten basierenden Weltordnung gruppierten sich die Länder eines Kulturkreises zumeist um „Führungs- oder Kernstaaten". Es gebe keine universale Kultur – globale Politik sei vielmehr erstmals in der Geschichte „sowohl multipolar als auch multikulturell".[463] Huntington unterscheidet Verwestlichung und Modernisierung[464]: „Wirtschaftliche und soziale Modernisierung erzeugt weder eine universale Kultur irgendeiner Art noch die Verwestlichung nichtwestlicher Gesellschaften". Gerade die universalistischen Anspüche des Westens brächten diesen zunehmend in Konflikt vor allem mit dem islamischen und chinesischen Kulturkreis. Zur Vermeidung eines weltweiten Kampfs der Kulturen müsse der Westen akzeptieren, daß seine „Kultur einzigartig, aber nicht universal ist". Eine globale Politik habe vielmehr „unterschiedliche kulturelle Wertvorstellungen" zu berücksichtigten.[465] Zwar besitzen nach Huntington alle Menschen einige gemein-

---

[461] Huntington 1998, 93, der freilich im folgenden die „fundamentaleren Spannungen der Menschheit nach Ethnizität, Religionen und Kulturkreisen" vermerkt und somit doch wiederum Religion und Ethnizität zusammenbringt. Auch Sullivan 1988, 508, sieht Religion als oftmals zentrales Element ethnischer Identität, ohne daß beides immer klar getrennt werden könne. Vgl. Opitz 1995, 18.

[462] Vgl. Huntington 1998, 54ff. Laubach-Hintermeier 1998, 90ff., sieht deshalb in den Thesen Huntingtons eine nach ihrer Ansicht erstaunliche Wiederauferstehung des realistischen Paradigmas. Müller 1999, 20ff., hält „die ‚Realisten'" implizit nicht für theoriefähig bzw. explizit zumindest für „unterkomplex". Der Realismus stehe damit insbesondere in den USA – wie die USA insgesamt – in einer manichäischen Weltauffassung und Politiktradition.

[463] Huntington 1998, 19. Zwar unterscheidet Huntington hier kulturelle und politische Ordnung, doch hat dies bei ihm in Folge keine unterscheidbaren Auswirkungen für das Verhalten der Staaten. So hat sich in Huntington 1999, I, wiederum die Perspektive von den Kulturen zu den Staaten verschoben: So „läßt sich nicht alles mit Kultur erklären" – sondern auch klassischerweise mit Macht.

[464] Vgl. Huntington 1998, 96ff.

[465] Huntington 1998, 19f. Insbesondere aufgrund Huntingtons Ablehnung universaler Werte mag sich die bisweilen scharfe Ablehnung seiner Thesen erklären. Zum Zusammenhang der seinerzeitigen Bedrohungsperzeption des Islam Schmidtke 1998, 357ff. Huntingtons Annahmen können jedoch sicherlich nicht wie durch Senghaas 1997, 1, als „fixe Idee" abgetan werden. Senghaas weist darauf hin, daß bei Huntington 1993 im Gegensatz zu Huntington 1996 noch ein Fragezeichen hinter dem Titel stand. Interessanterweise ist bei Senghaas 1997 selbst kein Fragezeichen hinter dem Titel der „fixen Idee" zu finden, während ein Fragezeichen hinter dem über jeder folgenden Seite befindlichen umgedrehten Titel erscheint. Problematisch erscheint auch eine vornehmliche Reduktion der

same fundamentale Werte und Institutionen, wie etwa die Bewertung von Mord als böse und die Existenz der Familie. Dieses stelle jedoch nur einen dünnen minimalen sittlichen Konsens dar und tauge nicht zur Erklärung der Geschichte. Nicht universal seien dagegen der westliche Glaube an Individualismus, Marktwirtschaft und politische Demokratie[466]: „Im ausgehenden 20. Jahrhundert dient das Konzept einer universalen Kultur dazu, die kulturelle Dominanz des Westens über andere Gesellschaften und die Notwendigkeit der Nachahmung westlicher Praktiken und Institutionen durch andere Gesellschaften zu rechtfertigen. Universalismus ist die Ideologie des Westens angesichts von Konfrontationen mit nichtwestlichen Kulturen."[467] Dazu zähle insbesondere ein oft so bezeichneter westlicher „Menschenrechts-Imperialismus", der auf der Wiener Weltmenschenrechtskonferenz vom Juni 1993 den erfolgreichen Widerstand „des asiatisch-islamischen Blocks" herausgefordert habe. Nach diesem müßten Menschenrechte im Kontext nationaler und regionaler Besonderheiten und unterschiedlicher historischer, religiöser und kultureller Hintergründe gesehen werden.[468]

Als wesentliche Annahmen Huntingtons können im Hinblick auf die Fragestellung der vorliegenden Untersuchung also wie folgt formuliert werden: Unüberbrückbare kulturelle und religiöse Unterschiede und diesbezüglich fehlende Universalismen erweisen entsprechende Vorstellungen wie vor allem Menschenrechte – und insbesondere Religionsfreiheit – als kulturell bedingt und also relativ. Die dagegenstehenden universalistischen Ansprüche des Westens bringen diesen zunehmend in Konflikt mit anderen Kulturkreisen, am gravierendsten mit dem Islam und China.[469]

Diese Annahmen sind im folgenden der vorliegenden Untersuchung mit den Erkenntnissen der SBE zu kontrastieren: Zuerst sind Art und Umfang von Verletzungen der Religionsfreiheit und religiösen Konflikten zu behandeln, wobei

---

Annahmen Huntingtons wie bei Müller 1999, 9ff., 16ff., 24ff., auf ein angeblich besonders in den USA ausgeprägtes Orientierungs- und Identitätsbedürfnis.

[466] Vgl. Huntington 1998, 76ff.

[467] Huntington 1998, 92, nach dem Menschen anderer Kulturkreise, die westliche Vorstellungen aufgenommen hätten, lediglich Ausnahmen und „intellektuelle Migranten" darstellten.

[468] Huntington 1998, 312ff.

[469] Entgegen Pieper 1998, 333, gibt es deshalb zwischen den Annahmen Huntingtons und dem Völkerrecht nicht nur „kleine Spannungsfelder". Vielmehr ist jenes nach Huntington genau zu den nicht verallgemeinerbaren westlichen Pseudo-Universalismen zu zählen.

auf Eigentümlichkeiten des Phänomens Religion selbst einzugehen ist.[470] Sodann ist die universale Geltung völkerrechtlicher Menschenrechtsnormierungen
zu klären.

2. Verletzungen der Religionsfreiheit und religiöse Konflikte als politische Problematik

Die Erkenntnisse der SBE[471] erweisen deutlich, daß Verletzungen der Religionsfreiheit und religiöse Konflikte in allen Formen und an allen Orten stattfinden.
Darüber hinaus sind ebenso Verletzungen weiterer Menschenrechte zu verzeich-
nen: Solche betreffen vor allem das Menschenrecht auf Leben und körperliche
Unversehrtheit, Meinungs- und Bewegungsfreiheit sowie Schutz vor willkürlicher Verhaftung und Folter. Beides trifft allerdings in besonderer Weise auf islamisch geprägte Staaten sowie China (Volksrepublik) zu, schließt aber keineswegs Staaten des von Huntington so bezeichneten westlichen und anderer Kulturkreise aus. Damit stellt sich die Frage, ob und wenn ja, inwiefern die von
Huntington angenommene zugrundeliegende kulturelle bzw. religiöse Prägung
hierfür verantwortlich gemacht werden kann.

Nach den Erkenntnissen der SBE erweisen sich grundsätzlich religiöse Vorstellungen – die die Kultur einer menschlichen Gemeinschaft unzweifelhaft mit-
prägen – als für Verletzungen der Religionsfreiheit und religiöse Konflikte in

---

[470] Dabei soll keineswegs in die Glaubenslehren der verschiedenen Religionen selbst einge-
drungen werden: Ein solches Unterfangen kann in der vorliegenden Untersuchung nicht
auch nur ansatzweise geleistet werden und erscheint gleichwohl als für deren Zwecke
auch nicht nötig. Allerdings ist die Frage aufzuwerfen, ob nicht ein oft praktiziertes
bloßes Zusammentragen religiöser Texte im Hinblick auf Menschenrechtsbegründungen
– oder gar entsprechenden Übereinstimmungen mit anderen Religionen – schon abgesehen von empirischen Unzulänglichkeiten auch nur theoretisch zulässig ist, da diese eben
für eine Religion nicht allein stehen. Vielmehr müßte eine Untersuchung einerseits der
institutionalisierten und traditionalisierten Glaubensgemeinschaft, andererseits eben der
religiösen Erfahrung der Gläubigen selbst hinzu treten. Letzteres ist freilich nur sehr begrenzt möglich. Somit müssen o.g. Versuche der Gefahr der Beliebigkeit anheimfallen,
vgl. verschiedene Beiträge in Witte/Vyver 1996, sehr sprunghaft Tergel 1998. Tahzib
1996, 14ff., führt diesbezüglich vor allem das Gegenseitigkeitsprinzip der Goldenen Regel in den von ihr untersuchten Religionen an. Abgesehen von der fragwürdigen Richtig-
keit dieser Aussage ist hierzu festzustellen, daß sich aus einer reinen Gegenseitigkeits-
festlegung kein Menschenrecht ergibt. Demgegenüber versucht Biser 1997, 7ff., eine
christlich inspirierte fundamentaltheologische Herangehensweise an Gemeinsamkeiten
der drei Buchreligionen hinsichtlich der Gestalt Jesus von Nazareth.

[471] Vgl. Abschnitt III.3.b) der vorliegenden Untersuchung.

besonderer Weise mitverantwortlich.[472] Dies jedoch kann auf verschiedene Arten geschehen. Ein besonderes Problem stellt hierbei vordergründig der jeder Religion eigene Wahrheitsanspruch dar, der von Staaten sowie extremistischen nicht- bzw. halbstaatlichen Gruppen explizit zur Rechtfertigung ihres Tuns angeführt wird.[473] Dieser Wahrheitsanspruch ist im Hinblick auf seine Bedeutung für und innerhalb einer religiösen Offenbarung, Erkenntnis oder Erfahrung[474] zu klären. Damit ist auf besondere Eigentümlichkeiten des Phänomens Religion aufgrund ihrer Begründung einzugehen.

Eine religiöse Offenbarung, Erkenntnis oder Erfahrung des Menschen verweist auf dessen Befähigung, als einziges Lebewesen mit dem die irdische Welt Überschreitenden, also Transzendenten, in Berührung zu kommen. Darin erfährt der Mensch seinen nicht noch einmal zu übersteigenden und in diesem Sinne letzten Sinngrund. An diesen fühlt sich der Mensch existentiell gebunden.[475] Insofern stellt dies für den Menschen eine Wahrheit dar, die der Beliebigkeit entzogen ist. Für die religiöse Wahrheit, ob offenbart, erkannt oder erfahren, wird nicht nur theoretische Bedeutung, sondern auch „Heilsbedeutung" beansprucht, die auch die Erfüllung „irdischer" Daseinsnotwendigkeiten beansprucht.[476] Religiöse Offenbarung, Erkenntnis oder Erfahrung ist jedem Menschen aufgrund seines Menschseins zugänglich. Insofern kann von einer Autonomie nicht nur in bezug auf den religiösen Akt, sondern auch im Hinblick auf den betreffenden einzelnen Menschen selbst gesprochen werden.[477] Der Einzelne steht mit seiner religiösen Offenbarung, Erkenntnis oder Erfahrung freilich zumeist in einer reli-

---

[472] Freilich bleibt immer eine – wie nach Erkenntnis der SBE mitunter schwierige, vgl. Abschnitte III.3.b) und c) der vorliegenden Untersuchung – differenzierte Bestimmung der komplexen Ursachen für jeden Einzelfall erforderlich. Insofern müssen sich kulturelle und sozio-ökonomische Aspekte als vermeintliche Basiskonflikte sowie die Rolle der Religion als gleichwie unabhängige, korrelative oder intervenierende Variable in verschiedenen Analysekonzepten, wie dargelegt bei Hasenclever/Rittberger, 1999, 2ff., eben gerade nicht grundsätzlich ausschließen.

[473] Vgl. Abschnitt III.3.c) der vorliegenden Untersuchung. Dies trifft insbesondere für die zahlreichen Fälle der Propagierung eines sogenannten islamischen Heiligen Krieges zu, vgl. demgegenüber Antes 1991, 44f.

[474] Zur dahinter stehenden Verschiedenheit der Möglichkeit religiöser Erfahrungen Splett 1988, 794ff.

[475] Vgl. Anzenbacher 1989, 28f. Damit soll nicht gesagt sein, daß jeder Mensch eine solche religiöse Offenbarung oder Erfahrung macht oder machen muß – hier geht es um die grundsätzliche Befähigung zu einer solchen.

[476] Schaeffler 1991, 200f.

[477] Vgl. Schaeffler 1991, 212f.

giösen Gemeinschaft. Diese kann bzw. soll auch wiederum der religiösen Vermittlung dienen, indem sie die Gemeinschaft der Gläubigen darstellt, sie kann
aber darüberhinaus auch selbst ein unabdingbares Element der religiösen Offenbarung, Erkenntnis oder Erfahrung darstellen.[478] Freilich bleibt festzustellen, daß
sich für jeden Menschen die religiöse Offenbarung, Erkenntnis oder Erfahrung
ändern oder auch überhaupt enden kann. Damit verläßt er, vielleicht auch nur
innerlich und ohne äußere Konsequenzen zu ziehen, den Kreis der Gemeinschaft
oder wandelt diese um.[479] In jedem Fall kommt als weiteres Problem die Unsicherheit hinzu, ob das vom Menschen ebenso wie von der Gemeinschaft als religiös offenbarte, erkannte oder erfahrene tatsächlich als wahr und richtig – auch
im Sinne der religiösen Offenbarung, Erkenntnis oder Erfahrung selbst – gelten
kann – oder ob es lediglich irreführender Schein ist.[480] Zuletzt kommt also wiederum nur dem Einzelnen selbst eine religiösen Offenbarung, Erkenntnis oder
Erfahrung einschließlich von deren Änderungen oder Beendigungen zu.[481] Diese
kann weder von außen vollständig erklärt noch über diese hinaus für andere ver-
allgemeinert werden.[482] Damit unterliegen auch inhaltliche Aussagen über Glau-
bensgüter grundsätzlich und im besonderen im Hinblick auf eine Glaubens-
bzw. Religionsgemeinschaft entsprechenden Einschränkungen.[483]

Aus dem Dargelegten folgt, daß schon aus Gründen der Religion selbst – und
noch ohne Betrachtung weiterer sozialer und anderer Verhaltensbedingungen –
eine Religionsgemeinschaft niemals vollkommen homogen und geschlossen im
Sinne eines allen gleichen Glaubens sein kann. Schon im religiösen Glauben be-
gründete Unterschiedlichkeiten werden freilich noch von weiteren, sozialen und
anderen menschlichen Verhaltensbedingungen, verstärkt. So ist in der menschlichen Geschichte Religion in unterschiedlichster Weise sowohl in individueller

---

[478] So im Verständnis der römisch-katholischen Theologie nach dem II. Vatikanischen Konzil, vgl. Ratzinger 1998, 153ff.

[479] Dazu stellt An-Na'im 1996, 339, völlig zutreffend fest: „As can be seen from the history
of every major religion, internal disagreement is essential for the rejuvenation of belief
and rectification of practice among its adherents."

[480] Vgl. Schaeffler 1991, 213ff.

[481] Vgl. Meier 1995, 17.

[482] Vgl. Splett 1988, 794f.

[483] Freilich ist die Vorstellung einer nach Schmidtke 1998, 365ff., sogenannten „Kontingenz
der Religion", d.h. der „Möglichkeit der selektiven individuellen Auswahl und Deutung
einzelner religiöser Tatbestände und deren Instrumentalisierung" abzulehnen, da so das
Phänomen einer Religion eben gerade nicht ernst genommen und folglich auch nicht gefaßt werden kann, sondern auf menschliche Willkür reduziert wird.

als auch kollektiver Hinsicht nicht nur, aber gerade auch mit Politik verbunden, zum einen aufgrund der von Religion selbst geforderter Erfüllung auch irdischer Daseinsnotwendigkeiten, zum anderen aufgrund der sozialen Bedeutung von Religion für menschliche Gemeinschaften.[484] Letzteres setzt insbesondere Religion und Ethnizität in eine bisweilen enge Verbindung.[485] Damit stellen Religion bzw. Religionen ein nicht wegzudenkendes Element menschlicher Kultur bzw. Kulturen im allgemeinen dar. Religionen wie Kulturen entbehren so zugleich jedem Monolithismus.[486] Vielmehr kann jede Religion in Glaubensrichtungen verschiedenster Art unterteilt werden. Diese sind weder im Innern homogen noch nach außen abgeschlossen, sondern unterliegen historischen Veränderungen: Religionen und Kulturen überlagern, verbinden und verändern sich zu allen Zeiten und Orten: „The boundaries between faith communities or those who differ within them are not always so impermeable as (...) suggested."[487]

Die Tatsache, daß jeder Mensch eigene religiöse Erfahrungen macht, kann nur zur Forderung der Religionsfreiheit für jeden Menschen schon aus Sicht von authentisch erfahrener Religion selbst führen. Der Versuch, religiöse Wahrheit mit weltlichen Zwangsmitteln durchzusetzen bzw. anderen aufzuzwingen, stellt eine religiöse Anmaßung dar. Vor diesem Hintergrund erscheint nicht der Wahrheitsanspruch einer Religion als solcher, sondern der Versuch seiner

---

[484] Vgl. Graf 1998, 319, der feststellt: „Weil in religiöser Sprache symbolisch ‚das Ganze' zum Thema gemacht wird, strukturiert sie implizit auch die soziale Ordnung insgesamt und das Verhältnis der verschiedenen Teilbereiche der Kultur" und fördert insofern Gemeinschaftsbildung.

[485] Vgl. Hasenclever/Rittberger 1999, 1. Nach Müller 1999, 73ff., wirken kulturelle Auseinandersetzungen vor allem „im Zusammenwirken mit einem bestehenden, gravierenden ethnischen Konflikt". Zudem stelle die große Mehrheit von Konflikten „ ‚interne' Konflikte um die Macht im Staate oder um Sezession dar". Vor allem politische und wirtschaftliche Diskriminierung ethnisch definierter Gruppen führe zu Konflikten. Dabei könne der kulturelle Faktor Konflikte, die auf anderen Bruchlinien beruhen, noch verschärfen. Johnston 1994, 3, stellt fest, daß die meisten der Konflikte nach den Ideologien des Ost-West-Konflikts „will derive from clashes of communal identity, wether on the basis of race, ethnicity, nationality or religion". Zur Bedeutung der Ethnizität in Verbindung mit Religion auch Little 1996, 45ff.

[486] Vgl. Müller 1999, 34f.

[487] Marty 1996, 10. Opitz 1995, 22, stellt hierzu fest: „Obwohl interkulturelle Konfrontationen begrenzter Art in einzelnen Regionen nicht ausgeschlossen werden können, ist der von Huntington prognostizierte Kampf der Kulturen – als globales Phänomen – ein extrem unwahrscheinliches Szenario, zumal die Prognose auf einer Reihe von Annahmen basiert, die teils problematisch, teils falsch sind." Dies betrifft nach Opitz die Tatsache, daß Kulturen längst nicht so homogen, geschlossen und verschieden sind, wie von Huntington angenommen.

Übertragung und Durchsetzung mit weltlichen Zwangsmitteln auf den Bereich des sozialen und politischen Lebens als grundlegende Ursache von Verletzungen der Religionsfreiheit und religiösen Konflikten. Dies betrifft nach den Erkenntnissen der SBE[488] sowohl staatliche Politik als auch die Tätigkeit nicht- bzw. halbstaatlicher Gruppen. In jedem Fall wird Religion bzw. Kultur politisch instrumentalisiert, manipuliert und somit mißbraucht. Umgekehrt wird Religion auch von nichtreligiösen, ideologisch begründeten, Wahrheiten, die sich Staaten zu eigen machen, unterdrückt.[489] In beiden Fällen erfolgt der Versuch der politischen Durchsetzung der religiösen bzw. ideologischen Wahrheit mit Mitteln der Gewalt ebenso wie der Propaganda und sozialen Mobilisierung.[490] In diesem Sinne kann von politischer Instrumentalisierung und Manipulation von Religion auch dann gesprochen werden, wenn die Überzeugung der Beteiligten tatsächlich einer authentischen Glaubenserfahrung entspringt.[491]

Entgegen den Annahmen Huntingtons kann etwa für China (Volksrepublik) festgestellt werden, daß die besonderen und massiven Verletzungen der Religionsfreiheit und religiöse Konflikte alle Religionen, vor allem aber solche der eigenen kulturellen Sphäre und erst in zweiter Linie Religionen, die ursprüng-

---

[488] Vgl. Abschnitt III.3.c) der vorliegenden Untersuchung.

[489] So meint noch Sullivan 1988, 499: „Nonetheless, governmental violations of religious freedom and persecution of religious leaders and groups under the pretense of restraining impermissible political activity are far more prevalent than is the use of a religious identity to camouflage actions motivated by purely partisan political concerns." Demgegenüber ist auf das starke Anwachsen religiösen Extremismus nach dem Ende des Ost-West-Konflikts hinzuweisen, vgl. Abschnitte III.3.b) und c) der vorliegenden Untersuchung.

[490] Vgl. Arendt 1998, 944ff., deren berühmte Charakterisierung von „Ideologie und Terror" bzw. „Propaganda und Organisation" als Hauptelemente des Totalitarismus in hervorragender Weise auf extremistische religiöse Bewegungen übertragen werden können. Vor diesem Hintergrund der Verschränkung von Terror und Begeisterung scheinen Hasenclever/Rittberger 1999, 6ff., einer Fehleinschätzung zu erliegen, wenn sie davon ausgehen, daß extremistische Eliten mit bloßen Kosten-Nutzen-Annahmen rechnen.

[491] Die Tatsache von politischer Manipulation muß also keineswegs bedeuten, daß das Propagierte nicht auch tatsächlich religiös geglaubt würde. Demgegenüber ist hier die Behauptung einer allgemeinverbindlichen religiösen Wahrheit gemeint, die nur von einer bestimmten Gruppe erkannt bzw. umgesetzt werden kann – d.h., daß darin direkte Konsequenzen für die politische Wirklichkeit eingeschlossen sind. Zur Herstellung von Einheit in gesellschaftlichen Krisen durch „politische Mobilisierung kultureller Themen" Müller 1999, 65ff., bezüglich der Herrschaftssicherung asiatischer Eliten 136f. Dementsprechend stellen Hasenclever/Rittberger 1999, 10, fest: „This mixture of the elite's political targets with the religious convictions of the group's members forms a highly explosive compound."

lich anderen Kulturen entstammen, betreffen. Ihre Verursachung findet sich in der zwangsweisen Durchsetzung einer totalitären Ideologie durch einen Staat.[492]

Nach den Erkenntnissen der SBE[493] ereignen sich Verletzungen der Religionsfreiheit und religiöse Konflikte interreligiös – aber vielmehr noch intrareligiös.[494] Darunter haben in beiden Fällen vor allem religiöse Minderheiten sowie Frauen zu leiden. Am häufigsten und gravierendsten stellt sich das Problem des politischen Mißbrauchs von Religion durch Staaten oder korrespondierend nicht- bzw. halbstaatliche Gruppen dar. Entgegen den Annahmen Huntingtons erweist sich zudem, daß insbesondere in islamisch geprägten Staaten selbst muslimische Glaubensrichtungen verschiedenster Art verfolgt werden.[495] In ähnlicher, freilich sehr viel weniger gewaltvoller, Weise zeigen Versuche alteingesessener christlicher Glaubensgemeinschaften in Südamerika und Osteuropa, mit Hilfe des Staates sogenannte neue religiöse Bewegungen, die zumeist Abspaltungen von traditionellen christlichen Bekenntnissen darstellen, zu bekämpfen, daß sich religiöse Unterdrückung und religiöser Extremismus als – in den Worten des SBE – „perversion"[496] von Religion vor allem gegen vermeintlich vom eigenen Glauben Abgefallene richtet.[497] Dahinter steht wiederum eine Verbindung von Religion mit staatlicher bzw. politischer Macht. Insofern führt staatliche Politik auch zu einer Relativierung religiöser und kultureller Gemein-

---

[492] Keineswegs ist China „nur noch dem Namen nach kommunistisch", wie Müller 1999, 119, meint. Müller scheint hier lediglich auf die wirtschaftlichen Reformen zu blicken, die freilich nur in dem Rahmen möglich sind, wie die Macht der Partei und Ideologie in den in diesem Falle ausschlaggebenden staatlichen Fragen nicht kritisiert wird. Nach wie vor existieren trotz – oder gerade wegen – begrenzter staatlich gewährter Toleranzen hinsichtlich wirtschaftlicher und persönlicher Freiheiten Einparteienherrschaft, Zensur und Gulag, vgl. Margolin 1998, 599ff., prominent aus eigener Erfahrung Jingsheng 1999, 8. Ähnlich wie im Falle der nachstalinistischen Sowjetunion scheint dies jedoch oftmals ausgeblendet zu werden, vgl. Furet 1996, 457ff.

[493] Vgl. Abschnitte III.3.b) und c) der vorliegenden Untersuchung.

[494] Vgl. Hasenclever/Rittberger 1999, 3, allgemein für interne Konflikte Much 1998, 281f.

[495] So entsprechend der Erkenntnisse der SBE, vgl. Abschnitte III.3.b) und c) der vorliegenden Untersuchung, beispielhaft gegen die – als Apostaten betrachteten – Bahai im Iran, die Ahmadis in Pakistan, die Schiiten im Irak sowie gegen die eigenen Glaubensbrüder in Algerien und Staaten des Nahen und Mittleren Ostens. Schmidtke 1998, 360, stellt dazu fest: „Über die Frage, wer ein Muslim ist, herrscht (...) auch unter Muslimen kein Konsens."

[496] A/54/386, para. 144.

[497] Vgl. Arzt 1996, 387ff., Frauen betreffend Hassan 1996, 361ff.

samkeiten wie Unterschiede.[498] Damit erweist sich die Grundproblematik nicht als eine religiöse oder kulturelle, sondern vielmehr als eine politische bzw. staatliche. Lösungen müssen deshalb auch auf der Ebene von Politik und Recht ansetzen.[499]

Vor diesem Hintergrund erklärt sich gerade die Tatsache besonderer und massiver Menschenrechtsverletzungen in islamisch geprägten Staaten. Diese erweisen sich entgegen den Annahmen Huntingtons als in ihrer religiösen, kulturellen und sozialen Prägung sowie politischen Ausrichtung sehr unterschiedlich und stellen keineswegs einen islamischen kulturellen oder politischen Block dar.[500] Ihre politischen Formen reichen vom republikanischen radikalen Säkularismus und Nationalismus über mehr oder minder autoritäre Regime mit zum Teil zumindest propagandistischem panarabischen Anspruch[501] bis hin zum halbtheokratischen Gottesstaat mit demokratischen Elementen.[502] Tatsächlich sind jene Formen als verschiedenartige – und keineswegs übereinstimmende – Reaktionen auf die Herausforderung der dominierenden westlichen Staatenwelt in der Moderne zu begreifen.[503] Eine sogenannte Islamisierung stellt sich somit als veränderliches und veränderbares Phänomen dar, das selbst erst in den letzten Jahrzehnten zum politischen Faktor wurde.[504] Wie die politische, so zeigt sich

---

[498] Vgl. Müller 1999, 46. Für Asien verweist Müller 1999, 123ff., auf das Beispiel der Gleichgewichtspolitik der ASEAN durch die Kooperation mit externen Mächten. Darin sieht Müller einen asiatischen Multilateralismus, für den Islam 159ff., zusammenfassend 212f.

[499] Vgl. Opitz 1995, 23, der vor der im Kern spekulativen Annahme als einer möglichen „self-fulfilling prophecy" warnt.

[500] Vgl. Arzt 1996, 392f. In ähnlicher Weise trifft dies für asiatische Staaten zu. Entgegen den Annahmen Huntingtons erweist sich Asien als der Kontinent mit den größten kulturellen Verschiedenheiten, vgl. Müller 1999, 134ff.

[501] Vgl. Meier 1995, 51ff.

[502] Vgl. Schmidtke 1998, 362f., nach der auch die sich selbst als islamistisch bezeichnenden Regime in Libyen, Saudi-Arabien, Iran und Sudan unterschiedlichste Vermischungen islamischer und anderer, besonders auf die Bedürfnisse der Herrscher abgestellter, Annahmen darstellen. Zum Verhältnis von Verfassung und Religion in den islamisch geprägten Staaten Amor 1997a, 46ff., 1998, 117ff., 1998a, 53ff. und 1999, 34ff.

[503] Vgl. An-Na'im 1996, 349ff., Schmidtke 1998, 358f. Dementsprechend verweist Müller 1999, 140ff., hinsichtlich der „vielen Gesichter des Islam" sowie insbesondere der arabischen Länder auf deren demütigende Erfahrungen gegenüber der europäischen Überlegenheit ab dem 19. Jh. Hierzu auch Arzt 1996, 417ff., zur Islamisierung Meier 1995, 19ff. und den Wurzeln 73ff. Ähnlich für Asien Boyle/Sheen 1997, 165f.

[504] Vgl. Meier 1995, 88ff., nach dem dafür entscheidend die innerarabische Polarisierung in revolutionäre und monarchische Regime durch die Einbeziehung der arabischen Region in die globale Polarisierung im Gefolge des Ost-West-Konflikts war. Gegenüber dem so-

auch die religiöse Welt des Islam in Geschichte und Gegenwart als äußerst vielfältig.[505] Beides führt ebenso zu besonderen, bezeichnenden Verletzungen der
Religionsfreiheit und religiösen Konflikten innerhalb der eigenen Religion gegen vermeintlich vom wahren Glauben Abgefallene wie aber auch zur Feststellung, daß aufgrund der historischen Veränderlichkeit der Phänomene Annahmen
eines mit vermeintlich westlichen Menschenrechtsvorstellungen vorgeblich un-
vereinbaren Islam als Gesamtheit jeder Grundlage entbehren. Insofern erweist
sich auch die oft vorgebrachte Behauptung der Unmöglichkeit für den Islam,
Religion und Politik und Recht zu trennen, als nicht haltbar[506], wenn man dies
nicht auf den einzelnen Gläubigen, sondern den Staat bezieht. Demgegenüber
besteht das grundsätzliche Phänomen der Forderung des Glaubens nach der Erfüllung auch irdischer Daseinsnotwendigkeiten sowie damit zusammenhängend
eine Verbindung von religiösen Heilswahrheiten und Vorgaben der Lebensführung für den Gläubigen jeder Religion[507] – wenn dies auch im säkularen Westen

---

zialistischen Panarabismus wurde der Islam als ideologisches Instrument politisch instrumentalisiert.

[505] Vgl. Schmidtke 1998, 360ff. Dies betrifft insbesondere die hauptsächliche Spaltung des
Islam in Sunniten und von diesen als häretisch betrachtete, vgl. Antes 1991, 71f., Schiiten, vgl. Arzt 1996, 402ff. Die schiitische Vormacht, der Iran, ist demgegenüber kein
arabisches Land. Derichs 1997, 63, stellt dazu fest: „Für die Rede von ‚dem' Islam gilt
gleiches wie für die Rede von ‚dem' Konfuzianismus: Er ist kein zurechtgeschnürtes, zur
Öffnung und Inspektion bereites Kulturpaket."

[506] Vgl. An-Na'im 1996, 347ff. Finn 1996, 185, spricht von „pseudo-observations" in den
westlichen Medien, der auch Sullivan 1988, 490f., erliegt: Entgegen ihren Annahmen
treffen alle Religionen eine Unterscheidung des Irdischen und wie auch immer Transzendenten. Auch stellt jeder Glaube mit unterschiedlichem Grad an Verbindlichkeit Vorgaben an die Lebensführung auf. So ist das oft vorgetragene Beispiel der islamischen Scharia in keiner Hinsicht stichhaltig: Zum einen spielt sie in islamisch geprägten Staaten eine
höchst unterschiedliche, zum Teil nämlich gar keine, Rolle, zum anderen gibt es ähnliche
Beispiele auch in anderen Religionen. Zur Scharia An-Na'im 1996, 342ff., nach dem
auch hier eine „Islamization" erst in den letzten Jahren eingetreten und keineswegs „total
or irreversible throughout the Islamic world, or parts thereof", sei. Antes 1991, 77ff.,
verweist auf die Geschichtlichkeit und Mischelemente in der Scharia sowie insbesondere
in der Frage der Trennung von Staat und Religion.

[507] Freilich ergibt sich das Problem für jeden einzelnen Gläubigen, einen – möglichen, doch
nicht notwendigen – Widerspruch zwischen religiösen Vorgaben und Menschenrechten
zu bewältigen, vgl. An-Na'im 1996, 337ff. Keineswegs weniger schwerwiegende Probleme ergeben sich jedoch auch für Nicht-Gläubige: zum einen aufgrund der Notwendigkeit des Zusammenlebens mit Gläubigen, zum anderen aufgrund der Versuche, Menschenrechte aus nichtreligiöser Perspektive zu begründen. Auch insofern sind Vermitt-
lungsversuche auf einer politischen und rechtlichen Ebene zu suchen. Zur Unsicherheit
auch in westlichen Gesellschaften über das Verhältnis von Religion und Politik Meier
1995, 12ff., nach dem die Frage nach der politischen Relevanz des Islam schon aufgrund

in Vergessenheit oder Verdrängung geraten sein mag. Die grundsätzlich beste-
hende Möglichkeit jeder Religion, die scheinbare Kluft zwischen Anspruch auf
Wahrheit erhebenden religiösen Vorgaben und Menschenrechten durch Verzicht
auf eine Durchsetzung mit politischen Mitteln, die die Authenzität religiöser Erfahrungen verhindern würde, sowie durch die Annahme einer allgemeinen
Rechtsidee für den Bereich des Politischen, zu überbrücken, hat beispielhaft die
Römisch-Katholische Kirche auf ihrem II. Vatikanischen Konzil bestätigt.[508]
Schließlich zeigt sich auch immer, daß Religionen ebenfalls weltweit, kultur-
und denominationsübergreifend verständigungs- und friedensfördernd wirken.[509]

Zusammenfassend bleibt festzustellen, daß wesentliche Annahmen Huntingtons aufgrund der Erkenntnisse der SBE nicht zu halten sind: So stellen sich aus
Gründen der religiösen Erfahrungen selbst sowie zudem sozialen Bedingungen
Religionen und folglich auch Kulturen als keineswegs monolithisch dar. Dies
wird in negativer Weise durch die Tatsache bestätigt, daß vor allem Minderheiten innerhalb der eigenen Religion unter Verletzungen der Religionsfreiheit und
religiösen Konflikten zu leiden haben. Als deren Ursache erweist sich nicht Religion oder Kultur als solche, sondern deren politische Instrumentalisierung,
Manipulation und somit Mißbrauch. Damit erklären sich insbesondere massive
Menschenrechtsverletzungen in islamisch geprägten Staaten. Da sich die Grund-

---

von Defiziten der Wahrnehmung das Bild einer Religion ergibt, die einseitig zur fundamentalistischen Herausforderung einer ihr passiv gegenüberstehenden Welt wird.

[508] So hat die Römisch-Katholische Kirche, ohne den Wahrheitsanspruch ihres Glaubens
aufzugeben, vgl. Ratzinger 2000, 1f., ihre frühere Forderung nach dessen politischer
Durchsetzung auf dem II. Vatikanischen Konzil aufgegeben und diese Kehrtwende in ihrem Verständnis von Menschenrechten und Religionsfreiheit zugleich in die kirchliche
Glaubenstradition gestellt und aus dieser begründet – womit nach ihrem Verständnis keine Änderung grundlegender Glaubenswahrheiten verbunden ist, Kasper 1988, 825ff.,
Böckenförde 1990, Tierney 1996, 17ff. Unabhängig von etwaiger von außen herangetra-
gener, vermeintlich rein verstandesmäßig begründeter Kritik – die eben Religion nicht
ganz zu fassen vermag – kann jedenfalls für die Zwecke der vorliegenden Untersuchung
angesichts der Tatsache, daß die Römisch-Katholische Kirche die weltweit größte am
stärksten institutionalisierte Glaubensgemeinschaft darstellt, gesagt werden, daß Neuin-
terpretationen von Glaubensformulierungen noch umso stärker bei loser strukturierten
Glaubensgemeinschaften – wie gerade islamischen und asiatischen – grundsätzlich und
in weit mehr Formen möglich sind. Für den Islam muß dies also keine Verletzung der
Vorgabe des Korans bedeuten: „There is no changing in the words of Allah", zitiert nach
Arzt 1996, 401, da auch nach dem Verständnis der römisch-katholischen Kirche die Offenbarung mit Jesus Christus abgeschlossen ist, vgl. Ecclesia Catholica 1993, 56f.

[509] Verschiedene Beiträge in Johnston/Sampson 1994, für christliche Bemühungen Hehir
1996, 97ff., Hasenclever/Rittberger 1999, 1.

problematik somit nicht als eine genuin religiöse oder kulturelle, sondern vielmehr als eine politische – vor allem staatliche – erweist, müssen Lösungen auch auf der Ebene von Politik und Recht – und vor allem der Staaten – ansetzen. Die grundsätzlich bestehende Möglichkeit für jede Religion zur diesbezüglichen Akzeptanz wird für die Römisch-Katholische Kirche durch das II. Vatikanische Konzil sowie durch das immer zu verzeichnende weltweite Eintreten von Religionen für religiöse Verständigung bestätigt.

Dem Gesagten entsprechend verlaufen – oft übersehen – die Konfliktlinien im internationalen Menschenrechtsschutz eher zwischen Individuen bzw. Gruppen einerseits und ihren Heimatstaaten andererseits als zwischen verschiedenen Staaten.[510] Damit ist im folgenden der vorliegenden Untersuchung das Problem der von Huntington bestrittenen kulturkreisübergreifenden Universalismen im Hinblick auf Geltung und Entwicklung völkerrechtlicher Menschenrechtsnormierungen anzusprechen.

3. Universale Geltung völkerrechtlicher Menschenrechtsnormierungen

Die Erkenntnisse der SBE[511] belegen eine weltweite völkerrechtliche Anerkennung der Religionsfreiheit als Menschenrecht durch die Teilnahme an völkervertraglichen Menschenrechtsübereinkommen. Diese Anerkennung erfolgte im Falle des Zivilpakts von Seiten der islamisch geprägten Teilnehmerstaaten ohne vorgebrachte Einwände hinsichtlich des Art. 18 als dem Spezialartikel zur Religionsfreiheit.[512] Zudem erfährt das Menschenrecht der Religionsfreiheit in den weitaus meisten Staaten verfassungsrechtliche oder gesetzliche Festschreibungen.[513] Andererseits werden nach dem Ende des Ost-West-Konflikts von Seiten einiger sowohl sozialistischer als auch islamisch geprägter sowie asiatischer Staaten – scheinbar entsprechend der Annahmen Huntingtons über die vorgebliche Herausforderung vermeintlich westlicher Werte durch eine so bezeichnete islamisch-asiatische Allianz – mit der Begründung verschiedenartiger kultureller Werte internationale Menschenrechtsstandards in Frage gestellt. Nach den An-

---

[510] Vgl. Riedel 1998, 35.

[511] Vgl. Abschnitt III.3.a) der vorliegenden Untersuchung.

[512] Vgl. Arzt 1996, 424.

[513] Vgl. Wood 1996, 456. Amor 1997, 19, stellt fest, daß explizit ablehnende Haltungen gegenüber der Religionsfreiheit nur vereinzelt anzutreffen sind, Boyle/Sheen 1997, 11f., kennen keine diesbezüglichen Fälle, wenn dies dann auch noch besonders qualifiziert würde.

nahmen Huntingtons bestehen keine kulturkreisübergreifenden Universalismen, deren Behauptung lediglich einen Versuch des Westens, seine Werte auf andere Kulturkreise zu übertragen, darstellt.[514] Diese Behauptung soll im folgenden der vorliegenden Untersuchung im Hinblick auf die universale Geltung des Völkerrechts und insbesondere seiner Menschenrechtsnormierungen kritisch betrachtet werden.

Zwar zeigt sich das Völkerrecht in der Praxis als sehr oft verletzt bzw. nicht beachtet, doch in seiner Existenz insgesamt als geltendes Recht von Seiten der Staaten so gut wie nie völlig negiert.[515] Im klassischen Völkerrecht war die Annahme der souveränen, unabhängigen rechtlichen Gleichheit der Staaten die Grundlage für seine allgemeine Akzeptanz – trotz bzw. gerade wegen konfessioneller und politischer sowie kultureller Verschiedenheiten der Staaten. Dies galt auch weiterhin, als nichtchristliche und außereuropäische Mächte – und somit Staaten noch weit fremderer Kulturzugehörigkeit – in den Völkerrechtskreis eintraten. Gerade das Völkerrecht diente und dient also als Grundlage und Mittel zu gemeinsamem Handeln und Rechtsverkehr auch trotz bzw. gerade wegen vorhandener Unterschiede der inneren Verfaßtheit der Staaten.[516] Mit der Gründung der VN wurde – wie in der vorliegenden Untersuchung zuvor dargelegt[517] – die allgemeine Friedenspflicht der Staaten mitsamt der Achtung und dem Schutz der Menschenrechte zur völkerrechtlichen Grundnorm, womit diese aus dem klassischen staatlichen Souveränitätsbereich, in den hinein keine Intervention zulässig war, herausgenommen sind.[518] Indem die VN fast alle Staaten der Erde umfassen, besteht universales Völkerrecht[519] – ebenso, wie die Grundlegung und Orientierung des Völkerrechts auf bzw. hin zu Menschenrechten uni-

---

[514] Vgl. Abschnitt IV.1. der vorliegenden Untersuchung.

[515] Vgl. Kimminich 1990, 79ff., Kriele 1994, 35, Kimminich 1997, 37ff. Danach war das Völkerrecht in der Rechtslehre nicht unumstritten. Anstelle einer hier nicht zu führenden Diskussion kann festgestellt werden, daß sich Recht gerade dann als solches zu erkennen gibt und bewährt, wenn es auf Widerstände trifft.

[516] Vgl. Maier 1990, 23f. So konnte Johann Caspar Bluntschli 1868 schreiben: „Das Völkerrecht verbindet als allgemeines Menschenrecht Christen und Mohamedaner, Brahamisten und Buddhisten, die Anhänger des Kongfutsü und die Verehrer der Gestirne, die Gläubigen und Ungläubigen", zitiert nach Pieper 1998, 341.

[517] Vgl. Abschnitt II.2. der vorliegenden Untersuchung.

[518] Vgl. Ermacora 1986, 18, Unser 1997, 34.

[519] Vgl. Dicke 1995, 1352f.

versal ist.[520] Allerdings sind weiterhin die Staaten und nicht etwa die Individuen als zumindest vorrangige Subjekte und Träger des Völkerrechts anzusehen.[521]

Ein grundsätzlicher Konsens in den VN über einen „common standard of achievement" der Menschenrechte ist in der UEM niedergelegt.[522] Diese entwikkelt heute zumindest hinsichtlich eines Kernbestandes an zentralen Menschenrechten völkergewohnheitsrechtliche Qualität – d.h. völkerrechtliche Rechtsbindung auch für Staaten, die sich nicht menschenrechtlichem Völkervertragsrecht und dessen Implementationsmaschinerien unterworfen haben.[523] Nach einer im

---

[520] Vgl. Dicke 1997, 71, Brugger 1998, 155. Nach Kimminich 1990, 17ff., ergibt sich universales Völkerrecht nicht nur durch einen (bisher nicht erfolgten) Beitritt sämtlicher Staaten der Erde zu einem Vertrag, sondern auch mit der sogenannten Quasi-Einmütigkeit durch die überwältigende Mehrzahl, wodurch der Vertragsinhalt auch für die nicht beigetretenen gilt. Ähnliches gilt für Völkergewohnheitsrecht. Allgemeines bzw. universales Völkerrecht ist „seit eh und je als Tatsache akzeptiert worden". Die Völkerrechtslehre im 20. Jh. erkennt die Existenz einer „internationalen öffentlichen Ordnung" an. Die Gesamtheit der Völkerrechtssubjekte wird als Rechtsgemeinschaft begriffen und akzeptiert. Vgl. Dicke 1995, 1349ff.: „In international law doctrine and in international relations language, the concept of universality denotes the global range and scope of an international organization, a treaty, a regime or of a jurisdiction. In a world of ever-increasing interdependence, universality has become a normative principle and/or aim."

[521] Demgegenüber sieht Riedel 1998, 25, die Einsicht wachsen, daß nicht mehr Staaten, sondern vielmehr Individuen die Grundlage des neuen Völkerrechts bildeten. Hierzu auch Kimminich 1990, 50f.

[522] Dieser ist nach Nowak 1989, XV, durch die inhaltliche Gestaltgebung des in der VN-Charta mehrfach verwendeten Begriffs der Menschenrechte „universell anerkannt". Zugleich stellen nach Nowak die in den Pakten garantierten Rechte „den gegenwärtig geltenden menschenrechtlichen Mindeststandard auf universeller Ebene dar", womit offensichtlich die Rechtsverbindlichkeit der Pakte gemeint ist. Freilich schienen die Staaten in der GV zum Zeitpunkt der Verabschiedung der UEM schon entsprechender Interpretationsprobleme bzw. Kritik gewahr zu sein, als sie in die Präambel zur UEM die – aufgrund des ja gemeinsamen Beschlusses eigentlich widersinnig erscheinende – Formulierung schrieben, daß eine „gemeinsame Auffassung" über die proklamierten Rechte und Grundfreiheiten von größter Wichtigkeit für deren volle Erfüllung sei. Andererseits zeigt sich daran auch, daß universale Menschenrechtsnormierungen gegenüber der weiteren Ausgestaltung auch entsprechend kultureller Verschiedenheiten grundsätzlich offen sind.

[523] So spricht Boven 1982, 44ff., angesichts der Entwicklungen der Völkerbundszeit von einer „tentative conclusion that the community of nations as constituted at the end of the Second World War was at least bound by some supra-positive human rights norms, such as the right to life, the right to liberty and freedom of conscience and religion". Boven sieht in der Tatsache, daß in einer Anzahl von Menschenrechtsinstrumenten, wie etwa auch im Zivilpakt, bestimmte Rechte unaufhebbar seien, „a strong argument in favour of the contention that there is at least a minimum catalogue of fundamental or elementary human rights". Nach Kimminich 1990, 92, sei die Ansicht, daß mit der UEM Völkergewohnheitsrecht entstanden sei, eher zu verneinen. Allerdings sei die Frage „gegenwärtig

Vordringen befindlichen Ansicht stellt zudem ein Kernbestand völkerrechtlicher Normen Recht zwingenden Charakters, also ius cogens, dar, welches im Rang über den anderen Normen steht[524]: „Heute ist davon auszugehen, daß ein Mindestbestand fundamentaler Menschenrechte nicht nur gewohnheitsrechtlich gilt, sondern als sogenanntes ius cogens anzusehen, also nur unter sehr eng definierten Ausnahmebedingungen abänderbar ist. Dazu gehört mindestens das Recht auf Leben, das Sklaverei- und Folterverbot, das Genozidverbot sowie das Verbot der Rassendiskriminierung."[525] Diese Rechte gelten zugleich als Normen erga

---

von geringer praktischer Bedeutung" aufgrund der in der Zwischenzeit erfolgten völkervertraglichen Menschenrechtsübereinkommen. Jedoch wird die UEM „auf jeden Fall als Indiz für die Rechtsüberzeugung bezüglich der Menschenrechte auf der globalen Ebene gewertet. Diese Rechtsüberzeugung wird durch alle offiziellen Bekenntnisse zur Allgemeinen Erklärung unterstützt und stärkt dadurch die Fortentwicklung der Menschenrechte, unabhängig davon, ob diese durch Völkergewohnheitsrecht oder durch internationale Konventionen erreicht wird." Nach Smith/McIntosh 1998, 3, wird die UEM am Ende der neunziger Jahre vielfach, weithin und zunehmend als Ausdruck des völkergewohnheitsrechtlich anerkannten Menschenrechtsstandards betrachten: „Indeed, many of the rights enshrined in the UDHR are now considered to be general principles of law; some even have the status of customary international law." Nach Dicke 1999, 11f., kann die UEM „nicht in toto" als Völkergewohnheitsrecht gerechnet werden". Riedel 1998, 28ff., und 1999, 15ff., sieht eine „entscheidende Änderung der Rechtslage" ab Ende der achtziger Jahre durch die Entwicklung der UEM-Bestimmungen zu Völkergewohnheitsrecht. Nach Dicke 1989, 93, werden Deklarationen der GV „zunehmend – und so jüngst auch vom Internationalen Gerichtshof – unmittelbar als Völkerrechtsquellen herangezogen" und böten so „eine wichtige Indizfunktion für die Fortentwicklung des Völkerrechts". In diesem Sinne könnte somit auch die Deklaration von 1981 verstanden werden, vgl. Evans 1997, 257f.

524 Das Wiener Übereinkommen über das Recht der Verträge von 1969, bestimmt in Art. 53 ius cogens: „Im Sinne dieses Übereinkommens ist eine zwingende Norm des allgemeinen Völkerrechts eine Norm, die von der internationalen Staatengemeinschaft in ihrer Gesamtheit angenommen und anerkannt wird als eine Norm, von der nicht abgewichen werden darf und die nur durch eine spätere Norm des allgemeinen Völkerrechts derselben Rechtsnatur geändert werden darf." Damit wird die Entstehung gegenteiligen späteren Rechts verhindert, wie es sich nach Art. 64 WVK auch allem früheren Vertragsrecht gegenüber durchsetzt. Zum ius cogens Mössner 1992, 257. Freilich ist umstritten, welche Menschenrechte ius cogens darstellen. Ebenfalls umstritten ist nach Mössner, ob nur Verträge oder Gewohnheitsrecht ius cogens-Charakter annehmen können oder ob im ius cogens die grundlegenden Werte der gegenwärtigen internationalen Gesellschaft verkörpert sind und es folglich den allgemeinen Rechtsprinzipien oder dem Völkerverfassungsrecht zuzuordnen ist. Nach Mössner wird man als ius cogens „die allgemeinen Prinzipien der UN-Charta wie Gewaltverbot, Schutz der Menschenrechte und Förderung der sozialen und kulturellen Entwicklung als solche zwingenden Rechtssätze annehmen müssen. Nur ausnahmsweise handelt es sich hierbei jedoch um konkrete Normen."

525 Dicke 1999, 11f. Brugger 1998, 159, benennt als vorrangig erwähnt die Rechte „auf Leben, Gesundheit, Freiheit und rechtliches Gehör sowie die allgemeinen Verbote der Sklaverei, der Folter, des Völkermordes und der Rassendiskriminierung". Klein 1997, 15f.,

omnes, also gegenüber allen Staaten unabhängig von völkervertraglichen Übereinkommen. Freilich haben sich solchen, darunter den Internationalen Menschenrechtspakten, heute fast alle Staaten der Erde unterworfen.[526] Darunter befinden sich gerade Staaten, in denen besondere und massive Menschenrechtsverletzungen sowie durch die SBE Verletzungen der Religionsfreiheit und religiöse Konflikte festgestellt worden sind.[527] So ist etwa auch China (Volksrepublik) 1999 dem Zivilpakt beigetreten. Über die Bestimmungen des Zivilpakts zum Menschenrecht der Religionsfreiheit hinaus werden heute jedoch auch die Bestimmungen der Deklaration von 1981 zumindest zum größten Teil als geltendes Völkergewohnheitsrecht und zum Teil gar als ius cogens betrachtet.[528]

Demgegenüber erfahren international geltende Menschenrechtsstandards nach dem Ost-West-Konflikt von Seiten einiger Staaten Kritik. Diese Staaten sind zum einen sozialistische, zum anderen islamisch geprägte sowie asiatische Länder. Nach dem Ende der Sowjetunion verbleiben neben China (Volksrepublik) wenige sozialistische Staaten auf der Erde. Deren Kritik an geltenden Menschenrechtsnormierungen enttarnt sich durch den im heutigen Rückblick zunehmend augenfälligeren Massenterror und Unterdrückung insbesondere im Bereich der sozialistischen Führungsmächte, der Sowjetunion sowie China (Volksrepublik), deren Rechtsverständnis der Ideologie entsprechend nicht das Individuum, sondern die Klassenentwicklung zum Maßstab der Politik erhoben hatte,

---

wiederum zählt dazu „das Verbot von Genozid und Folter, das Verbot rassischer Diskriminierung, die Anerkennung des Menschen als Rechtsperson, das Verbot willkürlicher Verhaftung und das Verbot völliger Rechtsschutzverweigerung (...), wohl auch das Verbot der Diskriminierung aus religiösen oder Glaubensgründen".

[526] Vgl. Dicke 1997, 71.

[527] Vgl. Abschnitt III.3.b) der vorliegenden Untersuchung.

[528] Vgl. Dickson 1995, 332, der feststellt: „If (...) the Charter of the United Nations, in so far as it imposes rights and duties on States, is now part of customary international law, or even jus cogens, it follows that all nations (...) are under an obligation not to allow a persons's religion to affect his or her human rights. This (...) is not the same as being under an obligation to accord freedom of worship in all situations – it is a more fundamental obligation." Hinsichtlich Art. 18 des Zivilpakts stellt Dickson 1995, 345, fest, daß nach dessen Auslegung durch den Menschenrechtsausschuß die Deklaration von 1981 zum größten Teil oder gar ganz geltendes Recht widerspiegelt und ist der Ansicht: „The fact that no State has ever taken exception to the Committee's method of interpretation is some indication that it must be regarded as uncontroversial." Nach Lerner 1996, 82, werden heute die meisten der Bestimmungen der Deklaration von 1981 als Völkergewohnheitsrecht darstellend sowie einige von ihnen als ius cogens betrachtet.

als unbestreitbar ideologisch manipulativ.[529] Neben den verbliebenen sozialistischen Staaten kritisieren nun einige islamisch geprägte sowie asiatische Staaten die vermeintlich westlichen, individualistischen Werten entspringenden internationalen Menschenrechtsstandards, die mit vorgeblich kollektiv orientierten, islamischen bzw. asiatischen Werten nicht vereinbar seien.

Diese Auseinandersetzungen wurden beispielhaft auf der Wiener Weltmenschenrechtskonferenz vom Juni 1993 geführt. Dennoch bekräftigten schließlich die Staaten in der Wiener Abschlußdeklaration und Aktionsprogramm[530] durchgehend die Unteilbarkeit, Interdependenz und Universalität der Menschenrechte.[531] Zugleich erreichten einige islamisch geprägte und asiatische Länder, daß dem sogenannten Recht auf wirtschaftliche, soziale und kulturelle Entwicklung – ermöglicht durch eine Kurskorrektur der westlichen Staaten, die dem bis dahin anhaltenden Widerstand entgegenbrachten[532] – größere Bedeutung zugemessen wurde.[533] Auch hinsichtlich der Wiener Konferenz erweist sich die Kritik der beteiligten Staaten also als politisch bedingt – angesichts besonderer und zum

---

[529] So scheiterte auch, wie in Abschnitt II.2. der vorliegenden Untersuchung dargelegt, eine rechtsverbindliche einheitliche Universal Bill of Rights vor allem an den sozialistischen Staaten und insbesondere der Sowjetunion, die zu derselben Zeit selbst Massenterror und -unterdrückung betrieben, verschiedene Beiträge in Courtois u.a. 1998, bei gleichzeitiger Propagierung der vermeintlich friedlichen sozialistischen Absichten und oft der Tolerierung des nichtsozialistischen Auslandes, vgl. Furet 1996, 457ff. Somit und aufgrund der Staatenabhängigkeit der VN stellten sich in diesen sozialistische ‚Menschenrechtskonzepte‘, vgl. Kartashkin 1982, 631ff., als anderen Positionen zumindest gleichrangig, öfter aber als moralisch überlegen dar, vgl. Maier 1997, 40ff. Angesichts der heutigen Erkenntnisse über die tatsächliche Menschenrechtslage in den sozialistischen Ländern kann dies nurmehr als Hohn erscheinen. Freilich übersah das nichtsozialistische Ausland zumeist, vgl. Henkin 1981, 28f., daß das sozialistische Recht von der wie auch immer bestimmten jeweiligen Klassenlage abhängig war – und dies gerade für die Rechtsstellung des Einzelnen galt und gelten mußte und somit Menschenrechte gar nicht möglich waren, verschiedene Beiträge in Schroeder 1985. Hierbei ging es eben doch entgegen Scheinin 1992, 263, auch und zuerst um die Bestimmung und Kontrolle des Denkens der Menschen. Graf 1998, 319f., spricht demzufolge unsinnig von „Menschenrechtstraditionen der kommunistisch geprägten Staaten" und stellt selbst diesen vermeintlich „östlichen" vorgebliche „westliche" individuelle Schutzrechte gegenüber – und geht somit der sozialistischen Propaganda in die Falle.

[530] A/CONF.157/23.

[531] A/CONF.157/23, para. I 1, 5, 6, 8, 32 und weitere. Freilich werden im Hinblick auf die Deklaration von 1981 lediglich die Staaten zu Maßnahmen gegen Intoleranz entsprechend ihrer internationalen Pflichten aufgerufen und zur Implementierung der Bestimmungen der Deklaration von 1981 eingeladen, para. 19.

[532] Vgl. Gerz 1998, 298ff.

[533] A/CONF.157/23, para. I 2, 6, 8, 9, 10, 11 und weitere, vgl. Merz 1998, 179ff.

Teil massiver Menschenrechtsverletzungen sowie einer offensichtlich nur durch Ideologie, Propaganda und Gewalt zu rechtfertigenden Stellung der politischen Führer durch diese selbst in ihren Ländern.[534] Dementsprechend spielen vorgebliche kulturelle und religiöse Verschiedenheiten auch von Seiten jener Staaten in der internationalen Politik dann keine Rolle mehr, wenn es um sogenannte härtere Interessen, etwa finanzielle und wirtschaftliche oder militärische Unterstützung geht[535] – ebenso wie sich in einigen umstrittenen Menschenrechtsfragen Allianzen zwischen Staaten ergeben, sie sich sonst kulturell oder politisch fern stehen.[536] Gegenüber ideologisch manipulativer Kritik ist vielmehr festzuhalten, daß – wie durch die Staaten selbst auf der Wiener Weltmenschenrechtskonferenz bestätigt – die internationalen Menschenrechtsstandards für weitere Ausgestaltungen grundsätzlich immer offen sind. Dies betrifft in besonderer Weise eine Ausfaltung wirtschaftlicher, sozialer und auch kultureller Rechte, die oft überhaupt erst die Ausübung der klassischen persönlichen Freiheitsrechte ermöglichen.[537] Insofern hält auch das Abschlußdokument der Wiener Konferenz

---

[534] Die Tatsache von besonderen und massiven Menschenrechtsverletzungen, insbesondere der Religionsfreiheit, sowie religiösen Konflikten im Iran, Syrien, Jemen, Pakistan, Indonesien und Malaysia als den Staaten, die auf der Wiener Weltmenschenrechtskonferenz besonders laut Kritik übten, erweist deren Kritik unbestreitbar als ideologisch manipulativ, gl. Arzt 1996, 397ff. Demgegenüber ist nach Müller 1999, 107ff., „die Krise, die die islamische und asiatische Kritik am Westen festzustellen glaubt, (...) real". Jene Kritik „ist daher nicht einfach als zynisches Verschleiern eigener Herrschaftsinteressen abzutun; sie legt den Finger in eine wirkliche Wunde, was immer ihre Motive sind", zusammenfassend Müller 1999, 201ff. – Auch wenn sich aber westliche Länder tatsächlich in einer irgend gearteten Krise befinden sollten, so erscheinen doch Staaten, in denen offensichtlich in besonderer und massiver Weise Menschenrechte verletzt werden, zur Kritik am wenigsten berechtigt. Insofern bemerkt Klein 1997, 24: „Meines Erachtens besteht kein Anlaß, diese zynische Argumentation zu unterstützen."

[535] Vgl. Link 1998, 136ff., der von einer machtorientierten Balancepolitik der Staaten im sicherheits- und geopolitischen sowie geoökonomischen Bereich ausgeht. Müller 1999, 208ff., bezeichnet deshalb die von Huntington befürchtete „konfuzianisch-islamische Allianz: (als) eine Chimäre".

[536] Ein bezeichnendes Beispiel ist die Haltung der USA zur Todesstrafe, die sonst vor allem von islamisch geprägten Staaten als berechtigt angesehen wird, im Zusammenhang der Annahme des 2. Fakultativprotokolls zum Zivilpakt zur Abschaffung der Todesstrafe am 15.12.1989 durch die GV der VN Maier-I. 1990, 108f. So ist auch sehr fraglich, warum Pieper 1998, 342, den sogenannten Nord-Süd-Gegensatz als „deutlichsten Ausdruck eines kulturellen Interessengegensatzes" sehen will – und damit zugleich Kulturelles und Interessen unzulässig vermengt.

[537] Vgl. Kriele 1994, 227ff., der den unabdingbaren Zusammenhang von individuellen und politischen sowie wirtschaftlichen, sozialen und kulturellen Menschenrechten betont. Trennungsversuche erscheinen nicht nur schwierig, sondern vor allem auch gefährlich –

fest: „Democracy, development and respect for human rights and fundamental freedoms are interdependent and mutually reinforcing. Democracy is based on the freely expressed will of the people to determine their own political, economic, social and cultural systems and their full participation in all aspects of their lives. In the context of the above, the promotion and protection of human rights and fundamental freedoms at the national and international levels should be universal and conducted without conditions attached. The international community should support the strengthening and promoting of democracy, development and respect for human rights and fundamental freedoms in the entire world.“[538]

Damit erweisen sich auch im Hinblick auf das Völkerrecht und seine menschenrechtlichen Normierungen die Staaten und nicht Religionen oder Kulturen als beherrschende Akteure und zugleich Hauptverantwortliche für Verletzungen von Menschenrechten. Der nach den Erkenntnissen der SBE[539] zunehmende religiöse Extremismus steht ebenso mit dem Verhalten der Staaten in Zusammenhang. Vor diesem Hintergrund erweist sich der internationale Terrorismus als eine besondere Herausforderung.[540] Allerdings sind Menschenrechtsverletzungen und damit verbundene Konflikte zunehmend auch mit nichtstaatlichem Unrecht verbunden[541], welches jedoch wiederum auf eine defekte staatliche Ordnung, bis hin zu den sogenannten failed states[542] vor allem in Afrika[543], hinweist. Damit zeigen sich die bekannten zwei Seiten der Bedeutung der Staaten im Hinblick auf die Menschenrechte: Neben den Hauptverantwortlichen für Verletzungen sind die Staaten ebenso Hauptgaranten für den Schutz der Menschenrechte.[544]

---

da sie eben zu Manipulation führen können, hierauf verweist Hilpert 1991, 34ff. Im besten Fall verwirrend Newman/Vasak 1982, 137f., 155f.

[538] A/CONF.157/23, para. I 8. Vgl. Huber 1996, 63. Die Ergebnisse der Wiener Konferenz bestätigten also insgesamt die geltenden Standards, während sich manche erwartungsfrohen „Blütenträume", so Gerz 1998, 295, im Hinblick auf vermeintlich zu gegenwärtigende große Durchbrüche, vgl. Metz 1998, 181f., nicht erfüllten.

[539] Vgl. Abschnitt III.3.c) der vorliegenden Untersuchung.

[540] Vgl. Müller 1999, 214ff.

[541] Vgl. Much 1998, 279ff.

[542] Vgl. Helman/Ratner 1992, 3ff.

[543] Vgl. Grill 2000, 3. Boyle/Sheen 1997, 19f. weisen auf das Problem sowohl muslimischen als auch christlichen Fundamentalismus in den letzten Jahren hin.

[544] Vgl. Abschnitt II.1. der vorliegenden Untersuchung, vgl. Kimminich 1990, 48ff. Wohl können, wie von Much 1998, 291, gefordert, auch Nicht-Vertragsstaaten und de-facto-Machthaber menschenrechtlich in die Pflicht genommen werden, doch bleibt die allein

Aufgrund der Erkenntnisse der SBE sind somit wesentliche Annahmen Huntingtons zurückgewiesen worden. Diese betreffen die von Huntington implizit und explizit bestrittene Heterogenität und Offenheit von Religionen und Kulturen sowie die Geltung universaler Normen, im besonderen völkerrechtlicher Menschenrechtsnormierungen.[545] Aus diesen Ergebnissen können Schlußfolgerungen für die besondere Bedeutung von Religionsfreiheit und religiöser Verständigung für eine auf dem Völkerrecht der „UNO-Ära"[546] gegründete Weltfriedensordnung nach dem Ost-West-Konflikt gezogen werden. Die Empfehlungen der SBE sprechen diesbezüglich wesentliche im Hinblick auf die Gestaltung politischer und sozialer Ordnung zu ziehende Konsequenzen an.

4. Die besondere Bedeutung der Religionsfreiheit für eine Weltfriedensordnung

Aus den Ergebnissen der Kontrastierung wesentlicher Annahmen Huntingtons mit den Erkenntnissen der SBE erweist sich die besondere Bedeutung von Religionsfreiheit und religiöser Verständigung für eine Weltfriedensordnung nach dem Ost-West-Konflikt.

Wie in der vorliegenden Untersuchung zuvor dargelegt[547], hat die internationale Politik durch die VN eine grundlegende Orientierung auf das Völkerrecht und darin der Friedenspflicht einschließlich der Achtung der Menschenrechte als Grundnorm erfahren. Diese Tatsache besteht ungeachtet der vielfältigen Verletzungen und faktischen Nichtbeachtung völkerrechtlicher Bestimmungen – ebenso wie angesichts der doch weit häufigeren Beachtung und Erfüllung des Völkerrechts. Tatsächlich erscheint dieses zunehmend häufiger als – mit freilich unterschiedlichem Bezug – Rechtfertigungsgrundlage bei politischen Streitig-

---

demokratischer Legitimation grundsätzlich zugängliche, auch schützende, Gewalt des Staates. So stellt auch Much 1998, 292, fest: „Die Stärkung des öffentlichen Gewaltmonopols liegt im menschenrechtlichen Interesse."

[545] Huntington selbst schwächt in der Folge seine früheren Thesen ab. So stellt Huntington 1999, I, fest: „Charakteristisches Merkmal heutiger Weltpolitik ist die zentrale Bedeutung von kulturellen Faktoren; andererseits wird das Verhalten der Staaten aber auch durch den Universalfaktor Macht bestimmt" und erklärt im folgenden die Weltpolitik fast ausschließlich mit jener und also im klassischen ‚realistischen' Sinne.

[546] Kimminich 1997, 164.

[547] Vgl. Abschnitte II.2. und IV.3. der vorliegenden Untersuchung.

keiten zwischen Staaten.[548] Eine solchermaßen auf dem Völkerrecht der „UNO-Ära"[549] gründende Weltfriedensordnung verrechtlicht die Anarchie der Beziehungen zwischen den Staaten, weiteren Völkerrechtssubjekten und zunehmend auch Individuen[550] im Hinblick auf das Ziel des Friedens und der Achtung der Menschenrechte. Somit werden Grundlagen möglichen Handelns und Rechtsverkehrs trotz bzw. gerade angesichts unterschiedlicher innerer Verfaßtheiten der Staaten geschaffen.[551]

Vor diesem Hintergrund haben die Annahmen Huntingtons – trotzdem sie in wesentlichen Aspekten zurückgewiesen wurden – den Blick dafür geschärft, daß Religion bzw. Religionen und Kultur bzw. Kulturen einen größeren Einfluß auf die auch internationale Politik ausüben, als vielfach vermutet wurde – und dies nicht nur im Hinblick auf Fundamentalismen und Extremismen.[552] Dennoch hat die Kontrastierung der Annahmen Huntingtons mit den Erkenntnissen der SBE gezeigt[553], daß die Staaten hauptverantwortlich für Verletzungen der Religionsfreiheit und religiöse Konflikte sind. Aufgrund der Instrumentalisierung und Manipulation von Religion und Kultur durch die Staaten sowie des Verhaltens der Staaten in internationaler Politik und Völkerrecht selbst sowie des Einflusses von Religion und Kultur auf die Politik der Staaten erweist sich die besondere

---

[548] So beispielhaft für das Verhalten der NATO in den Auseinandersetzungen im früheren Jugoslawien, verschiedene Beiträge in Dicke/Hubel 1999.

[549] Kimminich 1997, 164.

[550] Vgl. Kimminich 1997, 102ff.

[551] Insofern stellt eine solche Weltfriedensordnung vor allem eine Rechtsordnung dar, vgl. Delbrück 1996, 254f., 260f., 266ff. Zugleich bleibt nach Hubel 1999, 602, „staatliche Souveränität (...) ein Grundprinzip, das ohne genaue Festlegungen – etwa schwerwiegende Verletzungen von Menschenrechten – nicht angetastet werden sollte; andernfalls drohte eine schwere Erschütterung internationaler Ordnung und eine Beeinträchtigung ihrer universalen Geltung".

[552] Daß Huntingtons Thesen „nicht einfach aus der Luft gegriffen" sind, sieht auch Müller 1999, 58. Die (wieder) zunehmende wissenschaftliche Beschäftigung mit Religion und Kultur in ihrem Verhältnis zur Politik steht im Zusammenhang einer Wiederentdeckung von Religion als zentrales Element der individuellen wie der gesellschaftlichen Wirklichkeit. Nach einer gewissen Verdrängung erhalten „Religion, religiöse Grundüberzeugungen und Aussagen der Theologie wieder Einlaß in die wissenschaftlich aussagbare politische Wirklichkeit", so Böckenförde 1985, 18. Entgegen Annahmen über bestimmte Säkularisierungstendenzen in der Welt neigt Marty 1996, 10, der Auffassung zu, daß „religion does not seem to be disappearing globally or nationally". Hasenclever/Rittberger 1999, 1, sehen sogar ein „current worldwide revival of religions". Amor 1997b, xv, gar ein „massive religious revival". „Implications for the Foreign Policy Community" formuliert Burnett 1994, 285ff.

[553] Vgl. Abschnitte IV.2. und 3. der vorliegenden Untersuchung.

Bedeutung des Menschenrechts der Religionsfreiheit und religiöser Verständigung für eine Weltfriedensordnung nach dem Ost-West-Konflikt. In einer solchen besitzt religiöse Verständigung, die wiederum vom Menschenrecht der Religionsfreiheit bedingt ist, im Hinblick auf die Verhinderung einer Manipulation von Religion durch die Staaten besondere Relevanz. Umgekehrt ist auch die Frage der Anerkennung der Menschenrechte unmittelbar mit der Frage der Legitimität politischer Herrschaft verbunden. Innerhalb der Menschenrechte nimmt wiederum, wie in der vorliegenden Untersuchung zuvor dargelegt[554], die Religionsfreiheit eine besondere Stellung ein.[555] Schließlich hat das Verhältnis von Religion und Politik besonderen Einfluß auf die politische und soziale Ordnung. Damit erweist sich: „The recognition of religious rights is a necessity if a more peaceful world-order is ever to be achieved."[556]

Angesichtsdessen sprechen die Empfehlungen der SBE[557] diesbezüglich zentrale Aspekte hinsichtlich der Gestaltung politischer und sozialer Ordnung an. Die entsprechende Umsetzung ist dann vor allem vom politischen Willen der Staaten abhängig.[558] Dabei wird sowohl stille Diplomatie als auch das von der Tätigkeit der SBE[559] bekannte Mittel der Publizität bzw. des moralischen Appells vonnöten sein.[560] Freilich müssen in maßgebender Form die internationale Gemeinschaft der VN[561] selbst einerseits sowie NRO[562] und die gesellschaftliche

---

[554] Vgl. Abschnitt II.1. der vorliegenden Untersuchung.

[555] Nach Kimminich 1990, 55, ist „der Zusammenhang zwischen Menschenrechtsschutz und internationaler Friedensordnung im Bereiche des Schutzes der Religionsfreiheit besonders eng." Dabei geht es nach Kimminich 1990, 189f., nicht nur um die Friedenspflicht der Staaten oder ein einseitiges Interventionsverbot, sondern vielmehr um einen positiven Friedensbegriff, der mit der Achtung der Religion als einem ‚heiligen' menschlichen Grundbedürfnis seine Voraussetzungen erst schafft. Religionsfreiheit wolle so das friedliche Zusammenleben der Menschen – und Staaten – ermöglichen und erleichtern. Religionsfreiheit stelle sich damit als ein wesentliches Element einer guten internationalen Ordnung dar.

[556] Tierney 1996, 44.

[557] Vgl. Abschnitt III.4. der vorliegenden Untersuchung.

[558] Vgl. Abschnitt III.4.c) der vorliegenden Untersuchung.

[559] Vgl. Abschnitte III.2. und 5. der vorliegenden Untersuchung.

[560] Verschiedene Beiträge in Boisard/Chossudovky 1998.

[561] In diesem Zusammenhang stellen sich freilich nur zu oft Fragen nach einer Reform der VN. Aus der diesbezüglich übergroßen Literaturmenge sei hier nur Bertrand 1995 genannt, der aus jahrelanger eigener Erfahrung sehr kritisch berichten kann. Im Menschenrechtsbereich ist die Einrichtung eines Hochkommissars für Menschenrechte der Versuch, die diesbezügliche Bedeutung der VN nach außen sichtbarer zu verkörpern, vgl. Ayala-Lasso 1998, 293ff., Kedzia/Jerbi 1998, 85ff. Freilich bewegen sich die diesbezüg-

Öffentlichkeit in den Staaten andererseits initiativ wie flankierend hinzuwirken. Diesen drei Akteuren – Staaten, VN und NRO bzw. gesellschaftliche Öffentlichkeit – können – freilich nicht in ausschließender Absicht – drei Aspekte zugeordnet werden, die zum Abschluß der vorliegenden Untersuchung hervorgehoben werden sollen: die Durchsetzung des Prinzips des säkularen demokratischen Verfassungsstaates, ein völkervertragliches Übereinkommen über den Schutz des Menschenrechts der Religionsfreiheit und religiöse Verständigung, die Einrichtung und Förderung eines interreligiösen wie interkulturellen Dialogs auf dem Weg zu einer Kultur der Toleranz. Die Forderung der Stärkung der Einrichtung der SBE zu religiöser Intoleranz selbst weist als vierter Aspekt zu allen vorhergehenden einen besonderen Bezug auf.

Eine volle Garantie der Menschenrechte und gerade der Religionsfreiheit über die Gewährung von Toleranzen hinaus ist nur in einem säkularen demokratischen Verfassungsstaat denkbar.[563] Dementsprechend verweisen die SBE auf

---

lichen Kompetenzen – der Menschenrechtspolitik als Querschnittsaufgabe der VN entsprechend – weiterhin zwischen den, direkt staatenabhängigen, VN-Organen. Insofern ergeben sich hier auch Widersprüche im Mandat, das zum einen von „principal responsibility" spricht und zum anderen dann „under the direction of the Secretary-General" und „within the overall framework" der weiteren VN-Organe hinzufügt, zitiert nach Kedzia/Jerbi 1998, 88.

[562] Die Tätigkeit der NRO auch hinsichtlich der Religionsfreiheit zeigt sich zunehmend als unerläßlich, vgl. Tahzib 1996, 223ff., für säkulare NRO Roan 1996, 135ff. Allerdings ist Skepsis angebracht: Im schon nach der Definition weitestreichenden Bereich der NRO und insbesondere hinsichtlich Belangen der Religion und Religionsfreiheit stellen sich Möglichkeiten und Existenz von Mißbrauch und Instrumentalisierung als vielfältig und schlecht überschaubar bzw. kontrollierbar dar: So sind auch sowohl religiöse wie anti-religiöse extremistische Gruppen als NRO aufzufassen. Hinzu kommt das Problem mangelnder demokratischer Legitimation über diffuse gesellschaftliche Wohlmeinung hinaus. Trotz aller Kritik, die Staaten eben auch als Hauptverletzer von Menschenrechten ausweist, muß deshalb in der Hauptsache an demokratisch verfaßter Staatlichkeit als Hauptträger der Verantwortung für die Achtung und den Schutz der Menschenrechte festgehalten werden. So stellt Brugger 1998, 153, ebenso wie die Tatsache der von Staaten zu verantwortenden Menschenrechtsverletzungen fest: „Bürger eines Staates zu sein, ist (...) Grundvoraussetzung von Freiheits- und Rechtssicherung überhaupt."

[563] Vgl. Abschnitt II.1. der vorliegenden Untersuchung. Müller 1999, 94ff., 156ff., weist die Meinung Bassam Tibis zurück, der den Nationalstaat als eines der wichtigsten Produkte westlicher Kultur der islamischen Welt aufgepfropft sieht, da jener von der Idee der dem Islam fremden Volkssouveränität ausgehe. Müller verweist demgegenüber auf die tatsächliche, historisch umgekehrte Entwicklung, in der die Völkssouveränität nicht am Beginn, sondern am Ende der westlichen neuzeitlichen Staatsentwicklung steht. Demgegenüber betont Rubin 1994, 22ff., die primäre bewußtseinsprägende Bedeutung von Religion und Ethnizität bzw. Clanstrukturen. Diese bedeuten freilich keinen Einwand gegen eine die Menschenrechte schützende politische Gemeinschaft.

eine unabdingbare Erfordernis der Geltung und Durchführung des Rechtsstaats- und Demokratieprinzips.[564] So sind auch schon durch die VN-Charta und die Universale Menschenrechtscharta klare diesbezügliche Gestaltungsaufgaben für die politische und soziale Ordnung formuliert. Dazu gehört in besonderer Weise die Achtung wirtschaftlicher und sozialer Menschenrechte.[565] Im Hinblick darauf scheinen jüngste Geschehnisse in der internationalen Politik, gerade hinsichtlich von Staaten mit bisherigen besonderen und massiven Menschenrechtsverletzungen, wie etwa China (Volksrepublik)[566] und Iran[567], positive Entwicklungen anzuzeigen.[568] Einer freundlichen Trennung von Politik und Religion für den Bereich des Staates – nicht für seine Bürger – stehen, wie in der vorliegenden Untersuchung zuvor dargelegt[569], keineswegs feststehende und unüberwindbare religiöse oder kulturelle Gründe, sondern vielmehr grundsätzlich veränderliche und somit veränderbare politische Problematiken – insbesondere von Erwerb und Sicherung politischer Herrschaft – entgegen.[570]

Zum Ziel eines größtmöglichen völkerrechtlichen Schutzes des Menschenrechts der Religionsfreiheit und religiöser Verständigung erscheint – entgegen der Ansicht des derzeitigen SBE[571] – ein völkervertragliches Spezialübereinkommen bzw. zumindest ein entsprechendes weiteres Optionalprotokoll zum Zivilpakt sowohl notwendig als auch – aufgrund der grundsätzlich veränderbaren zugrundeliegenden politischen Problematik – machbar.[572] Zum einen würde

---

[564] Vgl. Abschnitt III.4.b) der vorliegenden Untersuchung. Nach Müller 1999, 55, ist die insgesamt festzustellende „Ausbreitung der Demokratie (...) eines der gewichtigsten, wenn nicht sogar das wichtigste Indiz für eine Annäherung der Kulturen und die Chance eines interkulturellen Dialogs".

[565] Vgl. Abschnitte II.3. und IV.3. der vorliegenden Untersuchung, vgl. Vasak 1982, 4ff., Wood 1996, 470f. Zur Trennung der zeitlichen und transzendenten Sphäre in den politischen Ordnungserfahrungen der Völker klassisch Voegelin 1991 und Voegelin 1993.

[566] Vgl. Blume/Yamamoto 2000, 10f.

[567] Vgl. Hermann 2000, 15, Hoffmann 2000, 15.

[568] Eine Übersicht über die Stellung der Religion zum Staat in verschiedenen Ländern bietet Vyver 1996, xviii.

[569] Vgl. Abschnitte IV.2. und 3. der vorliegenden Untersuchung.

[570] Eine solche Trennung ist gemäß den in Abschnitt II.3. der vorliegenden Untersuchung dargelegten international anerkannten Normierungen in ihren Grenzbereichen unter Berücksichtigung kultureller Bedingungen auszuhandeln. Sehr verkürzt erscheinen Schematisierungsversuche von Durham 1996, 16ff.

[571] Vgl. Abschnitte III.4.a) und 5. der vorliegenden Untersuchung.

[572] Vgl. Kimminich 1990, 143f. Pessimistisch demgegenüber Henkin 1994, viiif.: „'Cultural relativism' will doubtless continue to be a battle cry in the next century" – und zwar ausgehend von „repressive illegitimate regimes".

damit zumindest eine Implementierungsmaschinerie in Gang gesetzt, zum anderen würden möglicherweise auch bestehende Probleme bzw. Unklarheiten nach den relevanten Dokumenten beseitigt oder zumindest geklärt: Diese betreffen vor allem das Recht des Religionswechsels, die Stellung bzw. Gleichberechtigung der Frauen[573], das Recht auf religiöse Erziehung und Bildung, in besonderer Weise die Problematik neuer religiöser Bewegungen bzw. Sekten[574] sowie zulässige Beschränkungsmöglichkeiten der Ausübung der Religionsfreiheit.[575] Zugleich dürfen allerdings mit einem solchen neuen Übereinkommen Rückschritte im Vergleich zu bestehenden völkervertraglichen Schutzbestimmungen, also vor allem zum Zivilpakt, nicht riskiert werden.[576] Zur Verhinderung politischer Manipulation und Instrumentalisierung sind insbesondere auch inhaltliche Definitionen von Religion und Überzeugung zu vermeiden. Vielmehr dürfen zulässige Einschränkungsgründe der Religionsfreiheit lediglich im Hinblick auf deren Ausübung bestimmt werden.[577] Angesichtsdessen stellt sich ein neues völkervertragliches Instrument auch dann als sinnvoll dar, wenn die Deklaration von 1981 heute völkergewohnheitsrechtlich gilt.[578] Eine derartige Initiative liegt im Aufgabenbereich der VN – die Umsetzung wiederum in der Verantwortung der Staaten.

Schließlich ist die Einrichtung und Förderung eines interreligiösen sowie interkulturellen Dialogs hin zu einer von den SBE geforderten Kultur der Toleranz[579] unabdingbar, um fundamentalistische und extremistische Stimmen, die wirklichkeitsverzerrend unüberbrückbare kulturelle und religiöse Unterschiede behaupten und entsprechend Einfluß auf die bzw. innerhalb der Staaten nehmen,

---

[573] Vgl. Müller 1999, 238ff., der in der Stärkung der Stellung der Frauen aufgrund deren allgemeiner, weltweiter und kulturübergreifender Diskriminierung einen besonderen Schlüsselaspekt sieht.

[574] Vgl. Amor 1997, 18, der die Notwendigkeit einer besonderen affektfreien Prüfung dieses Problems fernab von Verallgemeinerungen betont.

[575] Vgl. Kimminich 1990, 91.

[576] Vgl. Sullivan 1988, 518f., Lerner 1996, 123f.

[577] Insofern ist hier auch die grundsätzliche Möglichkeit von Mißbrauch und Scharlatanismus hinzunehmen, vgl. Witte 1996, xxiii.

[578] Vgl. Dickson 1995, 346. Insofern ist hier entgegen mancher Befürchtungen und freilich tatsächlichen Entwicklungen in anderen Bereichen der VN, wie dargestellt bei Riedel 1998, 26, noch keine „Normierungshypertrophie" festzustellen.

[579] Vgl. Abschnitt III.4.b) der vorliegenden Untersuchung.

bekämpfen zu können.[580] Dies liegt durchweg im unmittelbaren Interesse der Staaten selbst. Umgekehrt können religiöse Gemeinschaften und deren Führer Einfluß auf die Staaten zur Achtung und Durchsetzung der Religionsfreiheit als Menschenrecht nehmen. Insofern kann und muß das Menschenrecht der Religionsfreiheit national wie international zu einem „Kristallisationspunkt des interkulturellen Dialogs über Menschenrechte"[581] gemacht werden. Ein solcher Dialog darf freilich nicht hinter völkerrechtlich universal anerkannte Menschenrechtsstandards zurückgehen. Deshalb darf es bei einem interreligiösen oder interkulturellen Dialog nicht um relativierende Verhandlungen jener Inhalte gehen, sondern um Abbau von Mißtrauen und Aufbau von gegenseitigem Verständnis einerseits sowie um den Austausch verschiedener religiöser bzw. kultureller Begründungsmöglichkeiten der geltenden Menschenrechtsstandards andererseits.[582] Die universale Geltung von Menschenrechten erscheint dann zwin-

---

[580]   Eine besondere Bedeutung kommt hierbei der UNESCO zu. Symonides 1998, 98ff., stellt diesbezügliche Programme und Aktionen dar. Freilich muß ein Dialog zwischen Religionen letztlich von diesen selbst getragen sein.

[581]   Dicke 1999, 17, vgl. Marty 1996, 16, Tahzib 1996, 18ff., 42ff., Hasenclever/Rittberger 1999, 16ff. Diesbezüglich populär stellt sich das 1990 vorgestellte sogenannte Projekt Weltethos von Hans Küng dar. Mit der praktischen Umsetzung in Weltpolitik und Weltethos befaßt sich Küng in Küng 1997.

[582]   Dabei muß vor allem gegenseitige Vertrauensbildung im Vordergrund stehen, bevor etwaige Gemeinsamkeiten entdeckt werden können. Die sich damit den Religionen stellenden Herausforderungen untersuchen Vendley/Little 1994. Freilich kann ein von Maier 1997, 47ff., geforderter interkultureller Dialog bzw. Verständigung über Menschenrechte nicht hinter den völkerrechtlich erreichten Standard zurückgehen und muß dort enden, wo – angesichts offensichtlicher Menschenrechtsverletzungen in spezifischen Staaten – deren Kritik als manipulativ bzw. ideologisch erscheint. Hilpert 1991, 225ff., betont die Bedeutung interreligiösen Dialogs nicht notwendig hinsichtlich der Menschenrechte als Ganzes, sondern viel öfter hinsichtlich faktischer politischer und sozialer Problemlagen – die freilich wiederum oftmals Verletzungen der völkerrechtlich geltenden Menschenrechtsstandards darstellen. Brugger 1998, 185, spricht vom Suchen „einer gemeinsamen Sprach- und Verständigungsebene" gegen Versuche der „einseitigen Okkupierung". Robinson 1998, 89, beschreibt diesen Sachverhalt so: „Die Basis der Menschenwürde, auf die die Allgemeine Erklärung und andere Menschenrechtsdokumente der Vereinten Nationen huinweisen (...), hat natürlich eine gewisse westliche philosophische und sogar religiöse Färbung. Doch sie läßt sich unbestreitbar in sehr viele verschiedene Sprachen und Kulturen übersetzen", vgl. Dicke 1997, 67f., der auf die Tatsache hinweist, daß die Dokumente einer Definition gerade aus dem Weg gehen und so den Menschen nicht auf ein bestimmtes Menschenbild festlegen wollen. Dicke 1997, 68f., spricht von „Formalität" der Menschenwürde, nicht im Sinne einer Inhaltsleere, sondern „vielmehr hebt die Konzentration auf die Form einer Rechtsnorm, nämlich ihre Übereinstimmung mit der gleichen Autonomie eines jeden Rechtsunterworfenen, auf Freiheit und Gleichheit als den wesentlichen Inhalts des Rechts ab. Dieser Inhalt muß aber ein solcher sein, der in jeder denkbaren Normierungs- und Rechtsanwendungssituation Berücksichtigung erfahren

gend, wenn die ihnen zugrundeliegenden Unrechtserfahrungen[583] und damit die „Erfahrung der Menschenwürde als universalen und nicht hintergehbaren Bezugspunkt von Politik"[584] – weltweit – verdeutlicht werden. Andererseits kann eine solche Verständigung zwischen Religionen bzw. Kulturen angesichts der vorrangigen Staatenverantwortlichkeit in internationaler Politik und Völkerrecht nicht zu einer notwendigen oder gar zwingenden Voraussetzung für eine weitere universale Verrechtlichung auf diesem Gebiet gemacht werden – ebensowenig wie mit dem Fehlen oder Ausbleiben einer solchen Verständigung Verletzungen des Menschenrechts der Religionsfreiheit und religiöse Konflikte entschuldigt werden dürfen.[585]

Vor diesem Hintergrund ist immer – wie auch von den SBE betont[586] – darauf hinzuweisen, was leider in Teilen noch immer nicht als selbstverständlich angesehen wird: daß kein Mensch einem anderen Menschen – außer mit verbrecherischer Absicht – bestreiten kann, in gleicher Weise Träger unabdingbarer Rechte aus eigener Würde zu sein – und daß dies auch nicht von einer Kultur oder Religion als solcher getan wird: Vielmehr gilt dies gerade für die den Menschen, als zur Transzendenz hin offenes Wesen, charakterisierende Freiheit der Religion.[587] Gerade von einem religiösen Standpunkt aus muß jedermann das Recht der eigenen Glaubenserfahrung haben. Insofern ist das Menschenrecht der Religionsfreiheit unteilbar. Damit kann es selbst die Voraussetzung für eine spirituelle Erneuerung von Religion bieten.[588] Diesen Zusammenhang müssen sich keineswegs etwa nur islamische oder asiatische, sondern vielmehr noch westliche Stimmen vor Augen halten, die auf internationaler Ebene nicht den Eindruck erwecken dürfen, als seien Menschenrechte nur das Ergebnis eines sogenannten

---

kann; eine materielle Formulierung der Fundamentalnorm des Rechts wird diesem Kriterium jedoch nicht gerecht." Weiter stellt Dicke fest: „Von diesen beiden Ansatzpunkten für eine Bestimmung des Geltungsgrundes der Menschenrechte, der Rechtsgeltung und der Menschenwürde, ist nun die konkrete Philosophie oder die konkrete Konzeption, in der eine solche Geltungstheorie dargelegt wird, strikt zu unterscheiden." Nach Spaemann 1987a, 314ff., können freilich auch Atheisten die Menschenwürde achten, dies aber letztlich nicht schlüssig begründen.

583   Vgl. Dicke 1997, 64f., Brugger 1998, 183ff.
584   Dicke 1997, 73.
585   Vgl. Wood 1996, 456.
586   Vgl. Abschnitt III.3.a) der vorliegenden Untersuchung.
587   Vgl. Wood 1996, 475.
588   Vgl. An-Na'im 1996, 339f.

säkularisierten Denkens und stellten letztlich einen Aufruf zum Abfall vom Glauben dar.[589]

So erweist sich die Stellung der Religionen und Konfessionen zur Religionsfreiheit als zentral für ihr Verhältnis zur modernen Welt und zum spezifisch modernen freiheitlichen Staat sowie zum Verständnis der Personalität des Menschen, der Anerkennung des unabdingbaren Freiheitsanspruchs der Person: „Religionsfreiheit wird so über die Bedeutung hinaus, die sie aus sich selbst hat, zugleich Achse und Angelpunkt für das Thema Staat – Gesellschaft – Kirche."[590] Umgekehrt bleiben die internationale Gemeinschaft wie auch die Staaten auf normative Leistungen aus religiöser Betätigung, d.h. auf die Ausbildung und Erhaltung von moralischen und ethischen Vorstellungen, angewiesen.[591] Hier schließt sich die Feststellung an, daß eine politische Gesellschaft aus Voraussetzungen lebt, die sie selbst nicht schaffen und über die sie letztlich nicht verfügen kann.[592] Damit öffnet sich der Gegenstand der vorliegenden Untersuchung zu weiterführenden Fragen nach dem Verhältnis von Religion und Politik im Hinblick auf den Einzelnen und die Gesellschaft.

Die von den SBE selbst erhobene Forderung[593] nach einer Stärkung der eigenen Einrichtung weist gegenüber den drei dargelegten Aspekten – der Durchsetzung des säkularen demokratischen Verfassungsstaates, eines völkervertraglichen Übereinkommens speziell zur Religionsfreiheit sowie eines interreligiösen Dialogs bei Wahrung geltender Menschenrechtsstandards – einen besonderen Bezug auf: So stellen die SBE zu religiöser Intoleranz nach wie vor die einzige Einrichtung der VN dar, die sich weltweit speziell mit dem Menschenrecht der Religionsfreiheit beschäftigt. Demzufolge erscheint eine Stärkung dieser Einrichtung, nicht nur in materieller Hinsicht, unerläßlich. Eine solche Stärkung

---

[589] Vgl. Dicke 1997, 75.

[590] Böckenförde 1990, 7.

[591] Fraglich ist, ob mit Hasenclever/Rittberger 1999, 20, Religion in ihrer politischen Bedeutung als lediglich aus der Schwäche der Moderne bzw. einer diesbezüglichen Enttäuschung resultierend betrachtet werden kann. Die Schwäche der Moderne stärkt freilich, so Rubin 1994, 23f., gegenwärtig die öffentliche und politische Bedeutung von Religion angesichts des Fehlens oder der Schwäche anderer sozialer Institutionen. Rubin 1994, 33, stellt fest: „As more and more people become urbanized, educated and politicized, they will search more consciously and systematically for identity and ideology. Prescribed status and customs increasingly will come under question, and religion will be enhanced as an answer to problems."

[592] Vgl. Böckenförde 1978, 36f.

[593] Vgl. Abschnitt III.4.d) der vorliegenden Untersuchung.

kann vor allem in zweierlei Hinsicht erfolgen: zum einen hinsichtlich von Möglichkeiten der Schaffung unmittelbarer Durchsetzungsmechanismen der SBE gegenüber den Staaten, zum anderen hinsichtlich der verstärkten Zusammenarbeit und gegenseitigen Abstimmung der SBE zu religiöser Intoleranz mit allen weiteren thematischen und länderspezifischen Mechanismen der MRK. Während ersteres die Unterschiede der MRK-Mechanismen wie eben der SBE zu den Befugnissen der MRK selbst sowie den Menschenrechtsvertragsorganen verwischen würde – und deshalb gegenüber den Staaten als kaum zustimmungsfähig bezeichnet werden muß – könnte letzteres realistischer einer erhöhten Effizienz der charter-based Menschenrechtsmechanismen der VN insgesamt dienen. So wäre eine – wie auch von den SBE zu religiöser Intoleranz selbst vorgeschlagene – sämtliche Staaten umfassende Gesamtfeststellung und -beurteilung der Menschenrechtslage weltweit möglich. Eine solche vermag die VN-Menschenrechtspolitik in ihrem Herzstück, der MRK, sowie nicht zuletzt das Bemühen der SBE zu religiöser Intoleranz um Glaubwürdigkeit und faktischer Durchsetzungskraft zu stärken. So stellt sich der Ausbau des internationalen Menschenrechtsschutzes in diesem besonderen Bereich als „unabdingbare Voraussetzung für die Schaffung der Welt des Friedens und der Gewaltlosigkeit (dar), wie sie den Schöpfern der Satzung der Vereinten Nationen vorschwebte (...). Das Menschenrecht der Religionsfreiheit steht mitten in diesen Zusammenhängen".[594]

---

[594] Kimminich 1990, 54.

V. ZUSAMMENFASSUNG UND AUSBLICK

Die vorliegende Arbeit untersuchte die Bemühungen der Vereinten Nationen um Schutz der Religionsfreiheit als Menschenrecht sowie um religiöse Verständigung. Dies geschah anhand der Feststellungen und Empfehlungen ihrer einzigen weltweit speziell damit befaßten Einrichtung, der Sonderberichterstatter zu religiöser Intoleranz der Menschenrechtskommission und ihrer Unterkommission, in ihren Berichten im Anschluß an die Deklaration der Generalversammlung über die Beseitigung aller Formen von Intoleranz und Diskriminierung aufgrund der Religion oder der Überzeugung von 1981. Daraus wurden Schlußfolgerungen im Hinblick auf die besondere Bedeutung von Religionsfreiheit und religiöser Verständigung für eine auf dem Völkerrecht gegründete Weltfriedensordnung nach dem Ost-West-Konflikt gezogen.

Zu Beginn der Untersuchung war zu klären, wie Religionsfreiheit als Menschenrecht in relevanten Dokumenten der Vereinten Nationen – der Universalen Erklärung der Menschenrechte, des Internationalen Pakts über bürgerliche und politische Rechte sowie der Deklaration von 1981 – in Erfüllung des Auftrags der Charta im Hinblick auf die Achtung und Förderung von Frieden und Menschenrechten bestimmt und inwiefern ihr ein Beitrag zur Wahrung des Friedens beigemessen wird. Danach wurde festgestellt, daß über reine Diskriminierungsverbote hinaus das Menschenrecht der Religionsfreiheit erstmals in der Universalen Erklärung der Menschenrechte proklamiert und erstmals im Internationalen Pakt über bürgerliche und politische Rechte für dessen Teilnehmerstaaten rechtsverbindlich niedergelegt worden ist. Hierin umfaßt es das Recht auf Besitz einer Religion oder Überzeugung als solcher sowie das Recht der privaten wie öffentlichen, individuellen wie gemeinschaftlichen Ausübung. Lediglich die Ausübung, nicht jedoch der Besitz als solcher, darf unter bestimmten, gesetzlich festgelegten Bedingungen beschränkt werden. Jeglicher Zwang ist verboten. Die Verständigungs- und Friedensfunktion der Religionsfreiheit wurden anerkannt sowie Rechte religiöser Minderheiten formuliert. Das Recht des Religionswechsels wird entgegen der herrschenden Völkerrechtsmeinung nur von einer kleinen Anzahl von Staaten bestritten. Die nicht völkervertragsrechtliche Deklaration von 1981 trägt zur Stabilisierung der Rechtsmeinung bei, läßt allerdings Unklarheiten vor allem im Hinblick auf religiöse Bildung und Erziehung bestehen.

Im Rahmen der ihr aufgrund der Charta der Vereinten Nationen zukommenden Kompetenzen beriefen die Menschenrechtskommission sowie ihre Unterkommission Sonderberichterstatter zu religiöser Intoleranz. Deren Aufgabe ist die Feststellung der Implementierung der Religionsfreiheit bzw. der Bestimmungen der Deklaration von 1981 sowie die Formulierung entsprechender Empfehlungen. Die Sonderberichterstatter berichten dementsprechend der Unterkommission bzw. Menschenrechtskommission sowie seit 1995 auch der Generalversammlung. Die vorliegende Untersuchung stellt die erstmalige systematische Auswertung und kritische Würdigung der Berichte der Sonderberichterstatter zu religiöser Intoleranz seit der Deklaration von 1981 dar. Dazu wurde eine eigenständige Systematisierung entsprechend des Auftrags der Sonderberichterstatter und der vorhergehenden relevanten Dokumente entwickelt. Zudem wurde die Einrichtung der Sonderberichterstatter im Hinblick auf das Verhältnis von Mandat und Selbstverständnis, Aktivitäten und Arbeitsweisen sowie Eigenbewertungen untersucht.

So legte die vorliegende Arbeit eine faktische Ausdehnung des Mandats der Sonderberichterstatter im Hinblick auf die Aktivitäten und Arbeitsweisen entsprechend ihres Selbstverständnisses dar. Dabei stellen die Sonderberichterstatter ihre Einrichtung in den Zusammenhang der wachsenden Bedeutung der Menschenrechtspolitik der Vereinten Nationen. In Ausdehnung ihres Mandats wenden sich die Sonderberichterstatter über die Menschenrechtskommission und die Staaten hinaus an die gesellschaftliche Öffentlichkeit und beanspruchen so eine politisch-moralische Funktion. Insofern ist auch in der Berichterstattung ein zunehmend selbstbewußterer Ton sowie eine größere Differenziertheit in der Analyse feststellbar. Freilich stehen die Sonderberichterstatter weiterhin unter dem Rechtfertigungsdruck der Menschenrechtskommission und der Staaten.

Die Feststellungen der Sonderberichterstatter ergehen zu Aussagen zum Recht der Religionsfreiheit, zu der Implementierung förderlichen und hinderlichen Vorkommnissen sowie zu deren Verursachern und Ursachen. Die Empfehlungen der Sonderberichterstatter betreffen rechtliche sowie politische und gesellschaftliche Implementierungsformen, internationale politische Zusammenarbeit sowie Empfehlungen zur Mandatserfüllung. Die Sonderberichterstatter kommen schließlich selbst zu Eigenbewertungen ihrer Einrichtung und der Vorkommnisse. In jedem Fall berücksichtigte die vorliegende Untersuchung Veränderungen in der Gewichtung einzelner Aspekte in der chronologischen Abfolge.

Daraus ergab sich, daß die Sonderberichterstatter das Menschenrecht der Religionsfreiheit als unteilbar sowie als von den meisten Staaten völkerrechtlich und gesetzlich anerkannt feststellen. Dennoch kommen Verletzungen der Religionsfreiheit – sowie damit zusammenhängend auch anderer Menschenrechte – inter- wie intrareligiös an allen Orten und in allen in den relevanten Dokumenten genannten Aspekten vor. Insbesondere Frauen und religiöse Minderheiten zeigen sich davon betroffen. Als gewichtigste Ursachen stellen sich vor allem staatliche Politik sowie nicht- bzw. halbstaatlicher Extremismus dar. So unterdrücken Staaten im Namen einer politischen Ideologie Religion bzw. Religionen ebenso, wie sie Religion für politische Zwecke mißbrauchen. Nicht- bzw. halbstaatliche oder von Staaten unterstützte politisch-religiöse extremistische Kräfte gründen ebenso auf einer politischen Manipulation des religiösen Wahrheitsanspruchs und bekämpfen andere Religionen – vielmehr aber noch Anhänger der eigenen Religion. Eine genaue Unterscheidung zwischen religiösen, politischen und ethnischen Verfolgungs- und Konfliktgründen stellt sich freilich oftmals als schwierig dar. So erscheint zuletzt der menschliche Geist als eigentlicher Entstehungsort von religiöser Intoleranz.

Die Empfehlungen der Sonderberichterstatter ergehen zunächst zu rechtlichen Implementierungsformen: vor allem in bezug auf ein neues völkervertragliches Spezialübereinkommen zur Religionsfreiheit. Dieser Aspekt tritt dann jedoch mangels entsprechenden Fortschritts in den Hintergrund. Stattdessen sollten die Staaten vor allem bestehende internationale Menschenrechtsstandards annehmen. Die Empfehlungen zu politischen und gesellschaftlichen Implementierungsformen ergehen angesichts der zeitlichen Abfolge und inhaltlichen Gewichtung zu wie folgt dargestellten Teilaspekten: Verbreitung der Prinzipien und Bestimmungen der Deklaration von 1981 sowie Wertvermittlung durch Schule und Medien und Training nationaler Verantwortungsträger, Schaffung und Beförderung eines interreligiösen Dialogs bzw. einer Kultur der Toleranz, Beachtung und Förderung rechtsstaatlicher und demokratischer Prinzipien und wirtschaftlicher, sozialer und kultureller Entwicklung sowie eine staatliche Politik der Toleranz und eine sogenannte freundliche Trennung von politischen und religiösen Institutionen. Die Empfehlungen zur internationalen politischen Zusammenarbeit der Staaten sprechen zugleich den positiven Beitrag der Religionsfreiheit zu bzw. den negativen Einfluß von religiöser Intoleranz und Diskriminierung auf Stabilität und Frieden in den internationalen Beziehungen an. Als am vordringlichsten von den Staaten zu behandelndes Problem ergibt sich hier das Phänomen des weltweiten politisch-religiösen Extremismus. Die Empfehlungen im Hinblick auf eine größere Effizienz ihrer eigenen Einrichtung der Sonderberichterstatter ergehen zu folgenden Teilaspekten: Ressourcenverstärkung, Entwicklung neuer Arbeitsmechanismen und -methoden sowie eine verstärkte bzw. verbesserte Zusammenarbeit der verschiedenen, mit dem Menschenrecht der Religionsfreiheit bzw. religiöser Intoleranz und Diskriminierung befaßten Organe der Vereinten Nationen.

Die Eigenbewertung der Sonderberichterstatter im Hinblick auf ihre eigene Einrichtung und die festzustellende Menschenrechtslage in bezug auf die Religionsfreiheit fällt zwiespältig aus: Einerseits wußten die Sonderberichterstatter die dynamische Natur ihres Mandates zu entfalten. Andererseits ist ihnen die Tatsache ihres Auftrags als längerfristige Herausforderung bewußt. So stellen die Sonderberichterstatter eine verbesserte Mitwirkung der Staaten sowie die Herausbildung einer Meinung der internationalen Öffentlichkeit fest. Zugleich erkennen sie freilich nur einen begrenzten Fortschritt bei der Verbesserung der Menschenrechtslage in bezug auf die Religionsfreiheit.

Im Anschluß daran unternahm die vorliegende Untersuchung eine kritische Würdigung der Einrichtung der Sonderberichterstatter zu religiöser Intoleranz anhand ihrer Berichterstattung hinsichtlich des Mandats im Rahmen der Menschenrechtspolitik der Vereinten Nationen. So ergeben die Berichte der Sonderberichterstatter einen eindrücklichen und umfassenden Einblick über aktuelle Probleme religiöser Intoleranz und Diskriminierung in allen denkbaren Formen in aller Welt sowie über die zugrundeliegenden Ursachen. Mit ihren daraufhin formulierten Empfehlungen sprechen die Sonderberichterstatter zentrale Aspekte der Gesamtproblematik an. Schließlich gewann die Einrichtung der Sonderberichterstatter auch zunehmendes Gewicht gegenüber der Menschenrechtskommission und den Staaten. Die Staaten akzeptierten durch ihr kooperatives Verhalten die faktische Ausdehnung des Mandats der Sonderberichterstatter. Zugleich gelang den Sonderberichterstattern die Einnahme einer politisch-moralischen Position. Die Einrichtung der Sonderberichterstatter zu religiöser Intoleranz kann somit als Beispiel für grundlegende Tendenzen der Menschenrechtspolitik und -verrechtlichung in einem kleinen, aber doch besonderen Bereich, in den Vereinten Nationen gelten. Diese Tendenzen bewegen sich auf staatlicher Ebene aus der klassischen Staatensouveränität heraus und führen zum Schutz der Menschenrechte als der Legitimationsgrundlage politischer Ordnung in einem demokratischen Verfassungsstaat. Dieser steht wiederum auf internationaler Ebene in der Gemeinschaft der auf dem Ziel der Wahrung von Frieden und Menschenrechten gegründeten Vereinten Nationen, welche selbst den bedeutendsten Akteur internationaler Menschenrechtspolitik darstellen. Freilich üben jedoch die Staaten weiterhin den entscheidenden politischen Einfluß aus. Dies zeigt sich insbesondere an der zurückhaltenden Bewertung der den Berichten der Sonderberichterstatter zugrundeliegenden Informationen sowie der Behandlung der Menschenrechtsverletzungen bezichtigten Staaten. Im Gegensatz zu den Menschenrechtsausschüssen der Menschenrechtsvertragsorgane verfügen die Sonderberichterstatter zudem über keine unmittelbaren Staatenbewertungs- und Durchsetzungsmöglichkeiten. Insofern ist die Frage, ob die Sonderberichterstatter direkten Einfluß auf die Verhinderung bzw. Beseitigung von Verletzungen der Religionsfreiheit oder religiösen Konflikten genommen haben, sehr schwer zu beantworten. Zum mindesten kann festgestellt werden, daß ohne die Existenz von Vereinten Nationen, Menschenrechtskommission sowie Sonderberichterstatter zu religiöser Intoleranz jene Probleme weit weniger bekannt sein und deshalb noch umso eher verstärkt auftreten dürften. Gegenüber der Gesamtheit der in unterschiedlichem Ausmaß auftretenden Vorkommnisse kann freilich kein direkter Einfluß der Sonderberichterstatter angenommen werden.

Die vorliegende Untersuchung zog aus den Erkenntnissen und Empfehlungen der Sonderberichterstatter Schlußfolgerungen im Hinblick auf die besondere Bedeutung von Religionsfreiheit und religiöser Verständigung für eine Weltfriedensordnung nach dem Ost-West-Konflikt. Dies geschah angesichts der vieldiskutierten Annahme des US-amerikanischen Politikwissenschaftlers Samuel Huntington über einen sogenannten Zusammenprall oder gar Kampf der Kulturen als dem vermeintlichen Grundmuster von Kohärenz und Konflikt nach dem Ost-West-Konflikt: aufgrund vorgeblich unüberbrückbarer kultureller und religiöser Unterschiede zwischen den Völkern sowie fehlender Universalismen. Diese Annahmen wurden mit den Erkenntnissen der Sonderberichterstatter kontrastiert. Daraus ergab sich, daß wesentliche Annahmen Huntingtons zurückgewiesen werden mußten: So stellen sich aus Gründen der individuellen religiösen Erfahrungen sowie zudem sozialen Bedingungen Religionen und folglich auch Kulturen als keineswegs monolithisch, sondern vielmehr heterogen und offen dar. Als Ursache von Verletzungen der Religionsfreiheit und religiöser Konflikte erweist sich nicht ein religiöser Wahrheitsanspruch bzw. Religion oder Kultur als solche, sondern deren politische Instrumentalisierung, Manipulation und somit Mißbrauch. Dies betrifft vor allem islamisch geprägte Staaten. Demgegenüber treten Religionen weltweit auch für religiöse Verständigung ein. Da sich die Grundproblematik also als eine politische erweist, müssen Lösungen folglich auch auf der Ebene von Politik und Recht – und vor allem der Staaten – ansetzen. Weiterhin stellen sich die menschenrechtlichen Normierungen des Völkerrechts – trotz dessen Verletzungen sowie jüngster grundsätzlicher Kritik einiger weniger Staaten – als universal anerkannt und in den Staaten selbst verrechtlicht dar. Dies gilt gerade für das Menschenrecht der Religionsfreiheit. Auch hier erweisen sich die Staaten und nicht etwa Religionen oder Kulturen als Hauptakteure des Schutzes und zugleich Hauptverantwortliche für Verletzungen dieses Menschenrechts. Allerdings sind Menschenrechtsverletzungen und damit verbundene Konflikte zunehmend auch mit nichtstaatlichem Unrecht verbunden, welches jedoch wiederum auf eine defekte staatliche Ordnung hinweist.

Aus diesen in der vorliegenden Untersuchung gewonnenen Erkenntnissen wurden Schlußfolgerungen für die besondere Bedeutung von Religionsfreiheit und religiöser Verständigung für eine auf dem Völkerrecht der Vereinte Nationen-Ära gegründete Weltfriedensordnung nach dem Ost-West-Konflikt gezogen. Diese besondere Bedeutung erweist sich aufgrund der Instrumentalisierung und Manipulation von Religion und Kultur durch die Staaten, des Verhaltens der Staaten in internationaler Politik und Völkerrecht selbst sowie aufgrund des Einflusses von Religion und Kultur auf die Politik der Staaten. Zur Verhinderung politischer Manipulation besitzt deshalb religiöse Verständigung, die wiederum vom Menschenrecht der Religionsfreiheit bedingt ist, besondere Relevanz. Umgekehrt ist die Frage der Anerkennung der Menschenrechte unmittelbar mit der Frage der Legitimität politischer Herrschaft verbunden. Innerhalb der Menschenrechte nimmt wiederum die Religionsfreiheit eine besondere Stellung ein. Angesichts dessen wurden abschließend wesentliche Empfehlungen der Sonderberichterstatter für die Gestaltung politischer und sozialer Ordnung hervorgehoben: Diese sind die Durchsetzung des – allein Menschenrechte garantierenden – Prinzips des säkularen demokratischen Verfassungsstaates, ein völkervertragliches Übereinkommen über den Schutz des Menschenrechts der Religionsfreiheit und religiöse Verständigung, die Einrichtung und Förderung eines interreligiösen wie interkulturellen Dialogs auf dem Weg zu einer Kultur der Toleranz bei Wahrung geltender Menschenrechtsstandards und schließlich die Stärkung der Sonderberichterstatter zu religiöser Intoleranz selbst – als der nach wie vor einzigen, weltweit speziell mit dem Menschenrecht der Religionsfreiheit befaßten Einrichtung der Vereinten Nationen. Diesen Forderungen korrespondieren als zuständige Akteure die Staaten, die Vereinten Nationen und die Nichtregierungsorganisationen bzw. internationale gesellschaftliche Öffentlichkeit. Die politische Hauptverantwortung für die Umsetzung dieser Forderungen tragen freilich die Staaten. Aus dieser Verantwortung können und sollen sie nicht entlassen werden.

Das uralte Phänomen von Verletzungen der Religion und religiöser Konflikte sowie in moderner Zeit von Verletzungen des Menschenrechts der Religionsfreiheit wird aufgrund der Unmöglichkeit eines – abgesehen von der totalen physischen Vernichtung – Endes menschlicher Geschichte immer bestehen bleiben. Erstmals aber besteht – trotz aller Schwierigkeiten – nach dem ganz überwiegenden Ende der braunen und roten Totalitarismen die auch faktische Möglichkeit der dauerhaften Realisierung einer auf dem Völkerrecht gegründeten Weltfriedensordnung. Diese einzigartige Chance darf nicht vertan werden. Zugleich wird nach dem Ende säkularer Heilsideologien wiederum Religion in verschiedensten Formen ihre sinnstiftende Bedeutung wiedererlangen. Daraufhin gilt es sich einzurichten. Auch von daher kommt Religionsfreiheit und religiöser Verständigung eine ausschlaggebende Bedeutung zu. Ohne ihre Verantwortung für die diesseitige Welt zu vernachlässigen, sehen sich freilich religiös gläubige Menschen den Herausforderungen menschlicher Zukunft in größerer Gelassenheit gegenüber: Sie wissen um die Gegenwart der Transzendenz sowie um die Vorläufigkeit allen menschlichen Fragens und Mühens.

VI. ABKÜRUNGSVERZEICHNIS

Abs.	Absatz
Art.	Artikel
ASEAN	Association of South East Asian Nations
BGBl.	Bundesgesetzblatt
bzw.	beziehungsweise
d.h.	das heißt
DC	District of Columbia
d.V.	der Verfasser
ECOSOC	Economic and Social Council
ed.	editor
eds.	editors
f.	folgende
ff.	fortfolgende
GV	Generalversammlung
Hg.	Herausgeber
ICCPR	International Covenant on Civil and Political Rights
MRK	Menschenrechtskommission
NATO	North Atlantic Treaty Organization
NRO	Nichtregierungsorganisationen
o.g.	oben genannt
o.O.	ohne Ort
para.	Paragraph
Red.	Redakteur, Redaktion
Res.	Resolution
S.	Seite

SBE	Sonderberichterstatter
SZ	Süddeutsche Zeitung
u.a.	und andere
UEM	Universale Erklärung der Menschenrechte
UN	United Nations
UNESCO	United Nations Educational, Scientific and Cultural Organization
UNO	United Nations Organization
US	United States (of America)
USA	United States of America
vgl.	vergleiche
VN	Vereinte Nationen
WSR	Wirtschafts- und Sozialrat
WVK	Wiener Vertragsrechtskonvention (Wiener Übereinkommen über das Recht der Verträge)

VII. ZITIERTE RECHTSQUELLEN UND DOKUMENTE, LITERATUR UND INTERNETSEITEN

7.1 Rechtsquellen und Dokumente

a) Sammlungen von Rechtsquellen und Dokumenten

Watzal 1999: Watzal, Ludwig (Red.): Menschenrechte. Dokumente und Deklarationen, herausgegeben von der Bundeszentrale für politische Bildung, 3. Auflage, Bonn 1999.

Internationaler Pakt über bürgerliche und politische Rechte, im amtlichen deutschen Text abgedruckt in BGBl. 1973 II, S. 1553.

Statut des Internationalen Gerichtshofs, im amtlichen deutschen Text abgedruckt in BGBl. 1973 II, S. 505.

Wiener Übereinkommen über das Recht der Verträge, im amtlichen deutschen Text abgedruckt in BGBl. 1985 II, S. 927.

b) Dokumente der Vereinten Nationen

Die Dokumente der Vereinten Nationen werden aus Gründen der Übersichtlichkeit lediglich mit ihren VN-Siglen aufgeführt.[595] Diesbezüglich hilfreich gestaltet sich neben den VN-Internetangeboten selbst ein „Brief Guide to United Nations Documents".[596]

aa) Resolutionen der Generalversammlung

A/RES/1386 (XIV.2).

A/RES/36/11.

A/RES/36/55.

A/RES/37/187.

A/RES/41/20.

A/RES/46/184.

---

[595] Die VN stellen selbst im Internet umfangreiche Rechercheangebote zur Verfügung: die Adresse der Hauptseite lautet http://www.un.org. Der hierdurch erreichbare „United Nations Documentation: Research Guide" bietet zu „Special Topics: Human Rights" die Adresse http://www.un.org/Depts/dhl/resguide/spechr.htm, beide 26.7.1999.

[596] Stölken-Fitschen 1995.

A/RES/50/185.
A/RES/53/22.

ab) Berichte an die Generalversammlung

A/50/440.
A/51/542.
A/51/542/Add.1.
A/51/542/Add.2.
A/52/477.
A/53/279.
A/54/386.

bb) Resolutionen des Wirtschafts- und Sozialrats

E/RES/728F (XXXIII).
E/RES/1235 (XLII).
E/RES/1503 (XLVIII).

cc) Resolutionen der Menschenrechtskommission

E/CN.4/RES/1983/40.
E/CN.4/RES/1990/76.
E/CN.4/RES/1991/70.
E/CN.4/RES/1994/18.
E/CN.4/RES/1995/23.
E/CN.4/RES/1998/18.
E/CN.4/RES/1998/21.
E/CN.4/RES/1998/74.
E/CN.4/RES/1999/32.
E/CN.4/RES/1999/39.
E/CN.4/RES/1999/78.
E/CN.4/RES/1999/82.

cd) Berichte an die Menschenrechtskommission

E/CN.4/1987/35.
E/CN.4/1988/45.
E/CN.4/1989/44.
E/CN.4/1990/46.

E/CN.4/1991/56.

E/CN.4/1992/52.

E/CN.4/1993/62.

E/CN.4/1994/79.

E/CN.4/1995/91.

E/CN.4/1996/95.

E/CN.4/1996/95/Add.1.

E/CN.4/1996/95/Add.2.

E/CN.4/1997/91.

E/CN.4/1997/91/Add.1.

E/CN.4/1998/6.

E/CN.4/1998/6/Add.1.

E/CN.4/1998/6/Add.2.

E/CN.4/1999/58.

E/CN.4/1999/58/Add.1.

E/CN.4/1999/58/Add.2.

E/CN.4/2000/65.

dd) Berichte an die Unterkommission zur Verhütung von Diskriminierung und für Minderheitenschutz

E/CN.4/Sub.2/200/Rev.1 (60.XIV.2).

E/CN.4/Sub.2/1984/28

E/CN.4/Sub.2/1985/28

E/CN.4/Sub.2/1987/26

E/CN.4/Sub.2/1989/32

ee) Seminarbericht

ST/HR/SERA/16.

ff) Konferenzdokument

A/CONF.157/23.

7.2 Literatur und Internetseiten

Alves 1996: Alves, José Augusto Lindgren: „Aufschub" der Menschenrechte, in: Gewissen und Freiheit, 46-47, 1996, S. 8-20.

Amor 1997: Amor, Abdelfattah: Begrüßungsansprache zum Vierten Weltkongreß über Religionsfreiheit in Rio de Janeiro (Brasilien), 22.-26. Juni 1997: An der Schwelle zum neuen Jahrtausend: Religionsfreiheit in einer pluralistischen Gesellschaft, in: Gewissen und Freiheit, 49, 1997, S. 14-19.

Amor 1997a: Amor, Abdelfattah: Verfassung und Religion in den muslimischen Staaten (Teil I), in: Gewissen und Freiheit, 49, 1997, S. 46-58.

Amor 1997b: Amor, Abdelfattah: Preface, in: Boyle, Kevin/Sheen, Juliet (eds.): Freedom of Religion and Belief. A World Report, London/New York 1997, S. xv-xvi.

Amor 1998: Amor, Abdelfattah: Verfassung und Religion in den muslimischen Staaten (Teil II), in: Gewissen und Freiheit, 50, 1998, S. 117-134.

Amor 1998a: Amor, Abdelfattah: Verfassung und Religion in den muslimischen Staaten (Teil III), in: Gewissen und Freiheit, 51, 1998, S. 53-68.

Amor 1998b: Amor, Abdelfattah: Ansprache zum Osloer Kongreß über Religions- oder Überzeugungsfreiheit 12.-15. August 1998, in: Gewissen und Freiheit, 51, 1998, S. 93-97.

Amor 1999: Amor, Abdelfattah: Verfassung und Religion in den muslimischen Staaten (Teil IV), in: Gewissen und Freiheit, 52, 1999, S. 34-47.

An-Na'im 1996: An-Na'im, Abdullai: Islamic Foundations of Religious Human Rights, in: Vyver, Johan van der/Witte, John (eds.): Religious Human Rights in Global Perspective. Legal Perspectives, The Hague/Boston/London 1996, S. 337-359.

Antes 1991: Antes, Peter: Der Islam als politischer Faktor, Bonn 1991.

Anzenbacher 1989: Anzenbacher, Arno: Einführung in die Philosophie, Nachdruck der 3. Auflage, Wien/Freiburg im Breisgau/Basel 1989.

Arendt 1998: Arendt, Hannah: Elemente und Ursprünge totaler Herrschaft. Antisemitismus, Imperialismus, totale Herrschaft, 6. Auflage, München/Zürich 1998.

Arzt 1996: Arzt, Donna: The Treatment of Religious Dissidents Under Classical and Contemporary Islamic Law, in: Vyver, Johan van der/Witte, John (eds.): Religious Human Rights in Global Perspective. Legal Perspectives, The Hague/Boston/London 1996, S. 387-453.

Ayala-Lasso 1998: Ayala-Lasso, José: United Nations High Commissioner for Human Rights: Challenges and Opportunities, in: Boisard, Marcel/Chossudovky, Evgeny (eds.): Multilateral diplomacy. The United Nations System at Geneva. A working guide, The Hague/London/Boston 1998, S. 293-305.

Bärsch 1998: Bärsch, Claus Ekkehard: Die politische Religion des Nationalsozialismus. Die religiöse Dimension der NS-Ideologie in den Schriften von Dietrich Eckart, Joseph Goebbels, Alfred Rosenberg und Adolf Hitler, München 1998.

Bates 1947: Bates, Searle: Glaubensfreiheit. Eine Untersuchung, New York 1947.

Baum 1998: Baum, Gerhart: Einführung: Die Menschenrechtspolitik der Vereinten Nationen, in: Baum, Gerhart/Riedel, Eibe/Schaefer, Michael (Hg.): Menschenrechtsschutz in der Praxis der Vereinten Nationen, Baden-Baden 1998, S.13-22.

Bertrand 1995: Bertrand, Maurice: UNO. Geschichte und Bilanz, Frankfurt am Main 1995.

Biser 1997: Biser, Eugen: Verständigung der Religionen, in: Die politische Meinung, 327, Februar 1997, S. 7-13.

Bleckmann 1994: Bleckmann, Albert: Article 2(1), in: Simma, Bruno (ed.): The Charter of the United Nations. A Commentary, München 1994, S. 77-89.

Blume/Yamamoto 2000: Blume, Georg/Yamamoto, Chikako: Juristen auf dem langen Marsch, in: Die Zeit, 18.5.2000, S. 10-11.

Böckenförde 1978: Böckenförde, Ernst-Wolfgang: Der Staat als sittlicher Staat, Berlin 1978.

Böckenförde 1985: Böckenförde, Ernst-Wolfgang: Politische Theorie und politische Theologie. Bemerkungen zu ihrem gegenseitigen Verhältnis, in: Taubes, Jacob (Hg.): Religionstheorie und Politische Theologie, Band 1, Der Fürst dieser Welt. Carl Schmitt und die Folgen, 2. Auflage, München u.a. 1985, S. 16-25.

Böckenförde 1990: Böckenförde, Ernst-Wolfgang: Religionsfreiheit, Freiburg im Breisgau 1990.

Boisard/Chossudovky 1998: Boisard, Marcel/Chossudovky, Evgeny (eds.): Multilateral diplomacy. The United Nations System at Geneva. A working guide, The Hague/London/Boston 1998.

Bossuyt 1987: Bossuyt, Marc: Guide to the ‚travaux préparatoires' of the International Covenant on Civil and Political Rights, Dordrecht/Boston/Lancaster 1987.

Boutros-Ghali 1992: Boutros-Ghali, Boutros: Beim Übergang von den alten zu den neuen UN. Bericht des Generalsekretärs über die Tätigkeit der Vereinten Nationen an die 47. Generalversammlung, in: Vereinte Nationen, 6, 1992, S. 193-207.

Boven 1982: Boven, Theodoor van: Distinguishing Criteria of Human Rights, in: Vasak, Karel/Alston, Philip (eds.): The International Dimension of Human Rights, Volume 1, Greenwood 1982, S. 43-59.

Boyle/Sheen 1997: Boyle, Kevin/Sheen, Juliet (eds.): Freedom of Religion and Belief. A World Report, London/New York 1997.

Brugger 1998: Brugger, Winfried: Menschenrechte und Staatenwelt, in: Chwaszcza, Christine/Kersting, Wolfgang (Hg.): Politische Philosophie der internationalen Beziehungen, Frankfurt am Main 1998, S. 153-203.

Brunkhorst/Köhler/Lutz-Bachmann 1999: Brunkhorst, Hauke/Köhler, Wolfgang/Lutz-Bachmann, Matthias (Hg.): Recht auf Menschenrechte. Menschenrechte, Demokratie und internationale Politik, Frankfurt am Main 1999.

Buergenthal 1981: Buergenthal, Thomas: To Respect and to Ensure: State Obligations and Permissible Derogations, in: Henkin, Louis (ed.): The International Bill of Rights. The Covenant of Civil and Political Rights, New York 1981, S. 72-91.

Bürkle 1988: Bürkle, Horst: Religionen, in: Staatslexikon, Band 4, 7. Auflage, Freiburg im Breisgau/Basel/Wien 1988, S. 799-819.

Burnett 1994: Burnett, Stanton: Implications for the Foreign Policy Community, in: Johnston, Douglas/Sampson, Cynthia (eds.): Religion, The Missing Dimension of Statecraft, New York/Oxford 1994, S. 285-305.

Bush 1991: Bush, George: Rede vor dem US-Kongreß zum Ende des Golf-Krieges am 6. März 1991, in: Europa-Archiv, 9, 1991, S. D 218-D 220.

Capotorti 1995: Capotorti, Francesco: Minorities, in: Wolfrum, Rüdiger (ed.): United Nations: Law, Policies and Practice. New, Reveised English Edition, Volume II, München u.a. 1995, S. 892-903.

Chowdhury 1989: Chowdhury, Subrata Roy: Rule of Law in a State of Emergency. The Paris Minimum Standards of Human Rights Norms in a State of Emergency, London 1989.

Courtois u.a. 1998: Courtois, Stéphane u.a. (Hg.): Das Schwarzbuch des Kommunismus. Unterdrückung, Verbrechen und Terror, 3. Auflage, München 1998.

Czempiel 1993: Czempiel, Ernst-Otto: Weltpolitik im Umbruch. Das internationale System nach dem Ende des Ost-West-Konflikts, 2. Auflage, München 1993.

Deile 1998: Deile, Volkmar: Können Nichtregierungsorganisationen einen Beitrag zum Menschenrechtsschutz leisten?, in: Baum, Gerhart/Riedel, Eibe/Schaefer, Michael (Hg.): Menschenrechtsschutz in der Praxis der Vereinten Nationen, Baden-Baden 1998, S. 103-118.

Delbrück 1996: Delbrück, Jost: Die Konstitution des Friedens als Rechtsordnung. Zum Verständnis rechtlicher und politischer Bedingungen der Friedenssicherung im internationalen System der Gegenwart, herausgegeben von Dicke, Klaus u.a., Berlin 1996.

Derichs 1997: Derichs, Claudia: Der westliche Universalitätsanspruch aus nicht-westlicher Perspektive, in: Pesch, Volker (Hg.): Ende der Geschichte oder Kampf der Kulturen? Der Universalismus des Westens und die Zukunft der internationalen Beziehungen, Greifswald 1997, S. 56-72.

Dicke 1989: Dicke, Klaus: Der kategorische Konjunktiv der Friedenssicherung. Zur Deklaration der Generalversammlung über die Prävention und Beilegung internationaler Konflikte, in: Vereinte Nationen, 3, 1989, S. 91-94.

Dicke 1995: Dicke, Klaus: Universality, in: Wolfrum, Rüdiger (ed.): United Nations: Law, Policies and Practice. New, Reveised English Edition, Volume II, München u.a. 1995, S. 1349-1354.

Dicke 1997: Dicke, Klaus: Menschenrechte als Kulturimperialismus?, in: Dicke, Klaus/Edinger, Michael/Lembcke, Oliver (Hg.): Menschenrechte und Entwicklung, Berlin 1997, S. 57-76.

Dicke 1998: Dicke, Klaus: Menschenrechte, in: Woyke, Wichard (Hg.): Handwörterbuch Internationale Politik, 7. Auflage, Bonn 1998, S. 240-247.

Dicke 1999: Dicke, Klaus: Menschenrechtspolitik im Verständnis der Vereinten Nationen, unveröffentlichtes Manuskript 1999.

Dicke/Hubel 1999: Dicke, Klaus/Hubel, Helmut (Hg.): Die Krise im Kosovo, Erfurt 1999.

Dickson 1995: Dickson, Brice: The United Nations and Freedom of Religion, in: International and Comparative Law Quarterly, 44, April 1995, S. 327-357.

Dolph 1988: Dolph, Werner: Nicht so gemeint. Die UNO-Sprache, in: Vereinte Nationen, 6, 1988, S. 178-179.

Durham 1996: Durham, Cole: Perspectives on Religious Liberty: A Comparative Framework, in: Vyver, Johan van der/Witte, John (eds.): Religious Human Rights in Global Perspective. Legal Perspectives, The Hague/Boston/London 1996, S. 1-44.

Ecclesia Catholica 1993: Ecclesia Catholica: Katechismus der katholischen Kirche, München u.a. 1993.

Ermacora 1986: Ermacora, Felix: Die Menschenrechte im Rahmen der Vereinten Nationen, in: Aus Politik und Zeitgeschichte, B 19/1986, S. 3-20.

Ermacora 1994: Ermacora, Felix: Article 2(7), in: Simma, Bruno (ed.): The Charter of the United Nations. A Commentary, München 1994, S. 139-154.

Evans 1997: Evans, Malcolm: Religious liberty and international law in Europe, Cambridge 1997.

Finn 1996: Finn, James: The Cultivation and Protection of Religious Human Rights: The Role of the Media, in: Vyver, Johan van der/Witte, John (eds.): Religious Human Rights in Global Perspective. Legal Perspectives, The Hague/Boston/London 1996, S. 161-189.

Fleischhauer 1994: Fleischhauer, Carl-August: Article 13, in: Simma, Bruno (ed.): The Charter of the United Nations. A Commentary, München 1994, S. 265-279.

Frowein 1998: Frowein, Jochen: Religionsfreiheit. IV. Internationales und supranationales Recht, in: Staatslexikon, Band 4, 7. Auflage, Freiburg im Breisgau/Basel/Wien 1988, S. 830-832.

Fukuyama 1992: Fukuyama, Francis: Das Ende der Geschichte. Wo stehen wir?, München 1992.

Fukuyama 1999: Fukuyama, Francis: „Bald schon wird die nachmenschliche Zeit beginnen", in: Die Welt, 19.6.1999, S. 11.

Furet 1996: Furet, Francois: Das Ende der Illusion. Der Kommunismus im 20. Jahrhundert, München 1996.

Gabriel 1999: Gabriel, Guido: Internet-Guide, in: Arnim, Gabriele von u.a. (Hg.): Jahrbuch Menschenrechte 2000, Frankfurt am Main 1999, S. 393-411.

Gebhardt 1998: Gebhardt, Jürgen: Gibt es eine Theorie der Menschenrechte?, in: Politisches Denken. Jahrbuch 1998, S. 1-15.

Gertler 1996: Gertler, Thomas: Aufklärung, Religionsfreiheit und Trennung von Staat und Kirche in den USA. Jeffersons „Gesetz zur Einführung der Religionsfreiheit" nach 200 Jahren, in: Coreth, Emerich u.a. (Hg.): Von Gott reden in säkularer Gesellschaft, Festschrift für Konrad Feiereis zum 65. Geburtstag, Erfurt 1996, S. 119-143.

Gerz 1998: Gerz, Wolfgang: Die Menschenrechtsweltkonferenz fünf Jahre nach Wien – Erfolg oder Flop?, in: Baum, Gerhart/Riedel, Eibe/Schaefer, Michael (Hg.): Menschenrechtsschutz in der Praxis der Vereinten Nationen, Baden-Baden 1998, S. 295-309.

Graf 1998: Graf, Friedrich Wilhelm: Religiöse Letzthorizonte. Risiko oder Chance für kulturelle Identitäten?, in: Rechtstheorie, 29, 1998, S. 311-329.

Grewe 1994: Grewe, Wilhelm: The History of the United Nations, in: Simma, Bruno (ed.): The Charter of the United Nations. A Commentary, München 1994, S. 1-23.

Grill 2000: Grill, Bartholomäus: Ein Kontinent in Flammen, in: Die Zeit, 18.5.2000, S. 3.

Guéhenno 1994: Guéhenno, Jean-Marie: Das Ende der Demokratie, München/Zürich 1994.

Hailbronner/Klein 1994: Hailbronner, Kay/Klein, Eckart: Article 10, in: Simma, Bruno (ed.): The Charter of the United Nations. A Commentary, München 1994, S. 226-242.

Hasenclever/Rittberger 1999: The Impact of Faith: Does Religion Make a Difference in Political Conflict?, Tübingen 1999.

Hassan 1996: Hassan, Riffat: Rights of Women Within Islamic Communities, in: Vyver, Johan van der/Witte, John (eds.): Religious Human Rights in Global Perspective. Legal Perspectives, The Hague/Boston/London 1996, S. 361-386.

Heckel 1988: Heckel, Martin: Religionsfreiheit. I. Geschichte und Grundsatzfragen, in: Staatslexikon, Band 4, 7. Auflage, Freiburg im Breisgau/Basel/Wien 1988, S. 820-825.

Hehir 1996: Hehir, Bryan: Religious Activism For Human Rights: A Christian Case Study, in: Witte, John/Vyver, Johan van der (eds.): Religious Human Rights in Global Perspective. Religious Perspectives, The Hague/Boston/London 1996, S. 97-119.

Helman/Ratner 1992: Helman, Gerald/Ratner, Steven: Saving failed states, in: Foreign Policy, 3, 1992, S. 3-20.

Henkin 1981: Henkin, Louis (ed.): Introduction, in: Henkin, Louis (ed.): The International Bill of Rights. The Covenant of Civil and Political Rights, New York 1981, S. 1-31.

Henkin 1994: Preface, in: Henkin, Louis/Hargrove, John: Human Rights: An Agenda for the Next Century, Washington, DC 1994, S. vii-xx.

Hermann 2000: Hermann, Rainer: Mehr Spielraum der Privaten in der Wirtschaft, in: Frankfurter Allgemeine Zeitung, 17.2.2000, S. 15.

Hilpert 1991: Hilpert, Konrad: Die Menschenrechte. Geschichte, Theologie, Aktualität, Düsseldorf 1991.

Hoffmann 2000: Hoffmann, Christiane: Väter und Söhne, in: Frankfurter Allgemeine Zeitung, 17.2.2000, S. 15.

http://www.religiousfreedom.com, 16.12.1999.

http://www.un.org, 26.7.1999.

http://www.un.org/Depts/dhl/resguide/spechr.htm, 26.7.1999.

Hubel 1999: Hubel, Helmut: Anarchie und Ordnung in der Weltpolitik an der Schwelle zum 21. Jahrhundert, in: Weilemann, Peter/Küsters, Hanns Jürgen/Buchstab, Günter (Hg.): Macht und Zeitkritik. Festschrift für Hans-Peter Schwarz zum 65. Geburtstag, Paderborn u.a. 1999, S. 595-606.

Huber 1996: Huber, Wolfgang: Human Rights and Biblical Legal Thought, in: Witte, John/Vyver, Johan van der (eds.): Religious Human Rights in Global Perspective. Religious Perspectives, The Hague/Boston/London 1996, S. 47-63.

Huntington 1993: Huntington, Samuel: The Clash of Civilizations?, in: Foreign Affairs, 3, 1993, S. 22-49.

Huntington 1996: Huntington, Samuel: The Clash of Civilizations, New York 1996.

Huntington 1998: Huntington, Samuel: Kampf der Kulturen. Die Neugestaltung der Weltpolitik im 21. Jahrhundert, o.O. 1998.

Huntington 1999: Huntington, Samuel: Wohin die Macht driftet, in: SZ am Wochenende, Feuilleton-Beilage der Süddeutschen Zeitung, 20./21.3.1999, S. I.

Jaenicke 1994: Jaenicke, Günther: Article 7, in: Simma, Bruno (ed.): The Charter of the United Nations. A Commentary, München 1994, S. 195-207.

Jingsheng 1999: Jingsheng, Wei: „Die Chinesen verlieren die Geduld mit Peking, die Gewaltbereitschaft steigt", in: Die Welt, 29.3.1999, S. 8.

Johnston 1994: Johnston, Douglas: Introduction: Beyond Power Politics, in: Johnston, Douglas/Sampson, Cynthia (eds.): Religion, The Missing Dimension of Statecraft, New York/Oxford 1994, S. 3-7.

Johnston/Sampson 1994: Johnston, Douglas/Sampson, Cynthia (eds.): Religion, The Missing Dimension of Statecraft, New York/Oxford 1994.

Kartashkin 1982: Kartashkin, Vladimir: The Socialist Countries and Human Rights, in: Vasak, Karel/Alston, Philip (eds.): The International Dimension of Human Rights, Volume 2, Greenwood 1982, S. 631-650.

Kasper 1998: Kasper, Walter: Religionsfreiheit. II. Katholische Kirche, in: Staatslexikon, Band 4, 7. Auflage, Freiburg im Breisgau/Basel/Wien 1988, S. 825-827.

Kaufmann 1989: Kaufmann, Beat: Das Problem der Glaubens- und Überzeugungsfreiheit im Völkerrecht, Zürich 1989.

Kaul 1998: Kaul, Hans-Peter: Internationaler Strafgerichtshof – Ein bedeutender Anfang in Rom, in: Baum, Gerhart/Riedel, Eibe/Schaefer, Michael (Hg.): Menschenrechtsschutz in der Praxis der Vereinten Nationen, Baden-Baden 1998, S. 273-278.

Kedzia/Jerbi 1998: Kedzia, Zdislaw/Jerbi, Scott: The United Nations High Commissioner for Human Rights, in: Baum, Gerhart/Riedel, Eibe/Schaefer, Michael (Hg.): Menschenrechtsschutz in der Praxis der Vereinten Nationen, Baden-Baden 1998, S. 85-99.

Kimminich 1990: Kimminich, Otto: Religionsfreiheit als Menschenrecht. Untersuchungen zum gegenwärtigen Stand des Völkerrechts, Mainz 1990.

Kimminich 1997: Kimminich, Otto: Einführung in das Völkerrecht, 6. Auflage, Tübingen/Basel 1997.

Klein 1997: Klein, Eckart: Menschenrechte: Stille Revolution des Völkerrechts und Auswirkungen auf die innerstaatliche Rechtsanwendung, Baden-Baden 1997.

Klein 1998: Klein, Eckart: Fall Faurisson zur Holocaust-Lüge. Die Arbeit des Menschenrechtsausschusses zum Schutz bürgerlicher und politischer Rechte, in: Baum, Gerhart/ Riedel, Eibe/Schaefer, Michael (Hg.): Menschenrechtsschutz in der Praxis der Vereinten Nationen, Baden-Baden 1998, S. 121-128.

Kokott 1999: Kokott, Juliane: Der Schutz der Menschenrechte im Völkerrecht, in: Brunkhorst, Hauke/Köhler, Wolfgang/Lutz-Bachmann, Matthias (Hg.): Recht auf Menschenrechte. Menschenrechte, Demokratie und internationale Politik, Frankfurt am Main 1999, S. 176-198.

Kriele 1987: Kriele, Martin: Menschenrechte und Gewaltenteilung, in: Böckenförde, Ernst-Wolfgang/Spaemann, Robert (Hg.): Menschenrechte und Menschenwürde. Historische Voraussetzungen – säkulare Gestalt – christliches Verständnis, Stuttgart 1987, S. 242-249.

Kriele 1994: Kriele, Martin: Einführung in die Staatslehre. Die geschichtlichen Legitimitätsgrundlagen des demokratischen Verfassungsstaates, 5. Auflage, Opladen 1994.

Küng 1997: Küng, Hans: Weltethos für Weltpolitik und Weltwirtschaft, München 1997.

Lagoni 1995: Lagoni, Rainer: ECOSOC – Economic and Social Council, in: Wolfrum, Rüdiger (ed.): United Nations: Law, Policies and Practice. New, Revised English Edition, Volume I, München u.a. 1995, S. 461- 469.

Lagoni 1995a: Lagoni, Rainer: Resolution, Declaration, Decision, in: Wolfrum, Rüdiger (ed.): United Nations: Law, Policies and Practice. New, Reveised English Edition, Volume II, München u.a. 1995, S. 1081-1091.

Laitenberger 1982: Laitenberger, Birgit: Aus dem Bereich der Vereinten Nationen. Sozialfragen und Menschenrechte. Menschenrechtskommission, in: Vereinte Nationen, 4, 1982, S. 141-143.

152

Laitenberger 1985: Laitenberger, Birgit: Aus dem Bereich der Vereinten Nationen. Sozialfragen und Menschenrechte. Menschenrechts-Unterkommission, in: Vereinte Nationen, 1, 1985, S. 26-27.

Laitenberger 1987: Laitenberger, Birgit: Aus dem Bereich der Vereinten Nationen. Sozialfragen und Menschenrechte. Menschenrechts-Unterkommission, in: Vereinte Nationen, 1, 1988, S. 27-28.

Laubach-Hintermeier 1998: Laubach-Hintermeier, Sonja: Kritik des Realismus, in: Chwaszcza, Christine/Kersting, Wolfgang (Hg.): Politische Philosophie der internationalen Beziehungen, Frankfurt am Main 1998, S. 73-95.

Lerner 1996: Lerner, Nathan: Religious Human Rights Under the United Nations, in: Vyver, Johan van der/Witte, John (eds.): Religious Human Rights in Global Perspective. Legal Perspectives, The Hague/Boston/London 1996, S. 79-134.

Link 1998: Link, Werner: Die Neuordnung der Weltpolitik. Grundprobleme globaler Politik an der Schwelle zum 21. Jahrhundert, München 1998.

Little 1996: Little, David: Studying "Religious Human Rights": Methodological Foundations, in: Vyver, Johan van der/Witte, John (eds.): Religious Human Rights in Global Perspective. Legal Perspectives, The Hague/Boston/London 1996, S. 45-77.

Luttwak 1994: Luttwak, Edward: The Missing Dimension, in: Johnston, Douglas/Sampson, Cynthia (eds.): Religion, The Missing Dimension of Statecraft, New York/Oxford 1994, S. 8-19.

Maier 1972: Maier, Hans: Religionsfreiheit in den staatlichen Verfassungen, in: Ders. (Hg.): Kirche und Gesellschaft, München 1972, S. 58-81.

Maier 1990: Maier, Hans: Verteidigung der Politik. Recht – Moral – Verantwortung, Zürich 1990.

Maier 1997: Maier, Hans: Wie universal sind die Menschenrechte?, Freiburg im Breisgau 1997.

Maier-I. 1990: Maier, Irene: Aus dem Bereich der Vereinten Nationen. Sozialfragen und Menschenrechte. 44. Generalversammlung, in: Vereinte Nationen, 3, 1990, S. 108-109.

Margolin 1998: Margolin, Jean-Louis: China: Ein langer Marsch in die Nacht, in: Courtois, Stéphane u.a. (Hg.): Das Schwarzbuch des Kommunismus. Unterdrückung, Verbrechen und Terror, 3. Auflage, München 1998, S. 511-608.

Marty 1996: Marty, Martin: Religious Dimensions of Human Rights, in: Witte, John/Vyver, Johan van der (eds.): Religious Human Rights in Global Perspective. Religious Perspectives, The Hague/Boston/London 1996, S. 1-16.

Mearsheimer 1994: Mearsheimer, John: Why We Will Soon Miss the Cold War, in: Betts, Richard (ed.): Conflicts after the Cold War. Arguments on Causes of War and Peace, New York 1994, S. 44-61.

Meier 1995: Meier, Andreas: Politische Strömungen im modernen Islam. Quellen und Kommentare, Bonn 1995.

Metz 1998: Metz, Martina: Recht auf Entwicklung – Menschenrecht oder Hebel zu mehr Entwicklungshilfe?, in: Baum, Gerhart/Riedel, Eibe/Schaefer, Michael (Hg.): Menschenrechtsschutz in der Praxis der Vereinten Nationen, Baden-Baden 1998, S. 179-190.

Mössner 1992: Mössner, Jörg Manfred: Rechtsquellen, in: Seidl-Hohenveldern, Ignaz (Hg.): Lexikon des Rechts. Völkerrecht, 2. Auflage, Neuwied/Kriftel/Berlin 1992, S. 253-258.

Morsink 1993: Morsink, Johannes: World War Two and the Universal Declaration, in: Human Rights Quarterly, 15, 1993, S. 257-405.

Much 1998: Much, Christian: Nichtstaatliches Unrecht, in: Baum, Gerhart/Riedel, Eibe/ Schaefer, Michael (Hg.): Menschenrechtsschutz in der Praxis der Vereinten Nationen, Baden-Baden 1998, S. 279- 293.

Müller 1999: Müller, Harald: Das Zusammenleben der Kulturen. Ein Gegenentwurf zu Huntington, 2. Auflage, Frankfurt am Main 1999.

Münger 1973: Münger, Kurt: Bürgerliche und politische Rechte im Weltpakt der Vereinten Nationen und im schweizerischen Recht, Zürich 1973.

Newman/Vasak 1982: Newman, Frank/Vasak, Karel: Civil and Political Rights, in: Vasak, Karel/Alston, Philip (eds.): The International Dimension of Human Rights, Volume 1, Greenwood 1982, S. 135-173.

Nowak 1989: Nowak, Manfred: UNO-Pakt über bürgerliche und politische Rechte und Fakultativprotokoll: CCPR-Kommentar, Kehl am Rhein/Straßburg/Arlington 1989.

Opitz 1995: Opitz, Peter: Der Traum vom Ende der Geschichte und seine unerbittliche Widerlegung durch die Realität, in: Opitz, Peter (Hg.): Weltprobleme, 4. Auflage, Bonn 1995, S. 15-34.

Palm-Risse 1989: Palm-Risse, Martina: Aus dem Bereich der Vereinten Nationen. Sozialfragen und Menschenrechte. Menschenrechte und Jugend, in: Vereinte Nationen, 6, 1989, S. 208-210.

Partsch 1981: Partsch, Karl Josef: Freedom of Conscience and Expression, and Political Freedoms, in: Henkin, Louis (ed.): The International Bill of Rights. The Covenant of Civil and Political Rights, New York 1981, S. 209-245.

Partsch 1982: Partsch, Karl Josef: Religions- und Weltanschauungsfreiheit als Menschenrecht. Die Erklärung der Vereinten Nationen über die Beseitigung aller Formen von Intoleranz und Diskriminierung aufgrund der Religion oder der Weltanschauung, in: Vereinte Nationen 3, 1982, S. 82-86.

Partsch 1982a: Partsch, Karl Josef: Fundamental Principles of Human Rights: Self-Determination, Equality and Non-Discrimination, in: Vasak, Karel/Alston, Philip (eds.): The International Dimensions of Human Rights, Volume 1, Greenwood 1982, S. 61-86.

Partsch 1994: Partsch, Karl Josef: Article 55(c), in: Simma, Bruno (ed.): The Charter of the United Nations. A Commentary, München 1994, S. 776-793.

Partsch 1995: Partsch, Karl Josef: Human Rights, Interstate Disputes, in: Wolfrum, Rüdiger (ed.): United Nations: Law, Policies and Practice. New, Revised English Edition, Volume I, München u.a. 1995, S. 612-618.

Partsch 1995a: Partsch, Karl Josef: Racial Discrimination, in: Wolfrum, Rüdiger (ed.): United Nations: Law, Policies and Practice. New, Reveised English Edition, Volume I, München u.a. 1995, S. 1003-1011.

Partsch 1996: Partsch, Karl Josef: Die Menschenrechtspolitik in den Vereinten Nationen, in: Politische Studien, Sonderheft 1/1996, Februar 1996, S. 19-30.

Patrick/Long 1999: Patrick, John/Long, Gerald (eds.): Constitutional Debates on Freedom of Religion. A Documentary History, Westport/London 1999.

Pechota 1981: Pechota, Vratislav: The Development of the Covenant on Civil and Political Rights, in: Henkin, Louis (ed.): The International Bill of Rights. The Covenant of Civil and Political Rights, New York 1981, S. 32-71.

Pérez de Cuéllar 1991: Pérez de Cuéllar, Javier: Zentrale Stellung der Weltorganisation im internationalen System wird anerkannt. Bericht des Generalsekretärs über die Tätigkeit der Vereinten Nationen an die 46. Generalversammlung, in: Vereinte Nationen, 6, 1991, S. 196-204.

Pesch 1997: Pesch, Volker: Ende der Geschichte oder Kampf der Kulturen? Zur Einführung in die Debatte, in: Pesch, Volker (Hg.): Ende der Geschichte oder Kampf der Kulturen? Der Universalismus des Westens und die Zukunft der internationalen Beziehungen, Greifswald 1997, S. 11-18.

Pieper 1998: Pieper, Stefan Ulrich: „The Clash of Civilizations" und das Völkerrecht – Kulturelle Einflüsse im internationalen Recht, in: Rechtstheorie, 29, 1988, 331-355.

Randelzhofer 1994: Randelzhofer, Albrecht: Article 2. General introduction to Article 2, in: Simma, Bruno (ed.): The Charter of the United Nations. A Commentary, München 1994, S. 72-76.

Randelzhofer 1995: Randelzhofer, Albrecht: Purposes and Principles of the United Nations, in: Wolfrum, Rüdiger (ed.): United Nations: Law, Policies and Practice. New, Reveised English Edition, Volume II, München u.a. 1995, S. 994-1002.

Ratzinger 1998: Ratzinger, Joseph: Vom Wiederauffinden der Mitte. Grundorientierungen. Texte aus vier Jahrzehnten, herausgegeben vom Schülerkreis, Freiburg im Breisgau/Basel/Wien, 2. Auflage 1998.

Ratzinger 2000: Ratzinger, Joseph: Der angezweifelte Wahrheitsanspruch, in: Frankfurter Allgemeine Zeitung, 8.1.2000, S. If.

Ress 1994: Ress, Georg: The Interpretation of the Charter, in: Simma, Bruno (ed.): The Charter of the United Nations. A Commentary, München 1994, S. 25-44.

Riedel 1995: Riedel, Eibe: Commission on Human Rights, in: Wolfrum, Rüdiger (ed.): United Nations: Law, Policies and Practice. New, Revised English Edition, Volume I, München u.a. 1995, S. 116-128.

Riedel 1998: Riedel, Eibe: Universeller Menschenrechtsschutz. Vom Anspruch zur Durchsetzung, in: Baum, Gerhart/Riedel, Eibe/Schaefer, Michael (Hg.): Menschenrechtsschutz in der Praxis der Vereinten Nationen, Baden-Baden 1998, S. 25-55.

Riedel 1999: Riedel, Eibe: Der internationale Menschenrechtsschutz. Eine Einführung, in: Watzal, Ludwig (Red.): Menschenrechte. Dokumente und Deklarationen, herausgegeben von der Bundeszentrale für politische Bildung, 3. Auflage, Bonn 1999, S. 11-36.

Rittberger 1995: Rittberger, Volker: International Organizations, Theory of, in: Wolfrum, Rüdiger (ed.): United Nations: Law, Policies and Practice. New, Reveised English Edition, Volume II, München u.a. 1995, S. 760-770.

Roan 1996: Roan, Michael: The Role of Secular Non-Governmental Organizations in the Cultivation and Understanding of Religious Human Rights, in: Vyver, Johan van der/ Witte, John (eds.): Religious Human Rights in Global Perspective. Legal Perspectives, The Hague/Boston/London 1996, S. 135-159.

Robinson 1998: Ansprache der UN-Hochkommissarin für Menschenrechte, Mary Robinson, anläßlich der Osloer Konferenz über Religions- und Überzeugungsfreiheit, 12.-15. August

1998, an der Universität Oslo: Die Allgemeine Erklärung der Menschenrechte: Hoffnung und Geschichte, in: Gewissen und Freiheit, 51, 198, S. 86-92.

Rothholz 1997: Rothholz, Walter: Die Universalisierung westlicher Politik und Zivilreligion, in: Pesch, Volker (Hg.): Ende der Geschichte oder Kampf der Kulturen? Der Universalismus des Westens und die Zukunft der internationalen Beziehungen, Greifswald 1997, S. 42-55.

Rubin 1994: Rubin, Barry: Religion and International Affairs, in: Johnston, Douglas/ Sampson, Cynthia (eds.): Religion, The Missing Dimension of Statecraft, New York/ Oxford 1994, S. 20-34.

Schaefer 1998: Schaefer, Michael: Brückenbau. Herausforderung an die Menschenrechtskommission, in: Baum, Gerhart/Riedel, Eibe/Schaefer, Michael (Hg.): Menschenrechtsschutz in der Praxis der Vereinten Nationen, Baden-Baden 1998, S. 57-84.

Schaeffler 1991: Schaeffler, Richard: Orientierungsaufgaben der Religionsphilosophie, in: Koslowski, Peter (Hg.): Orientierung durch Philosophie, Tübingen 1991, S. 196-224.

Scheinin 1992: Scheinin, Martin: Article 18, in: Eide, Asbjorn u.a. (eds.): The Universal Declaration of Human Rights: A Commentary, Oslo 1992, S. 263-274.

Schmidtke 1998: Schmidtke, Sabine: Konflikt durch Religion? Zur Korrelation von politischen und religiösen Bedingungen in der Ausbildung und Bewältigung internationaler Konflikte, in: Rechtstheorie, 29, 1988, S. 357-384.

Schöllgen 1996: Schöllgen, Gregor: Geschichte der Weltpolitik von Hitler bis Gorbatschow 1941-1991, München 1996.

Schroeder 1985: Schroeder, Friedrich-Christian (Hg.): Kontinuität und Wandel in der kommunistischen Staatstheorie, Berlin 1985.

Schröder 1995: Schröder, Meinhard: Codification and Progressive Development of International Law within the UN, in: Wolfrum, Rüdiger (ed.): United Nations: Law, Policies and Practice. New, Reveised English Edition, Volume I, München u.a. 1995, S. 100-109.

Seidl-Hohenveldern 1995: Seidl-Hohenveldern, Ignaz: Representation of States in their Relations with International Organizations, in: Wolfrum, Rüdiger (ed.): United Nations: Law, Policies and Practice. New, Reveised English Edition, Volume I, München u.a. 1995, S. 1068-1072.

Senghaas 1997: Senghaas, Dieter: Die fixe Idee vom Kampf der Kulturen, in: Blätter für deutsche und internationale Politik, 2, 1997, S. 215-221.

Simma 1994: Simma, Bruno (ed.): The Charter of the United Nations. A Commentary, München 1994.

Singer/Wildavsky 1993: Singer, Max/Wildavsky, Aaron: The Real World Order. Zone of Peace – Zones of Turmoil, Chatham 1993.

Smith/McIntosh 1998: Smith, Rhona/McIntosh, Carolyn: Freedom of Religion: The Evolution of a Human Right, Ko'aga Rone'eta Series I Civil and Political Rights, http://www.derechos.org/koaga/i/smithr.html, 16.12.1999.

Sohn 1981: Sohn, Louis: The Rights of Minorities, in: Henkin, Louis (ed.): The International Bill of Rights. The Covenant on Civil and Political Rights, New York 1981, S. 270-289.

Spaemann 1987: Spaemann, Robert: Über den Begriff der Menschenwürde, in: Böckenförde, Ernst-Wolfgang/Spaemann, Robert (Hg.): Menschenrechte und Menschenwürde. Historische Voraussetzungen – säkulare Gestalt – christliches Verständnis, Stuttgart 1987, S. 295-313.

Spaemann 1987a: Diskussion zum Beitrag von R. Spaemann, in: Böckenförde, Ernst-Wolfgang/Spaemann, Robert (Hg.): Menschenrechte und Menschenwürde. Historische Voraussetzungen – säkulare Gestalt – christliches Verständnis, Stuttgart 1987, S. 314-316.

Splett 1988: Splett, Jörg: Religion, in: Staatslexikon, Band 4, 7. Auflage, Freiburg im Breisgau/Basel/Wien 1988, S. 792-799.

Starck 1995: Starck, Christian: Der demokratische Verfassungsstaat, Tübingen 1995.

Stölken-Fitschen 1995: Stölken-Fitschen, Ilona: Brief Guide to United Nations Documents, in: Wolfrum, Rüdiger (ed.): United Nations: Law, Policies and Practice. New, Reveised English Edition, Volume II, München u.a. 1995, S. 1505-1517.

Sullivan 1988: Sullivan, Donna: Advancing the freedom of religion or belief through the UN declaration on the elimination of religious intolerance and discrimination, in: The American Journal of International Law, 3, July 1988, S. 487-520.

Symonides 1998: Symonides, Janusz: Programme und Aktionen der UNESCO zur Beseitigung aller Formen von Intoleranz und Diskriminierung aufgrund der Religion oder der Überzeugung, in: Gewissen und Freiheit, 51, 1998, S. 98-104.

Tahzib 1996: Tahzib, Bahiyyih: Freedom of Religion or Belief. Ensuring Effective International Legal Protection, The Hague/Boston/London 1996.

Tergel 1998: Tergel, Alf: Human Rights in Cultural and Religious Traditions, Uppsala 1998.

Tierney 1996: Tierney, Brian: Religious Rights: An Historical Perspective, in: Witte, John/Vyver, Johan van der (eds.): Religious Human Rights in Global Perspective. Religious Perspectives, The Hague/Boston/London 1996, S. 17-45.

Tomuschat 1995: Tomuschat, Christian: General Assembly, in: Wolfrum, Rüdiger (ed.): United Nations: Law, Policies and Practice. New, Reveised English Edition, Volume I, München u.a. 1995, S. 548-557.

Tomuschat 1995a: Tomuschat, Christian: Human Rights, Petitions and Individual Complaints, in: Wolfrum, Rüdiger (ed.): United Nations: Law, Policies and Practice. New, Reveised English Edition, Volume I, München u.a. 1995, S. 619-627.

Tomuschat 1995b: Tomuschat, Christian: Human Rights, States Reports, in: Wolfrum, Rüdiger (ed.): United Nations: Law, Policies and Practice. New, Reveised English Edition, Volume I, München u.a. 1995, S. 628-637.

Traer 1995: Traer, Robert: Muslimische Unterstützung für die Menschenrechte, in: Gewissen und Freiheit, 44, 1995, S. 24-32.

Unser 1997: Unser, Günther: Die UNO. Aufgaben und Strukturen der Vereinten Nationen, 6. Auflage, München 1997.

Vasak 1982: Vasak, Karel: Human Rights: As a Legal Reality, in: Vasak, Karel/Alston, Philip (eds.): The International Dimension of Human Rights, Volume 1, Greenwood 1982, S. 3- 10.

Vendley/Little 1994: Vendley, William/Little, David: Implications for Religious Communities: Buddhism, Islam, Hinduism, and Christianity, in: Johnston, Douglas/Sampson, Cynthia (eds.): Religion, The Missing Dimension of Statecraft, New York/Oxford 1994, S. 306-315.

Verfaillie 1998: Verfaille, Maurice: „Alle Menschenrechte für alle". Leitwort der Vereinten Nationen zum 50. Jahrestag der Allgemeinen Erklärung der Menschenrechte, in: Gewissen und Freiheit, 51, 1998, S. 3-6.

Voegelin 1991: Voegelin, Eric: Die neue Wissenschaft der Politik, 4. Auflage, Freiburg im Breisgau/München 1991.

Voegelin 1993: Voegelin, Eric: Die politischen Religionen, herausgegeben von Opitz, Peter, München 1993.

Vyver 1996: Vyver, Johan van der: Introduction. Legal Dimensions of Religious Human Rights: Constitutional Texts, in: Vyver, Johan van der/Witte, John (eds.): Religious Human Rights in Global Perspective. Legal Perspectives, The Hague/Boston/London 1996, S. xi-xlvii.

Vyver/Witte 1996: Vyver, Johan van der/Witte, John (eds.): Religious Human Rights in Global Perspective. Legal Perspectives, The Hague/Boston/London 1996.

Warbrick 1998: Warbrick, Colin: International Crimes and International Criminal Courts, in: Baum, Gerhart/Riedel, Eibe/Schaefer, Michael (Hg.): Menschenrechtsschutz in der Praxis der Vereinten Nationen, Baden-Baden 1998, S. 257-271.

Weber 1995: Weber, Hermann: League of Nations, in: Wolfrum, Rüdiger (ed.): United Nations: Law, Policies and Practice. New, Reveised English Edition, Volume II, München u.a. 1995, S. 848-853.

Weissbrodt 1986: Weissbrodt, David: The Three „Theme" Special Rapporteurs of the UN Commission on Human Rights, in: The American Journal of International Law, 3, July 1986, S. 685-699.

Witte 1996: Witte, John: Introduction, in: Witte, John/Vyver, Johan van der (eds.): Religious Human Rights in Global Perspective. Religious Perspectives, The Hague/Boston/London 1996, S. xvii-xxxv.

Witte/Vyver 1996: Witte, John/Vyver, Johan van der (eds.): Religious Human Rights in Global Perspective. Religious Perspectives, The Hague/Boston/London 1996.

Wittkämper/Obszerninks 1998: Wittkämper, Gerhard/Obszerninks, Britta: Völkerrecht/ Internationales Recht, in: Woyke, Wichard (Hg.): Handwörterbuch Internationale Politik, 7. Auflage, Bonn 1998, S. 473-481.

Wolfrum 1994: Wolfrum, Rüdiger: Preamble, in: Simma, Bruno (ed.): The Charter of the United Nations. A Commentary, München 1994, S. 45-48.

Wolfrum 1994a: Wolfrum, Rüdiger: Article 1, in: Simma, Bruno (ed.): The Charter of the United Nations. A Commentary, München 1994, S. 49-56.

Wolfrum 1994b: Wolfrum, Rüdiger: Article 55 (a) and (b), in: Simma, Bruno (ed.): The Charter of the United Nations. A Commentary, München 1994, S. 759-776.

Wolfrum 1994c: Wolfrum, Rüdiger: Article 56, in: Simma, Bruno (ed.): The Charter of the United Nations. A Commentary, München 1994, S. 793.

Wolfrum 1995: Wolfrum, Rüdiger: Voting and Decision-Making, in: Wolfrum, Rüdiger (ed.): United Nations: Law, Policies and Practice. New, Reveised English Edition, Volume II, München u.a. 1995, S. 1400-1407.

Wood 1996: Wood, James: An Apologia For Religious Human Rights, in: Witte, John/Vyver, Johan van der (eds.): Religious Human Rights in Global Perspective. Religious Perspectives, The Hague/Boston/London 1996, S. 455-483.

www.ingramcontent.com/pod-product-compliance
Lightning Source LLC
Chambersburg PA
CBHW022322280326
41932CB00010B/1196